陕西师范大学优秀著作出版基金资助出版
国家体育总局体育哲学社会科学重点研究项目（编号：1847SS13008）

我国竞技体育
公共服务的基本理论研究

张鲲 康冬 著

陕西师范大学出版总社

图书代号　ZZ17N0649

图书在版编目(CIP)数据

我国竞技体育公共服务的基本理论研究/张鲲，康冬著.—西安：陕西师范大学出版总社有限公司，2016.12
　　ISBN 978-7-5613-8891-4

Ⅰ.①我… Ⅱ.①张… ②康… Ⅲ.①竞技体育—公共服务—研究—中国 Ⅳ.①G812

中国版本图书馆 CIP 数据核字(2016)第 317593 号

我国竞技体育公共服务的基本理论研究
WOGUO JINGJI TIYU GONGGONG FUWU DE JIBEN LILUN YANJIU

张　鲲　康冬　著

责任编辑	曾学民
责任校对	钟　明
封面设计	鼎新设计
出版发行	陕西师范大学出版总社
	(西安市长安南路199号　邮编710062)
网　　址	http://www.snupg.com
经　　销	新华书店
印　　制	陕西省富平县万象印务有限公司
开　　本	787mm×1092mm　1/16
印　　张	12.25
字　　数	300千
版　　次	2016年12月第1版
印　　次	2016年12月第1次印刷
书　　号	ISBN 978-7-5613-8891-4
定　　价	33.00元

读者购书、书店添货或发现印刷装订问题，请与本社联系。
电话:(029)85303622(传真)　(029)85307826
E-mail：694935715@qq.com

前　言

现代竞技体育是在近现代工业社会条件下应运而生、继而在信息社会获得高度发展的一种特殊的文化形态。在我国，伴随着改革开放和社会现代化步伐的加快，竞技体育快速发展并大放光彩，不仅在技术层面取得了辉煌的成就，不断突破人类身体极限，挑战人类认知，而且对人类社会产生的影响也在进一步扩大。在全球体育整体发展日益国际化、社会化、商业化的多元前提下，我国竞技体育累积了丰富厚重的竞技体育文化内涵和社会意义，同时随着国家对社会各领域的改革进一步深入，竞技体育公共服务成为我国政府在体育改革过程中的重要议题。

自新中国成立以来，虽在体育公共服务自发实践中，客观存在着竞技体育公共服务现象，但由于国内学术界对该领域的研究仍然很薄弱，尤其是竞技体育公共服务的理论尚属空白。体育公共服务（包括竞技体育公共服务）的理论与实践均遇到了瓶颈和困扰。近年来，国家高度重视体育公共服务发展，笔者从政府的职能转变和公众的双向需求出发，提出并探索了竞技体育公共服务的基本理论。2013年国家体育总局将本研究作为当年的重点课题予以立项，并在立项后专门召集国内一流专家学者在天津召开论证会，笔者对项目选题、研究目的、研究内容等进行了汇报，各位专家也各抒己见建言献策。随后，课题组运用文献资料法、问卷调查法、专家访谈法、实证分析法等研究方法，对拟研究问题展开细致周密的探析，并于2015年以"优秀"等级顺利结题。在研究过程中，先后面临了一些理论和实践困境，同时，由于"竞技体育公共服务的基本理论研究"是国内首创，难免在某些观点阐述和论证分析中存在不足，课题组所做的种种努力以期抛砖引玉。

笔者从社会学的视角长期关注我国竞技体育的最新发展并加以理性思考，从2002年起就对我国竞技体育的有关社会问题不断进行研究，相继主持了多项国家体育总局、陕西省社科基金项目。2006年后，以陕西师范大学国家体育总局体育哲学社会科学重点研究基地为平台，重点对我国竞技体育社会问题展开研究，本书是作者近几年来对我国竞技体育公共服务相关理论的研究成果，旨在丰富和发展我国体育公共服务的内涵,为我国竞技体育的可持续性发展提供理论依据。

全书分为十二章,意在全面系统地帮助读者认识和了解我国竞技体育公共服务的基本理论形成及发展过程。第一章是绪论,阐述了竞技体育公共服务在国内外的研究基础和本书的基本框架与核心观点;第二章从历史角度出发,对竞技体育与体育公共服务发展的演进过程进行梳理,同时,对竞技体育在我国的特殊表现及体育公共服务理论与实践发展滞后等现状进行了分析探究;第三章从四个方面对竞技体育与体育公共服务的关系进行分析;第四章从竞技体育的文化形态、社会意义等方面论述了竞技体育对体育公共服务存在巨大的作用;第五章论述了竞技体育公共服务的影响;第六章是对竞技体育公共服务概念的提出和论述;第七章是对竞技体育公共服务的内涵、特征及类型进行了阐述;第八章从竞技体育公共服务需求出发,探究其多样化与多元化供给过程;第九章以我国体育公共服务整体优化为目的,就竞技体育公共服务的制度建设与体系建设进行了论述;第十章为竞技体育公共服务新动向;第十一章提出了我国竞技体育公共服务的发展对策;第十二章为本书的研究结论。

研究得出相关结论:我国竞技体育的超前发展得益于举国体制,但竞技体育的公共服务职能尚未得到有效发挥;竞技体育是推动全民健身、增强民族凝聚力、展示国家形象的重要手段,也是体育公共服务的重要组成部分;竞技体育完备的文化资源和组织类型,可以为竞技体育公共服务提供成熟的产品形态和组织模式;正视竞技体育公共服务现有理论和实践困境,明确竞技体育公共服务理论和实践发展重点;在竞技体育的社会需求多样化前提下,政府主导多元主体介入,完善竞技体育公共服务产品供给;坚持并不断完善举国体制,以竞技体育公共服务产品供需为主线,创设现实可行的发展路径;完善竞技体育公共服务制度建设和体系建设,形成竞技体育公共服务发展的理论保障和实践保障。

为了进一步加快我国竞技体育公共服务的发展进程,本书提出了相应的发展对策及建议。一是转变我国竞技体育发展理念和方式,引入多元化评价指标,实行体制机制改革;二是积极引导、鼓励不同类型的体育组织开展竞技体育赛事和活动,并对开展过程进行评价监督;三是加大竞技体育公共服务的资源投入,结合运动项目特征和地域差异,实现项目和地域发展突破;四是强化竞技体育服务供给;五是打造竞技体育特色文化;六是创建多层次竞技体育服务领域;七是构建竞技体育公共服务体系,加强政府购买竞技体育公共服务的力度。

作者

2016 年 12 月

目　　录

第一章　绪论 …………………………………………………………（1）
　　第一节　选题意义与国内外研究现状 ……………………………（1）
　　第二节　理论依据与研究步骤、对象 ……………………………（9）
　　第三节　基本框架与核心观点 ……………………………………（14）
第二章　竞技体育与体育公共服务发展的历史演进 ………………（16）
　　第一节　"竞技体育"内涵的时代变迁 …………………………（16）
　　第二节　我国竞技体育超前发展及其成因 ………………………（17）
　　第三节　体育公共服务理论与实践发展滞后 ……………………（22）
　　第四节　我国竞技体育公共服务的表现形式及其社会意义 ……（24）
第三章　竞技体育与体育公共服务的关系分析 ……………………（30）
　　第一节　体育公共服务的发展需要竞技体育 ……………………（30）
　　第二节　我国体育公共服务的基本形态及其相互关系 …………（33）
　　第三节　体育公共服务对竞技体育发展具有反作用 ……………（39）
　　第四节　竞技体育与体育公共服务的联动关系 …………………（41）
　　第五节　竞技体育社会服务功能与公共服务的关系 ……………（46）
第四章　竞技体育对体育公共服务的作用 …………………………（52）
　　第一节　竞技体育在公共文化服务中的地位和作用 ……………（52）
　　第二节　竞技体育的文化形态对体育公共服务的作用 …………（54）
　　第三节　竞技体育的社会意义对体育公共服务的作用 …………（56）
第五章　竞技体育对体育公共服务的影响 …………………………（61）
　　第一节　竞技体育的基本功能对体育公共服务的影响 …………（61）
　　第二节　竞技体育基本组织类型对体育公共服务的影响 ………（67）
第六章　"竞技体育公共服务"的提出 ……………………………（73）
　　第一节　竞技体育公共服务的公众认知 …………………………（73）
　　第二节　竞技体育的社会服务属性 ………………………………（84）
　　第三节　竞技体育具备公共服务的基本特征 ……………………（89）

· 1 ·

第四节　竞技体育与体育公共服务的种属关系 …………（90）
第七章　竞技体育公共服务的内涵、特征、类型 ……………（91）
　　第一节　竞技体育公共服务的内涵 ……………………（92）
　　第二节　竞技体育公共服务的特征 ……………………（93）
　　第三节　竞技体育公共服务的类型 ……………………（94）
　　第四节　全民健身视角下的竞技体育公共服务 ………（94）
第八章　竞技体育公共服务的多样需求与多元供给 ………（99）
　　第一节　竞技体育公共服务产品的主体需求多样化 …（99）
　　第二节　竞技体育公共服务产品的供给主体多元化 …（105）
第九章　竞技体育公共服务的制度建设与体系建设 ………（120）
　　第一节　竞技体育公共服务的制度建设 ………………（120）
　　第二节　竞技体育公共服务的体系建设 ………………（142）
第十章　竞技体育公共服务新动向 …………………………（154）
　　第一节　领导讲话对竞技体育及其公共服务发展的理论指导 ……（154）
　　第二节　体育行政部门规章对竞技体育及其公共服务发展的新规定
　　　　　　………………………………………………（155）
　　第三节　新时期竞技体育公共服务的实践发展 ………（157）
第十一章　发展对策 …………………………………………（162）
　　第一节　树立"以人为本"服务理念,实现竞技体育公共服务社会化
　　　　　　………………………………………………（162）
　　第二节　转变竞技体育发展方式,实行体制机制改革 …（163）
　　第三节　鼓励多种体育组织开展竞技体育赛事活动 …（164）
　　第四节　加大竞技体育公共服务投入,注意项目特征和地域差异性
　　　　　　………………………………………………（166）
　　第五节　强化竞技体育服务供给 ………………………（168）
　　第六节　创建多层次竞技体育公共服务领域 …………（170）
　　第七节　完善竞技体育公共服务体系,加强政府购买力度 …（171）
第十二章　研究结论 …………………………………………（174）
参考文献 ………………………………………………………（177）
后　　记 ………………………………………………………（190）

第一章　绪论

第一节　选题意义与国内外研究现状

一、选题意义

公共服务(Public Service),作为21世纪公共行政和政府改革的核心理念,其学术定义是提供物化形态的或者非物化形态的服务满足人的公共需要的过程[①]。实践中,公共服务以加强城乡公共设施建设,发展教育、科学、文化、卫生、体育等公共事业,为社会公众参与社会经济、政治、文化等活动提供保障为具体表现。公共服务源于人的公共需要,需要的被满足通过对需求对象的占有和消费得以实现,从这一角度来说,公共需要被满足的结果就是占有和消费公共服务。公共服务以满足人的需要为出发点和落脚点,而且公共服务要满足人们多方面的需求,满足公共需求的公共服务在人类社会的早期往往是通过公共力的代表即政府提供的。正如恩格斯指出的那样:"政治统治到处都是以执行某种社会职能为基础的,而且政治统治只有在它执行了这种社会职能后才能持续下去。"可见,国家公共权力的维持是以满足社会的需求为基础的,政府及其职能部门合法性的重要源泉之一就是提供适当的公共服务,满足社会的公共需要。

新中国成立后至今,竞技体育在我国体育事业中占据着特殊地位。特别是在"举国体制"影响下,政府逐渐占据主导地位,奥运会成为进行竞技体育比赛追求的最高层次,并且形成了以专业体工队长期训练为主的训练体制、以"全运会"为核心的竞技体育竞赛训练及管理体制。这种单纯依靠国家公共财政支撑的纵向发展模式一度成为我国各项体育事业的发展主流。60多年来,以西方优秀体育文化为代表的竞技体育运动逐渐成为我国体育事业的重要组成部分。相继产生了反映不同社会发展阶段的竞技体育表现形式,并从物质文化积累和精神文化传承方面不断丰富完善着具有中国特色的竞技体育文化。在此期间,

---

① 唐铁汉,袁曙宏.公共服务创新[M].北京:国家行政学院出版社,2007:73.

基于竞技体育特有的社会功能和社会意义,加上几代领导人的关切与垂范,国家也采取多样措施,力图从多方面确保竞技体育公共服务职能得以充分发挥。

在计划经济时代,尽管没有明确的竞技体育公共服务概念,但依靠竞技体育推进公共服务的手段不仅受到重视,而且作为社会主义制度优越性的重要体现,采取由政府全包、福利分配、组织安排等自上而下"送"的方式,在一些局部领域初步实现了低水平、广覆盖。如集中利用乒乓球、举重、游泳、射击、体操、排球等项目取得成绩突破的当口,同时借助篮球、足球、棋类等项目的深厚基础,进行普及开展与提高水平相结合、榜样示范与群体追崇相融合的竞技体育服务公众的自发实践。其中,尤以乒乓球项目获得第一个世界冠军后引发的"乒乓球热"及之后"乒乓外交"经典史话的社会效应为集中代表。但同时在政府包办、计划分配,内在激励缺失的情况下,导致服务的内容和形式较单一,在国家公共服务水平整体不高的前提下,竞技体育公共服务的服务内容和服务形式也存在着诸多不足。

改革开放之始,尤其是伴随着我国在1984年夏季奥运会上实现金牌榜零的突破,竞技体育作为扬国威、振民心的工具,范式效应进一步被扩大。特别是"女排精神"及其激荡一代人的公共服务社会价值,在我国竞技体育发展史上增添了浓墨重彩的一笔。也正是从此时起,社会的急剧变革和快速转型、经济的体制转轨和跨越发展逐渐对竞技体育公共服务产生了全方位影响。一方面,伴随经济发展水平的提升,国家基本公共服务要素体系中的硬件设施建设方面,如交通、通讯、场馆等公共基础条件发生了巨大变化,竞技体育公共服务的总体供给能力有了很大提高;另一方面,在组织管理方式上,由政府包揽、福利分配的传统单一模式被打破,逐步走向社会化、市场化。社会公众的竞技体育公共服务需求开始有了自下而上"选"的主观意愿,并不断泛化。

20世纪90年代前后,竞技体育整体发展也开始了转型,在日益多样化的社会需求背景下,市场的介入首先对竞技体育公共服务供给产生了较大影响。本国职业体育的诞生和国外职业体育的播散引发了社会对竞技体育社会功能如何更好体现的新一轮理论思考,加上城乡发展不平衡、区域发展不平衡等社会现实矛盾的日益突出,竞技体育自身运行体制机制上累积的一些矛盾也开始浮出水面。如运动员身份与体制机制剥离的困顿,优秀人才流动与政策法规的冲突,场地器材利用与公众满足的差异,赛事举办与社会认知的脱节,城乡间、区域间、阶层间服务需求的分化,运动项目发展与创新的错位,国内外竞技体育文化的冲突与共存等。上述问题均对新时期竞技体育公共服务的社会功能和实现方式的理论和实践探求形成巨大困扰。面对正在改革开放,并以建立社会主义市场经济体制为发展目标的中国转型期大环境,竞技体育能否适应社会发展要求,完善公共服务理论,调整公共服务策略,丰富公共服务内涵,进而获得发展的全新动力成为竞技体育事业可持续发展的关键。

如今,我国的现代化建设已经进入到一个新的历史时期,社会发展的阶段目标是建设一个全面的小康社会。随着改革开放的不断深入,践行现代公共服务理念,大力推行政府职能转变,积极发展和构建社会公共文化服务体系,是我国政府工作改革和文化建设工作的重要任务,这是全面建设小康社会满足人民物质文化生活需求、大力推进社会主义物质文明与精神文明协调发展的科学途径。

同时,我国竞技体育在经济社会发展的推动下,其发展方式也发生了很大变化,过去一切均由政府包揽的发展方式已经有所改变,社会化、职业化的发展路径不断得到拓展,竞技体育所创造出的文化产品与社会服务在数量和质量上都取得了明显的增加和提高。但在需求旺盛的前提下还存在着供给不足、供给失衡、供给低效等现实问题。

因此,在我国竞技体育的存在方式与功能作用均发生重大变化的今天,梳理竞技体育的公共文化服务功能,明晰竞技体育公共服务的基本理论框架,是坚持竞技体育的公共文化服务价值取向,引导政府继续重视竞技体育并拓展竞技体育的存在与发展空间的重要基础,也是利用竞技体育更好地践行政府的公共服务职能并促进我国公共文化服务事业长足发展的一个必要条件。

本课题的研究,目的就在于借助公共财政和公共管理政策变革,以完善国家基本公共服务体系为契机,重新梳理竞技体育的政策、资源、人才、赛事及文化等要素,围绕政府、市场、社会三大供给主体的让利博弈,定位竞技体育的公共属性,探析竞技体育公共服务的基本理论,提出竞技体育公共服务的发展对策,为我国竞技体育乃至体育事业的整体发展提供理论参考和实践指导。

二、国内外研究现状

通过查阅中国知网数据库,截至以"公共服务"为篇名检索到博士论文108篇,硕士论文1595篇,期刊论文10008篇。尤其在2008年之后,每年发表的期刊论文都超过1000篇;以"体育服务"为篇名检索到博士论文7篇,硕士论文56篇,期刊论文524篇;以"体育公共服务"为篇名检索到博士论文2篇,硕士论文42篇,期刊论文337篇;以"公共体育服务"为篇名检索到博士论文12篇,硕士论文88篇,期刊论文178篇;以"竞技体育服务"为篇名检索到博士论文2篇,硕士论文2篇,期刊论文18篇。按年份检索的论文数量分布情况如下各表所示:

表1-1数据显示：新世纪以来，我国研究公共服务的学者甚众，研究的数量呈逐年递增趋势，且以期刊类发表的论文数量最多，研究内容多从政府视角研究城市基本公共服务、农村基本公共服务等的供给问题、模式问题、均等化问题、路径选择问题、概念界定问题、影响因素问题、地区性问题，尤其近几年伴随着政府职能改革，公共服务相关选题的研究更加成为热点领域。

表1-1 以"公共服务"为篇名的论文年限、数量统计表

年份	2013	2012	2011	2010	2009	2008	2007	2006	2005	2004	2003	2002前	合计
博士论文	10	19	17	20	13	13	12	4	0	0	0	0	108
硕士论文	227	356	261	207	186	155	96	58	33	12	4	0	1595
期刊	1530	1523	1452	1224	1102	1034	745	546	335	203	203	111	10008
总计	1767	1898	1730	1451	1301	1202	853	608	368	215	207	111	11711

表1-2数据显示：7篇博士论文分别是2012年的《我国体育服务产业政策研究》、2011年的《我国基本公共体育服务均等化研究》、2010年的《公共体育服务均等化研究》、2008年的《我国新农村体育服务体系中的农村学校体育发展》、2007年的《中国公共体育服务产品供给研究》、2006年的《我国竞技体育服务产品的供给研究》、2004年的《竞技体育服务交易理论与实证研究》。这7篇论文分别从体育服务均等化及产品或服务的供给角度出发进行研究。

表1-2 以"体育服务"为篇名的论文年限、数量统计表

年份	2013	2012	2011	2010	2009	2008	2007	2006	2005	2004	2003	2002前	合计
博士论文	0	1	1	1	0	1	1	0	1	0	0	0	7
硕士论文	12	7	7	4	3	11	5	1	3	1	0	2	56
期刊	93	93	64	52	45	46	40	18	22	10	11	30	524
总计	105	101	72	57	48	58	46	20	25	12	11	32	587

有关体育公共服务或公共体育服务的论文，分别从政策选择、制度安排、现状、体系构建、质量评价、供给机制、群众满意度、市场引入机制、数字平台的引入、均等化等角度切入。从表1-3、1-4数据可以看出，研究体育公共服务或公共体育服务的质量较高的博士论文共有14篇。

表1-3 以"体育公共服务"为篇名的论文年限、数量统计表

年份	2013	2012	2011	2010	2009	2008	2007	2006	2005	2004	2003	2002前	合计
博士论文	0	0	1	0	0	1	0	0	0	0	0	0	2
硕士论文	22	9	8	2	1	0	0	0	0	0	0	0	42
期刊	101	104	63	34	20	10	1	0	2	1	0	1	337
总计	123	113	72	36	21	11	1	0	2	1	0	1	381

表1-4 以"公共体育服务"为篇名的论文年限、数量统计表

年份	2013	2012	2011	2010	2009	2008	2007	2006	2005	2004	2003	2002前	合计
博士论文	3	2	3	2	1	0	1	0	0	0	0	0	12
硕士论文	39	22	11	5	9	1	1	0	0	0	0	0	88
期刊	61	50	20	15	14	11	7	0	0	0	0	0	178
总计	103	74	34	22	24	12	9	0	0	0	0	0	278

表1-5显示：近十余年来，仅有2篇博士论文是从竞技体育服务角度进行研究，分别为2006年的《我国竞技体育服务产品的有效供给研究》、2004年的《竞技体育服务交易理论与实证研究》。仅有的2篇硕士论文皆是2013年的成果，题目分别为《体育院校为竞技体育服务的核心竞争力研究》《为竞技体育服务的上海体育学院本科实验教学体系研究》，其研究角度都不是从竞技体育服务效能出发。在期刊论文中，多数从竞技体育服务产品的特征、生产制度、生产特点、组织制度安排、市场供给、社会供给、政府供给、政府管理等角度展开研究。

表1-5 以"竞技体育服务"为篇名的论文年限、数量统计表

年份	2013	2012	2011	2010	2009	2008	2007	2006	2005	2004	2003	2002前	合计
博士论文	0	0	0	0	0	0	0	1	0	1	0	0	2
硕士论文	2	0	0	0	0	0	0	0	0	0	0	0	2
期刊	0	1	2	2	2	3	2	1	2	1	0	2	18
总计	2	1	2	2	2	3	2	2	2	2	0	2	22

可以发现,有关"公共服务"选题相关成果的研究内容主要以公共服务的供给和需求入手,分别从公共服务均等化、公共服务流程、公共服务评价体系、公共服务监督体系、公共服务智能化、公共服务平台等切入点展开,涵盖了科技、教育、卫生、旅游、交通、基建、文化、艺术、体育、传媒等各项社会事业领域。这些成果不仅在政府、市场、社会组织等公共服务提供主体方面进行了有益的理论探索,尤其强调借助制度机制、法律机制、志愿机制,提出对社区、农村、少数民族地区实施多角度、深层次、全方位的公共服务。

通过整理,从上述资料中精选出200多篇有关体育公共服务的文献。分析得出,国内体育学界较多研究体育公共服务的概念、体育公共服务的建设策略、体育公共服务建设的意义、体育公共服务体系的构建、体育公共服务的发展路径、体育公共服务的职能定位等。一些学者专注于研究社区体育公共服务、农村体育公共服务或某一地区的体育公共服务,还有学者尝试通过参考国外体育公共服务的经验,来构建我国体育公共服务的实施路径。值得一提的是,以"竞技体育"和"服务"作为并列关键词检索到的10余篇期刊文献,均把竞技体育服务产品作为研究对象展开研究,并分别以产品特征、生产特点、生产制度、提供方式、政府管理、社会供给、市场供给、政府供给、有效供给、供给模式等为选题单独成文且没有重复。其研究成果绝大部分被CSSCI源期刊收录,研究成果质量显著提高,研究针对性也明显增强。

需要指出的是,虽然竞技体育已经在体育公共服务和文化公共服务的实践中发挥着重要作用,但现有成果中没有一篇以"竞技体育公共服务"为选题展开系统研究。虽然有三篇论文成果出现了涉及"竞技体育公共服务"的文字内容,把竞技体育公共服务设定为从属于体育公共服务的新范畴,但仍未形成富有建设性的竞技体育公共服务概念表述和理论阐释。如周爱光在《从体育公共服务的概念审视政府的地位和作用》中指出:"以服务的对象为划分标准,体育公共服务包括竞技体育公共服务,群众体育公共服务和学校体育公共服务。"[①]认为竞技体育公共服务既包括自身小部分群体的参与,也包括其他大部分群体的参与,是以运动员为核心,以广大群众为基础的全民性的公共服务。易剑东在《中国体育公共服务研究》中指出:"我国的体育公共服务主要包括四个部分,即社

---

① 周爱光.从体育公共服务的概念审视政府的地位和作用[J].体育科学,2012,32(5):64-70.

会体育公共服务,竞技体育公共服务,体育文化公共服务和体育产业公共服务。"[1]认为竞技体育公共服务是以广泛的群众基础为支撑而提供的全民性的公共服务,一方面是培养优秀的竞技体育人才,另一方面是加强体育场馆设施的建设和提供大型综合性竞技体育比赛表演来满足大众的需要。卢文云在《论竞技体育服务产品的政府供给》中指出:"竞技体育公共服务是通过产品表现出来的,而该产品是人民共同享用的,满足的是社会的公共需要。"[2]上述研究成果表明,竞技体育公共服务仍然没有形成明确的内涵,其研究现状存在严重不足的问题。

西方欧美国家虽然经济实力很强,体育事业发展整体较为先进,但在体育公共服务社会化改革中,依然存在不足。对于国外的研究现状,从学者的国籍来看,课题组将其分为外国国籍学者对各国公共服务的研究、中国籍学者对国外公共服务的研究。国外学者大多在新公共管理理论和新公共服务理论的指引下,从 community、school、family 等多个角度开展研究,形成一批关于 policy、system、reform、equalization 等相关内容的较有学术影响力的理论成果;在供给模式中,国外学者更倾向于政府主导下的私人供给、公私合作供给、第三部门供给等模式。从 Drucker(1969 年)提出"民营化",美国政府就开始以市政服务合同为主要形式的民营化改革,其后私人供给模式蔓延到了世界各地;Reymont(1992 年)创立了公共物品供给的 PPP 模式,它是英文 public(公共)、private(私有)、partnership(伙伴关系)的简称,通常翻译为"公私部门的伙伴关系"或"公私合作伙伴关系";Hausmann(1980 年)认为,第三部门生产公共物品能够减少欺诈现象的发生。在有关公共服务的内容研究中,国外学者主要集中于教育、失业、看病、养老和住房等方面,Caney(2002 年)指出,澳大利亚三部《公共服务法》的制定,明确了教育、养老、失业等公共服务体系。Nagel(2006 年)评析美国和加拿大的教育、失业、养老等方面的公共服务体系已实现了均等化,Alam Bairner(2001 年)指出,美国是一个多部门共同提供体育公共服务的国家,诸如教育部、开垦局、农业部等。在对英国的政策情况进行研究后得知,英国政府对于体育公共服务的职能主要是监督和协调,并不是直接参与到体育公共服务的管理工作中。在体育公共服务的实践研究中,各国采用了不同的实施方式:例如,美国推行了"健康公民"计划,英国发挥了政府的绩效评价,日本落实社会体

---

[1] 易剑东.中国体育公共服务研究[J].体育学刊,2012,19(2):1-10.
[2] 卢文云.论竞技体育服务产品的政府供给[J].山东体育学院学报,2007,23(4):24-28.

育与学校体育共同发展的模式。

相比较而言，课题组收集到的国内学者对国外公共服务的研究相对较多。在有关体育公共服务的理论研究中，主要是从公民的体育权利、公共场地设施的供给和享有、公共体育政策方面来评价①。周涛等人（2012年）对社区体育公共服务建设经验进行了研究，认为美国的体育公共服务发展的好，有赖于美国的国情以及经济能力，尽管美国对竞技体育没有专门的管理②。但美国大力发展社区体育，给各个社区配备了极好的体育人力、物力、财力等资源，在一定程度上促进了竞技体育基础的后备人才培养③；英国政府自来就重视城市社区体育的发展，曾颁布了"Game Plan""A Sporting Future for All"等政策④，尤其自2012年伦敦夏季奥运会以来，更加注重科学化地发展体育公共服务，并得到了各界的大力支持⑤；在对日本的研究中，尽管日本起步比欧美国家晚，但是日本制订了一套社区体育公共服务体系，颁布了各类体育方针政策、法规，政府鼓励加强基本公共基础设施的建设等，极大地加快了日本公共服务的发展⑥。在国内外体育公共服务现状对比研究中，刘钰劼（2010年）指出发达国家做得好的几方面：在公共体育设施建设方面，体育设施建设全面、结构平衡、层次清晰，且建设投入比重较大；在公共体育服务组织建设方面，多数发达国家采取"政府购买和委托管理模式"；在体育科技服务建设方面，发达国家都有长期体育公共服务政策研究的科研机构、高等学府等，共同构成国家体育发展的科技保障⑦。

西方欧美国家基于有强大的经济实力支撑和较早的政府公共服务改革实践，公共体育事业整体发展较为完善。但基于中外政治基础、经济基础、社会基

---

① 汤际澜.国外公共体育服务均等化的理论研究与实践经验[J].西安体育学院学报，2012,29(6):641-646.

② 周涛,张凤华,苏振南.美英日城市社区体育公共服务建设经验及其对我国的启示[J].体育与科学，2012,33(4):69-74.

③ 刘玉.发达国家体育公共服务社会大改革经验及启示[J].成都体育学院学报，2011,28(3):1-5.

④ 王志成.英国社区体育发展研究[J].北京体育大学学报，2012,35(1):16-21.

⑤ 汤际澜.英国公共服务改革和体育政策变迁[J].南京体育学院学报(社会科学版)，2010,24(2):43-47.

⑥ 孙金蓉.日本大宗体育的发展状况及其振兴政策的研究[J].武汉体育学院学报，2003,37(6):14-16.

⑦ 刘钰劼,张祺.我国体育公共服务体系的构建路径探析[J].商业文化，2011,(10):375-376.

础的差异,加上体育管理体制也有所不同,国外现有研究成果与我国当前社会现状能否有效融合还有待进一步考证。除此之外,结合当前全球范围内竞技体育社会化、市场化、复杂化的发展现状,考虑在何种条件下,我们可引用或借鉴国外的何种体育公共服务模式也有待进一步探讨。

上述有关研究成果,多集中于体育学、管理学、社会学等学科视域,研究中的部分成果具有较高价值,能够为我国体育公共服务体系建设提供一定的理论支撑和实践指导。但在公共财政和公共管理视角下,从竞技体育服务的供给和需求出发,以竞技体育服务产品的多元供给主体、竞技体育服务功能的多样社会价值、竞技体育服务需求的多重满足方式为体系框架,对竞技体育公共服务的基本理论进行深度探析,继而寻求竞技体育公共服务的有效发展,对此所进行的系统研究还未曾出现。基于此,课题组以体育公共服务和文化公共服务的内涵为依据,认为"竞技体育公共服务"主要是指通过提供竞技体育公共服务产品和服务行为这一基本方式来满足社会公众需要的过程,并以此为立论基础展开进一步研究。

第二节 理论依据与研究步骤、对象

一、理论依据

基于本课题研究的跨学科特征,课题组主要依据政治学中的新公共治理理论、新公共服务理论,结合经济学中的公共物品供给理论,探究竞技体育公共服务的内在逻辑关系。同时借助社会学中的社会结构和社会冲突理论、文化学中的多样性和文化产业理论、教育学中的楷模示范、榜样先行理论、心理学中的认知建构、价值归因理论等理论依据,分析竞技体育的社会意义和社会功能对竞技体育公共服务的作用和影响。

竞技体育公共服务是政府在实施公共权力的条件下,对公共资源进行分配,来满足公共利益而采取的一系列行为的集合。政府作为责任主体,在竞技体育公共服务供给中,不仅是决策者(在对社会公众需求的了解下,决定提供何种服务、提供服务的数量以及提供服务的方式),也是组织安排者(政府安排服务的提供,组织社会、市场、个人协同提供竞技体育公共服务),还是直接提供者(政府能够独立实施竞技体育公共服务的供给,也能够与市场、社会、个人之间相互合作共同供给),还是监督者(政府对自身、社会、市场、个人提供的竞技体育公共服务进行监督和管理等)。可知,政府的作用尤其重要,地位尤其显赫,要想展开系统的竞技体育公共服务研究,新公共治理理论、新公共服务理论、公共物品供给理论是必然的理论前提。

1. 新公共治理理论

(1) 新公共治理理论概述

新公共治理理论是20世纪八九十年代以来,伴随着西方国家的公民与组织冲突、管理危机、市场危机等现实条件下出现的新型公共管理理论[①]。治理的英文是governance,它在企业管理的语境中可理解为:指导、控制、监督企业运行的组织机制;在公共管理的语境下,它主张合作、协商等。

新公共治理理论的主要内容具体包括:它是由多元的公共管理主体(政府部门和非政府部门)组成的公共行动体系;公共管理的责任边界具有一定的模糊性,公共管理主体之间是权利依赖和互动的伙伴关系;公共治理是主体间自主自治的网络管理;政府扮演着"元治理"角色,占据最重要地位。

(2) 新公共治理理论与竞技体育公共服务

新公共治理理论已在西方发达国家发展了近30年,并在一些国家和地区的治理变革中发挥了重要指导作用,对人们的公共活动和集体决策等产生了深远影响。理清新公共治理理论后,发现竞技体育公共服务的发展能够借用新公共治理理论:首先,竞技体育公共服务的公共管理责任边界具有一定模糊性,随着竞技体育公共服务供给主体与内容的多元化,将会走向政府、市场、社会三元合作发展的公共行动体系。其次,竞技体育公共服务的提供要求管理主体之间基于伙伴关系形成合作的网络化管理,政府要引导市场、社会,实现三者之间的相互监督管理,以及三者内部的自我管理。最后,在竞技体育公共服务供给中,政府扮演着重要角色,它是元治理角色。竞技体育公共服务也是强化政府部门之间、政府与非政府部门之间,非政府部门之间协同合作的管理模式。

2. 新公共服务理论

(1) 新公共服务理论概述

新公共服务理论是20世纪80年代"要求和支持政府完善其管理制行为"的理论,该理论的代表人物是美国的罗伯特·登哈特夫妇(Janetv. Denhardt and RobertB. Denhardt)。这对夫妻学者在针对当时西方政府广泛采用的"新公共管

---

① 丁煌. 西方公共行政管理理论精要[M]. 北京:中国人民大学出版社,2005:454-458.

理"的理性反思和批判的基础上构建了该理论①,他们强调政府在治理国家时应该充当服务的角色,而不是导航的角色,还要重视公民的利益,强化对公民的尊重。

新公共服务理论内容有:首先,政府职能是服务而非掌舵;其次,公共利益是目标而非副产品,政府人员要有集体、共享的思想观念,为公众提供沟通与协商的平台;再者,在建设公共服务中,政府的思考要有战略性、行动要民主;第四,树立为公民服务,而非为顾客服务的理念,要努力搭建政府与公民、公民与公民之间信任与合作的关系;第五,非单一性的政府责任,政府要关注市场、宪法、法律、公民利益等;第六,重视人而非生产率;第七,重视公民权利胜过企业家精神。

（2）新公共服务理论与竞技体育公共服务

面对我国体育公共服务的总量不足、分配不均等问题,2008年北京奥运后,我国政府就提出了由体育大国迈向体育强国的发展战略,这一战略的核心便是强化体育的公共服务功能。竞技体育公共服务的实现,要满足公众的不同需求,要充分发挥政府的公共服务职能,积极调动各类组织与强化政府组织之间的协同作用。竞技体育公共服务和新公共服务理论都是政府根据当前以及可预见未来情况下社会公众的普遍需求,整合社会、市场、个人多维度资源,依据市场经济导向,遵循市场经济客观规律,充分利用政府在资源整合及分配中的能动性,将体育资源进行再分配,满足公众利益。竞技体育公共服务在发展过程中,能够采用新公共服务理论:政府作为资源的收集者和分配者,所依据的核心是大众在当下以及可预见未来范围内的需求,并以服务者的角度,使所收集和分配的资源在市场经济环境中自发的可持续运行下去,搭建政府与公民、公民与公民之间的信任与合作关系,将民众享受竞技体育公共服务的权利放在首位,以此为公众提供更多的利益。尽管社会和经济已经飞速发展,但是我国的竞技体育公共服务仍处于起步阶段,新公共服务理论以人为本、注重公民利益、政府管理责任等理念,将为竞技体育公共服务发展提供重要的理论基础。

---

① 登哈特 J,登哈特 R.新公共服务:服务,而不是掌舵[M].丁煌,译.方兴,丁煌,校.北京:中国人民大学出版社,2010.

3. 公共物品供给理论
(1)公共物品供给理论概述

公共物品(public goods)是公共产品和服务的集合,它是一个与私人物品(private goods)相对应的一个概念。陈树文认为,公共物品是指一定区域内所有的社会公众都可以享用和受益的物品①,美国著名经济学家萨缪尔森将"公共物品"理解为:每个成员对此商品的消费并不必然导致其他成员对此商品消费的递减②,可见,公共物品普遍具有两对特性:非竞争性和非排他性(基本特性)、可分割性和可分享性,实质是实现资源配置③。物品按照有无竞争性和排他性可分为纯公共物品(非排他性和非竞争性,必须由政府提供)、准公共物品(兼具纯公共物品和私人公共物品的特性,其供给必须由政府加以规划和组织)和私人公共物品(排他性和竞争性)。

20世纪50年代,以萨缪尔森为代表的经济学家认为,市场机制在公共物品提供上是失灵的,市场不具有提供公共物品的动力,不能解决外部性问题。"市场经济虽然是有效率的,但对公平或平等却是盲目的。"在政府单一供给理论下,政府既是公共物品的供给主体、监管主体,还是公共物品供给的秩序维护主体。

20世纪70年代,福利国家危机的出现让人们清醒地认识到市场提供公共物品出现了市场失灵。同样,政府提供公共物品也出现了相应的政府失灵。以新自由主义经济学家为代表的德姆塞茨、戈尔丁、科斯等,从理论和经验方面论证了私人提供公共物品的可能性④。事实上,政府与市场不可能绝对性割裂,它们不是两个平行不相交的公共物品提供方。

1974年,伯顿·韦斯布罗德提出市场失灵论与政府失灵论,认为非营利组织是政府与市场提供公共服务的补充,得出:非营利组织不受政府的微观拘束,更能切合实际地了解民众的需求,能够满足民众的多层次、多样性需求。然而

---

① 陈树文,郭文臣,喻剑利.公共管理学[M].大连:大连理工大学出版社,2004:220.
② 尹江.新公共服务理论视角下的农村公共物品供给路径探讨[J].商界论坛,2013(3):268.
③ 刘明生.公共服务背景下城市社会体育组织发展模式研究:以上海市为例[D].上海:上海体育学,2010.
④ 王春婷.政府购买公共服务绩效与其影响因素的实证研究:基于深圳市与南京市的调查分析[D].武汉:华中师范大学,2012.

也存在着诸多问题,并据此提出要形成多元供给的格局。

(2)公共物品供给理论与竞技体育公共服务

公共物品供给理论认为:单一的政府、市场或社会供给都存在着失灵的可能。

为了避免失灵现象的发生,我们要构建政府、市场、社会的多元主体混合供给模式。新中国成立以来,我国体育公共服务按其供给主体来划分,大体经历了三个阶段:以政府投入为基础的一元供给阶段(1949年—1978年);以社会化改革、市场化改革为基础的多元供给阶段(1979年—2001年);以科学发展观为指导的复合供给阶段(2001年至今)[①]。加强竞技体育公共服务是我国体育公共服务发展的一部分,它的侧重点是发挥公共服务职能,它的提供宗旨是为人民服务。我国早期的政府单一模式下的体育公共服务方式供给已经不能满足当前社会公众的多元需求,要求供给呈现多样性和动态性发展。尽管公共服务中包含有竞技体育公共服务,但是依目前发展现状来看,竞技体育公共服务的实施依然未能破除迷局、竞技体育公共服务的多元供给主体格局仍未形成,尚不能够很好地推动体育公共服务事业发展。事实证明,竞技体育公共服务的供给可以采用混合供给模式,形成政府、社会、市场的多元供给格局。因此,有必要针对竞技体育公共服务开展的条件因素,积极做好竞技体育公共物品的供给,调整竞技体育公共服务供给的产品和服务,在公共物品供给理论的支撑下,最大可能地克服政府失灵与市场失灵,创造符合竞技体育公共服务自身发展的有利条件。

二、研究方法与研究步骤

第一,利用文献资料法,收集文献及分析资料。借助中国期刊网等网络工具收集与本课题相关的文献与信息,查阅体育历史文献典籍与报纸杂志,充实本课题研究所需的平面媒体资料和电子媒体资料。针对具体研究内容进行文献归类,分析国内外已有相关研究成果及主要观点,为本课题研究提供宝贵的经验积累和理论参考。

第二,利用问卷调查法和专家访谈法,进行问卷调查及专家访谈。问卷以政府、市场、社会组织、社会群体为调查对象,充分利用课题组在国外访学学者、

---

① 詹兴永,刘玉.体育公共服务供给的历史演进[J].沈阳体育学院学报,2013,32(2):14-18.

课题主管部门领导、课题涉及部分高校及其他部门专家、社会阶层样本人群、体育产业部门及其他协会组织等资源广泛展开。及时回收调查问卷并作相关处理。积极利用各种机会与各类型专家学者、政府及体育行业管理者、行业协会及社会群体组织者进行调研、座谈。

第三，利用理论实证分析法和相关领域研究方法，进行材料整理及报告撰写。根据文献整理、问卷调查、专家访谈所得材料，不断丰富完善研究内容和研究框架，继续对各类文献进行分析、归纳。在以上研究的基础上，课题组成员分工负责，进行子课题的分项研究和总研究报告的撰写。

三、研究对象

本课题以竞技体育公共服务的现实发展为研究对象，在回顾新中国成立以来竞技体育公共服务历史脉络的基础上，分析竞技体育与公共服务的相互关系，探讨竞技体育的公共属性，明确竞技体育公共服务的价值功能，归纳竞技体育公共服务的基本理论，提出竞技体育公共服务的发展对策。

第三节 基本框架与核心观点

一、理论框架

本课题以我国竞技体育公共服务的价值功能为点，以竞技体育公共服务的"历史演进—理论建构—发展对策"为线，以"竞技体育的公共属性—竞技体育公共服务产品供给—竞技体育公共服务的制度与体系"为面，展开对竞技体育公共服务的基本理论和发展对策的系统研究：第一，公共管理和公共服务的新变革。第二，公共服务体系建立的时代意义。第三，竞技体育公共属性的逻辑推导。第四，竞技体育公共服务的价值与功能。第五，竞技体育公共服务的供给与需求。第六，竞技体育公共服务的发展与对策。

二、核心内容

第一，新中国成立以来我国竞技体育公共服务的发展与演变。第二，不同历史时期竞技体育与公共服务的相互关系。第三，竞技体育产品及服务的多样需求与多元供给。第四，竞技体育公共服务的资源构成与服务转化。第五，政府、市场、社会提供的纯公共服务及准公共服务类型。第六，竞技体育公共服务供给不足、供给失衡、供给低效的成因。

三、重点难点

第一，历史回顾——新中国成立以来竞技体育公共服务的发展演进历程。

第二,概念解析——公共服务、体育公共服务、竞技体育公共服务。第三,理论建构——竞技体育公共服务发展的理论分析和实践路径。第四,发展对策——多元服务提供主体下竞技体育公共服务的制度与体系建设。第五,以体制决定论、功能决定论、目的决定论为基础,结合竞技体育的文化特征,利用现有公共服务和公共治理理论,从政府绩效评估、公众满意度调查、公共财政、公共选择等角度出发,探讨竞技体育的公共属性。第六,以国家体育发展战略改革为突破口,剖析政府体育管理部门推行竞技体育公共服务的发展瓶颈,探究到底是无路可循还是在择路绕行,继而对竞技体育公共服务制度建设和体系建设缺位进行思辨。

四、核心观点

第一,在体育产业和体育事业的市场化、社会化发展进程中,政府应通过财政、税收、制度等方面支持,理清发展思路,引导市场和社会主体,参与到常态化的竞技体育公共服务活动中来。

第二,政府从身兼两职到管办分离,可以通过市场运作弥补服务缺口,达到政府资源、市场资源、社会资源的有效整合,体现竞技体育的社会责任,实现竞技体育的社会服务功能。

第三,以服务型政府引领、以有限型政府促进、以责任型政府推动,完善竞技体育公共服务产品供给的制度安排,采取激励约束、监督管理、多元竞争等手段实现有力的机制保障。

第四,在人、财、物、事的公共属性规制下,应利用政府、市场、社会等多元服务提供主体,构建竞技体育公共服务新模式。以产品制造、作品创造、活动组织为基本手段,拓展竞技体育公共服务体系框架的内涵和外延。

第二章 竞技体育与体育公共服务发展的历史演进

第一节 "竞技体育"内涵的时代变迁

由于"竞技体育"的目标定位、发展模式、管理体系等环节在国内外存在明显差异,对竞技体育内涵与外延、目的与功能的解读就必然产生了不同的理论见解。单就竞技体育的概念来说,目前在国内外学术界尚未形成相对统一的认识。20世纪60年代,我国学者曾将竞技体育描述为:竞技体育是"研究如何加强运动训练的科学性,探索运动训练的客观规律,不断提高各项运动技术水平和成绩,攀登世界运动技术高峰,创造世界纪录,夺取比赛优胜的一个体育分支。"[1]此后,国内学界又多次对"竞技体育"进行重新定义,但基本上都是延续着这一思想。其架构多以体现运动员的力量、速度、耐力等生物性特征为主,着重竞技比赛的政治宣示和集体训导意义。竞技体育也在该时期很好地完成了"宣言书"的历史使命。20世纪80年代起,有学者在之前主要从运动训练层面定义竞技体育的基础上,拓展了竞技体育的外延:"竞技运动是在全面发展身体、最大限度地挖掘和发挥人(个体和群体)在体力、心理、智力等方面潜力的基础上,以攀登运动技术高峰和创造优异成绩为主要目的的一种运动过程。"[2]通过日渐明确的改革思路指引,加上大众传播媒介及商业要素的相继介入,竞技体育的价值取向、项目推广、发展路径、参与主体开始逐渐泛化并突破了之前相对封闭的自我圈层,竞技体育的"宣传队"效应得以进一步发散。进入新世纪,类似"竞技体育是体育的重要组成部分,是以体育竞赛为主要特征,以创造优异成绩、夺取比赛优胜为主要目标的社会体育活动的论断仍是主流。"[3]但从

---

[1] 颜天民.竞技体育的意义:价值理论研究探微[M].北京:北京体育大学出版社,2003:65.

[2] 周西宽,唐思宗.运动学[M].成都:四川教育出版社,1990:79.

[3] 田麦久.运动训练学[M].北京:人民体育出版社,2000:1.

文化层面解读现代竞技体育的思潮开始浮出水面:"所谓竞技体育,是指按照一定规则,最大限度地挖掘和发挥人体运动能力,以创造优异运动成绩,战胜对手,从而显示个人和团体在体育运动方面的实力为目的运动文化。"在社会大众广泛关注并切身参与的前提下,竞技体育自身也从制度文化、物质文化、精神文化进行了积累和沉淀。竞技体育独有的榜样示范、价值先导、过程体验、心理激励等元素仍是播撒竞技体育火种的不竭动力,"播种机"的时代诉求成为新时期竞技体育相关理论构建的逻辑起点。

国外学术界在讨论"竞技体育(运动)"时,多将其置于玩耍、游戏的关系框架中,以参与动机为立论起点、规则遵循和游戏体验为立论承点、身体竞争为立论转点、社会大众参与为立论终点。认为竞技体育不仅仅是少数运动精英的专利品,更应该是社会大众满足身心发展需要的一种活动方式,强调了竞技体育的普适性。较典型的有英国学者 Kevin Hylton 和 Peter Bramham,他们将竞技运动定义为"需要一定身体活动和身体练习的,由规则控制的竞争性游戏。"另外,美国体育社会学者 J. Coakley 在《社会中的竞技运动》一书中,将竞技运动界定为"参与者在内外动机的激励下参加的由完备而正式规则控制的身体性的竞争活动。"

综上可知,国内学界对"竞技体育"的主流解读大都从对竞技体育参与主体的资格限定出发(主要趋向于高水平的精英运动员,而非普通的草根大众),并在实践中逐渐形成了以奥运会等大赛的金牌(冠军)数作为衡量竞技体育发展成败的目标评判。这与国外学界对竞技体育目的与功能的理论假设有较大差别。

第二节 我国竞技体育超前发展及其成因

一、竞技体育超前发展

1. 起步阶段(1950 年—1978 年)

建国初期,首先在排除各种政治因素干扰的情况下,新中国派团参加了第15 届奥运会,第一次进入了奥林匹克大家庭。但限于当时国力和竞技能力制约,其主要作用是在政治上向世界宣告中国人民从此站起来了,中国运动员决心以奥运会等世界大赛为舞台,展现出新中国作为一个世界大国应有的风貌。在随后的发展历程中,虽然受计划经济制度制约,国内生产力水平较低,经济发展缓慢,人民生活水平一直在温饱线上徘徊,但在国家主要领导人的关切下,着手从国家体育行政管理的机构设立和人员配备上进行了必要的顶层设计。同时,从本不充裕的财政预算中为新中国竞技体育的起步提供了尽可能的物质保障。随着1958 年第一个世界纪录、1959 年第一个世界冠军的诞生,我国竞技体育开始在国际大赛中留下中国印记。该时期,国家外交层面先后和美国、苏联等大国产生纷争,竞技体育外事活动对象集中在亚非拉第三世界和其他社会主义阵营国家。国内则接连受到"大跃进"和"文化大革命"等运动影响,一度出现了发展停滞和人才断档的问题。在长达30年的时间里,我国竞技体育基础薄弱、竞技体育训练及竞赛发展缓慢,整体水平较低。期间只在乒乓球、羽毛球、体操、速滑、围棋等项目上产生了42个世界冠军①,平均每年产生1.4个。其中仅乒乓球和羽毛球就占了总数的90%。无论从广度还是深度上分析,我国竞技体育总体发展水平与西方竞技体育强国存在很大差距。

2. 发展阶段(1979年—1992年)

这一时期以十一届三中全会为契机,在经济上确立了改革开放的基本国策,提出了由计划经济向市场经济转变,国内生产力由此实现很大程度解放,经济发展增速迅猛,人民生活水平大幅提高;同时,国内外政治环境开始逐渐缓解。在多方努力和斡旋下,中国在国际奥委会的合法席位于1979年正式恢复,并于次年首次参加了冬季奥运会。在1980年召开的全国体育工作大会上,正式提出了集中力量优先发展竞技体育的战略部署:要求"坚持'国内练兵,一致对外'的原则;同时,全国各体育系统部门要按照'思想一盘棋,组织一条龙,训练一贯彻'的部署进行组织训练管理。"在当时相对稳定的国内政治经济环境及相应的体育战略规制下,对竞技体育发展导向、人才选拔、训练体系、质量控制、后勤保障、赛事安排、奖惩规定等实现了初步的制度配套,我国竞技体育事业拥有了得以超前发展的政策保障——举国体制的效果开始显现。以此间参加的三届夏季奥运会为例,我国共获得金牌36枚,银牌41枚,铜牌37枚,平均每年获得2.7枚金牌、3.1枚银牌和2.8枚铜牌。相对于体育公共服务发展而言,竞技体育形成了超前发展势头,我国竞技体育也正式由竞技体育弱国向竞技体育大国迈进。

3. 腾飞阶段(1993年至今)

进入20世纪90年代,市场经济体制转轨已开始在中国社会的各个领域逐步深入,现代竞技体育发展相继对我国固有的体育管理体制和运行机制提出新的要求。在全球化、市场化、职业化、社会化、复杂化语境下,专业竞技体育、职业竞技体育、业余竞技体育、精英竞技体育呈现出百花齐放般的发展态势。与之对应的人才选拔流动、赛事组织管理、物质制度保障、文化发展创新等领域出现了前所未有的发展机遇,竞技体育强劲的发展势头较之前竞技体育管理体制和运行机制的改革步伐实现了绝对的超前。以2008年北京奥运会的申办、筹

---

① 国家体育总局.改革开放30年的中国体育[M].北京:人民体育出版社,2008:138.

办、举办为重要节点,我国竞技体育发展进入了冲刺阶段,并取得了显著的阶段性成果。1993年到2012年间派团参加了5届夏季奥运会,共获得金牌165枚,银牌103枚,铜牌92枚,平均每年获得8.7枚金牌、5.4枚银牌和4.8枚铜牌,标志着一个新兴的竞技体育大国已经形成。在此期间,我国还在冬季奥运会上实现金牌零的突破,形成了几项竞技水平较为稳定的奥运夺金优势项目。据不完全统计,截至2009年9月,我国竞技体育在建国60年间已获得世界冠军2326个,追平和创造世界纪录1195次。以夏季奥运会为例,从1984年第23届美国洛杉矶奥运会的初出茅庐到2012年第30届伦敦奥运会的大显身手,我国在参加的8届夏季奥运会中,共获得金牌201枚,银牌144枚,铜牌129枚,奖牌总数共计474枚,已经超越了俄罗斯、英国、德国、法国等传统竞技体育强国,在当今世界最高竞技体育舞台上占有了一席之地。正如田麦久先生所言:"在世界竞技体育格局中,中国已经是第一集团当之无愧的成员了。"[1]

可以说,举国体制在我国竞技体育起步—发展—腾飞的发展轨迹中起了至关重要的作用。同样,也正是因为举国体制的行政主导色彩过于浓厚,且在竞技体育人、财、物的资源配置和制度设计过程中借用了大量的社会公共权利,从而使竞技体育得到了"超前发展"。

随着2008年北京奥运会的成功举办,我国竞技体育管理体制改革和社会公众竞技体育认知的渐变趋势日益突出。在社会公众的权利意识日益觉醒的时代,人们不仅持续关注着竞技体育的发展,同时对自身的健康权、受教育权、参与权、知情权等基本公民权利提出了合理诉求。竞技体育的"超前发展"与体育公共服务的"发展滞后"的结构性矛盾愈加明显。这就要求竞技体育必须站在时代高度,从理论和实践层面去重新审视发展目的和地位功能的设定——真正把"为人民服务"作为出发点和终结点。

二、竞技体育超前发展的成因

1. 组织保证的高效性

竞技体育得以超前发展有赖于我国的竞技体育管理体制,举国体制是计划经济的产物,它为我国竞技体育发展起到了政策保障作用。"举国体制"的核心即是在政府主导下,最大限度地利用体育资源,在积极调动各方面要素的基础上,形成政府、社会、个人三位一体的竞技体育人才培养组织体系,人、财、物高度集中的结合形式,最终发挥集中力量办大事的能量,提高我国竞技体育的综合实力,做到在国际赛场上为国争光。"举国体制"其实在新中国成立之初便已

---

[1] 田麦久."竞技体育强国"论析[J].北京体育大学学报,2008,31(11):1441-1444.

确立,但其文字语义的正式表达却是在 2000 年悉尼奥运会之后才出现的。我国在悉尼奥运会上取得骄人成绩后,时任国家主席江泽民在接见中国体育代表团时概括了三句话:"美国体育靠它的经济实力,俄罗斯体育靠它原来的基础,中国体育的成功靠的是举国体制"。这足以看出我国大多数竞技体育成绩的取得是有赖于举国体制的组织高效性。

2. 制度政策的倾斜性

竞技体育在传入我国之初,便与学校体育、军事体育密切联系着。其后,逐渐形成了具有我国特色的竞技体育人才培养与选拔机制,将学校、单位组织、军队里的优秀体育人才输送到竞技体育领域中,并且这种机制逐渐趋于完善与规范。1972 年,我国正式恢复了国际奥委会的合法地位后,以积极的态度参加了各类体育活动,之后又制订了一整套发展竞技体育的方针政策和法律法规。我国竞技体育是在群众体育、学校体育的基础上发展起来的,群众体育人才、学校体育人才的培养能够为竞技体育输送大量的后备人才。1995 年颁布的《中华人民共和国体育法》从宏观角度对竞技体育进行了统筹规划,同年,《奥运争光计划纲要》颁布,全面地定位了竞技体育的目标、规模、管理与控制等,为竞技体育的高效、快速、健康发展起到了保障作用。其后,相继颁布了《关于严格禁止在体育运动中使用兴奋剂行为的规定》《社会捐赠(赞助)运动员、教练员奖金、奖品管理暂行办法》《运动员代表全国比赛注册制度》《全国运动员交流暂行规定》《全国运动员注册与交流管理办法(试行)》等可操作性较强的制度规范,为我国竞技体事业的良好发展打下坚实的制度基础。

3. 资金保障的优先性

1995 年国家体委发布的《奥运争光计划纲要》中明确提出:"继续扩大国家拨款的主渠道,逐年增加对竞技体育的资金投入。"1999 年颁布的《全国体育高水平后备力量专项经费管理办法》核定了用于加强亚运会、奥运会后备力量培训,改善训练场地、设备、科研、教学条件的专项经费。与此同时,国家发行了体育彩票,一部分用于资助全民健身活动,一部分用于资助体育场馆建设,一部分用于资助竞技体育发展(例如添置竞技体育训练器材、研制购进辅助设施、改善训练生活条件),还有一部分用于资助体育赛事的举办。这些有关竞技体育财政政策的实施,为竞技体育发展提供了有力的资金保障。竞技体育作为我国向世界展现国家综合实力的渠道之一,国家将重心放于竞技体育上,在以荣誉为导向发展的同时,政府在高额资金的投入下,能够实现赢取奖牌的目的。资金的高投入不仅用于对运动员的基本生活费用、基本训练条件(如场地建设、器材供应等)、运动员饮食、医疗等费用的支出;还用于教练员的培训、基本生活费用等费用的支出;体育管理人员等方面投资。无论是体育场地、队员装备等的硬件条件还是人才培养、队伍建设、运动队科学研究等的软件条件,都有极高的要求,确保了竞技体育发展必需的财政资源。

4.人员配备的全面性

竞技体育的超前发展,是国家引入各类人才,共同对竞技体育发展起作用的结果,运动员取得优异成绩更是所有为竞技体育做贡献的人员共同努力的结果。在举国体制下,我国竞技体育飞速向前发展。政府直接管理、投资体育项目是竞技体育优良成绩的重要保障。不管是优势项目还是新兴项目,政府都尽可能完备该体育项目所需的体育人才,其中包括对运动员、教练员、裁判员、管理人员的岗位设定以及对其进行相应培训。当前,我国各类体育人才层出不穷,围绕着各类世界级水平的体育人才,又出现了其专属的运动团队。在竞技体育国际化、职业化、产业化、社会化、复杂化背景下,竞技体育明星之所以能够在体坛上持续闪耀,与他们身后的科研团队、后勤团队和经纪团队全面的人员配备是决然分不开的。例如分工协调密切配合的教练员、技术高超职业资深的技术研究人员、饮食营养调配人员、个人形象打造的包装公司、经纪人等,这些专业人员的配备为竞技体育团队取得优良运动成绩和可观社会经济效益起到了重要作用。

5.竞技体育的普及性

从竞技体育传入我国的渊源看,它具有深厚的群众基础。在传入我国之初,首先与军事体育紧密联系,拥有着广大士兵锻炼群体。其后,竞技体育逐步渗透到学校体育中,并把"体操科"作为学校教学内容,为竞技体育在学校发展奠定了坚实基础。从竞技体育的表现形式看,竞技体育文化的传播又是多渠道的:第一,它可以用纯粹的体育比赛活动来展示,比如女排五连冠时代,女排运动员在场上的奋力拼搏本身就是一种体育精神和体育文化符号,"女排精神"深深刻印在了人们的心里;足球运动员容志行也用他的亲身体育行为,展示了体育足球精神,逐渐影响人们的思想观念,"志行风格"转变成为各项目运动员均应弘扬的体育精神。第二,它可以用影视文化来表现,例如,表达田径文化的《体育皇后》《一个人的奥林匹克》等;表达足球文化的《二对一》《壮志雄心》等;表达篮球文化的《女篮五号》《梦之队》等;表达排球文化的《排球之花》等;表达乒乓球文化的《五虎将》《国球女孩》等;表达游泳文化的《旗鱼》等;诸如此类的体育影视作品还有很多,他们都为体育文化传播和普及起到了很好的传承作用。第三,竞技体育普及还采用了书刊、报纸、海报、条幅、标语、口号等多媒体或口头文化形式进行传播。竞技体育就是一种体育活动产品,在人们观赏或参与竞技体育活动过程中,竞技体育所展现出来的精神、文化,直接或间接进入到了人们的视野,升华为思想内涵和精神气质,体现了竞技体育的普适性。

第三节 体育公共服务理论与实践发展滞后

一、体育公共服务理论研究

早在2004年2月,时任国务院总理温家宝就曾明确指出:"公共服务就是提供公共产品和服务,包括加强城乡公共设施建设,发展社会就业、社会保障服务和教育、科技、文化、卫生、体育等公共事业,发布公共信息等,为社会公众生活和参与社会经济、政治、文化活动提供保障和创造条件。"[①]国内学界对公共服务的理论探索进入了新的阶段,"公共服务"的研究成果呈现出数量递增趋势。以"公共服务"为关键词检索中国知网中文期刊数据库发现,从新世纪之初至今,相关期刊文献总量11000余篇,以"体育服务""体育公共服务""公共体育服务"为关键词检索中国知网中文期刊数据库发现近1200篇相关研究成果,约占"公共服务"类选题研究总量的10%。体育公共服务的研究主要集中于概念、建设策略、建设意义、服务体系、发展路径以及职能定位等。一些学者专注于研究社区体育公共服务、农村体育公共服务或某一地区的体育公共服务,还有学者尝试通过参考国外体育公共服务的经验,来构建我国体育公共服务的实施路径。可以看出,"体育公共服务属于公共事业服务范畴"这一论断已被公认,但体育公共服务自身理论体系尚不成熟。由于研究角度不同,学界对体育公共服务概念的认识也比较模糊,还没有形成权威和统一的定义。基于现有理论成果,将体育公共服务作为公共服务的下位概念,对其从广义上进行描述是可行的:"体育公共服务是指提供体育公共产品和服务行为的总称。具体包括:体育公共场馆和设施建设,体育公共事业发展,体育信息发布等。"实践中,我国体育公共服务仍主要依靠政府和市场提供,兼有公益和盈利的双重性质。

从现有"体育公共服务"相关选题的研究成果看,国内学者大都从公民的健康权、体育权开始立论,以社会体育的研究视角切入,着重阐述公共服务的实施手段,如:健身休闲指导、场地设施提供、体质健康监测等。值得一提的是,以"竞技体育"和"服务"作为并列关键词检索到仅有的10余篇文献,均把"竞技体育服务产品"作为论文标题或关键词的主要字段,围绕竞技体育产品的供给主体、需求客体、供给手段展开研究,分别以产品特征、生产特点、生产制度、提供方式、政府管理、社会供给、市场供给、政府供给、有效供给、供给模式等为研究内容。

在竞技体育发展如火如荼的背后,是社会公众对竞技体育产品及服务的极

---

① 樊炳有,高军.体育公共服务:内涵、目标及运行机制[M].北京:人民体育出版社,2010:31-32.

度渴求。虽说社会存在决定社会意识,但目前从理论上对竞技体育在体育公共服务中的作用和功能进行探讨,进而实现竞技体育公共服务理论和实践创新的研究成果还未出现。从国内学界针对体育公共服务理论研究的起始时间、成果水平、理论体系构建等方面来看,仍处于探索阶段,体育公共服务理论发展较为滞后。加之,纷繁复杂的竞技体育公共服务实践迫切需要政策指引和理论指导的及时跟进,竞技体育公共服务相关学术研究的缺位和迟延,无疑阻滞了体育公共服务体系的尽快搭建和持续完善。

二、体育公共服务实践发展

1. 计划经济时期——"隐性"发展模式

由于新中国成立以后受经济制度和国际环境影响,国内生产力发展缓慢,人民生活水平较低。有限的国家财富积累大都投放到事关国计民生和国防安全的社会事业上,以"备战""备荒"为阶段性目标设计,在理论上对公共服务的内涵没有明确的认识,公共服务的实践尚在自发摸索之中。体现在公共服务的提供上,主要以政府包办、福利平均即"大锅饭"方式为主,力图通过"举国"的发展形态,尽早实现成果全民共享的美好愿景。这一时期,在社会公众温饱问题尚未解决的情况下,体育公共服务更是发展缓慢,只是在场地设施提供、运动器材配备、体育知识技能传导、体育精神宣扬等方面提供了一定的需求服务。基于社会主义性质国家福利体系的创建,"职工体育""公社体育"的集体范式成为当时体育公共服务的主要代表,如:多数企事业单位兴建了不同规模的体育设施,由工会组织、单位出资开展职工体育活动,就带有浓厚的福利色彩。在"等、靠、要"的隐性发展模式下,形式单一,服务面窄,服务质量和水平较低,发展动力不足。

2. 改革开放初期——"显性"发展动力

该时期,发展的主题开始受到各国关注,并逐渐成为国际共识。国内经济体制开始由计划经济向市场经济转变,经济体制转变解放了生产力,经济回暖带动了其他社会公共事业的发展。国家经济总量急速增长的同时,公共服务的总供给能力有所提升,在公共服务组织管理上,开始引入市场机制,打破了传统政府包办的模式。另一方面,由于市场的自发性和盲目性,在实际运行和操作过程中,也导致了公共服务分配不均和区域发展不平衡现象的出现。这一时期,虽然在公共体育设施建设和体育公共服务意识上有所提升,但在原有国家福利体系面临变革的局面下,体育公共服务提供机制尚不完备,社会公众又对体育公共服务产生了显性需求,体育公共服务的供需两端出现脱节的现象。而且由于受市场经济体制转轨的冲击,国内大量企业濒临倒闭,成型于计划经济时期的职工体育受到了重创①。改革开放使得社会人员流动性增强,原有的居住单元格局被逐渐打破,价值观呈现出多元化,公众对社会文化的多样性选择明显增加,体育公共服务的集体范式开始向个体范式和阶层范式转变,体育公共服务的"显性"动力开始体现。

3. 市场经济时期——"刚性"发展需求

10余年来,公共服务的理论导向基本明确,且将公共服务的均等化发展目标上升到前所未有的高度。进而在十六届五中全会决议中明确规定:"各级政府要加强社会管理和公共服务,不得直接干涉企业经营活动,同时加大对经济欠发达地区的扶持,扩大服务规模,提升服务质量,实现公共服务均等化成为新时期公共服务的主要职能。"这一时期,虽然通过国家立法和制定体育系统行业规定等形式提供了制度保障,同时借助一系列国际大型竞技体育赛事的举办,体育公共服务着重在体育场地设施和体育信息发布等方面得到了改观,取得一定发展成效,但由于受市场经济趋利化的影响,城乡间、区域间、阶层间体育公共服务发展不平衡现象呈现加剧趋势,社会公众对体育公共服务权利的均等享有、稳定享有面临现实挑战。因此,在政府职能转变、市场广泛介入、社会积极参与、个体持续关注等刚性因素日益凸显之时,体育公共服务整体发展水平滞后的困局能否破解,成为我国体育事业乃至公共服务事业可持续发展所必须面对并亟待解决的问题。

改革开放以来,社会公众的权利意识逐步觉醒,在中央政府主导下,我国各项公共事业取得了前所未有的进步,但公共服务在整体服务质量和服务规模上仍然不能充分满足社会公众日益增长的物质和精神文化需求。体育公共服务作为公共服务的一个重要分支,以公共服务发展进程为背景,在其影响和制约下亦步亦趋。尤其是在竞技体育实现跨越发展并取得辉煌成就的各个历史时期,供需双方的主动性、积极性形成明显反差,体育公共服务提供方未能采用合理的服务机制和手段,把本应丰富多彩的体育公共服务产品进行有效供给,不仅体育公共服务意识与发达国家存在较大的差距,并且实践及发展路径更为滞后。

第四节　我国竞技体育公共服务的表现形式及其社会意义

新中国成立初我国没有公共服务的概念,竞技体育公共服务的概念出现更晚。20世纪90年代开始,我国教育、医疗等产业化的改革不断深入,随之产生

---

① 宋澎. 职工体育是构建和谐社会的重要抓手[N]. 工人日报,2005-12-09(8).

一系列社会问题。为解决这些问题,胡鞍钢等一批经济学家提出公共服务的概念。竞技体育公共服务概念在新世纪才出现,这一概念的核心就是既要满足高水平竞技运动员、教练员的需求,更应满足普通大众开展竞技体育需要的服务。在我国体育事业中,竞技体育公共服务一直扮演着宣言书、宣传队和播种机等不可或缺的角色。

一、建国初期(1949年—1959年)的竞技体育公共服务

1949年,中华人民共和国成立。由于抗日战争和解放战争,建国初期的中国,物质贫乏、资源稀缺,百废待兴。人民营养不足,身体素质普遍偏低。因此,在20世纪50年代初,毛泽东同志就提出"发展体育运动,增强人民体质"。以至于竞技体育在当时处于从属的地位,其目的主要是为了推动群众体育的发展。

1951年,中国参加了在意大利都灵举办的第一届世界大学生运动会的部分田径比赛。但严格意义上说,新中国竞技体育的时间起点是在1952年。自1952年我国派代表团参加第15届赫尔辛基奥运会开始,新中国的竞技体育才有了向前发展的历程。直到1959年,周恩来总理在《政府工作报告》中指出,"在体育工作中,应当贯彻执行普及和提高相结合的方针,广泛开展群众性的体育运动,逐步提高我国的体育水平"。1959年9月13日,中华人民共和国第一届运动会开幕。这次全运会既是首次对竞技体育水平的测试,同时也是对群众体育运动的检阅。不过,此次全运会,也是为推动群众体育发展而服务的。但竞技体育已有闪光点出现。20世纪50年代中期,中国足球队同当时的亚洲强队印度比赛,以7比1大胜对手,上海队前往西亚的友谊赛中,也是以全胜战绩凯旋。1959年4月在联邦德国第二十五届世界乒乓球锦标赛上,容国团代表中国,以3比1战胜匈牙利名将悉多,为中国夺得了第一个乒乓球男子单打世界冠军,也是中华人民共和国第一个世界冠军获得者。因此,在当时内忧外患的中国,竞技体育带给中国民众极大的精神鼓舞,进一步强化了竞技体育在普通民众心中的地位。

同样从20世纪50年代开始,竞技体育开始被应用于学校教育。由于政治、经济环境的影响,普通大众对竞技体育知之甚少,学校体育成为他们了解竞技体育的主要渠道。在1957年,影片《女篮五号》的产生,成为大众了解竞技体育的又一渠道。该影片反映的上进、竞争、爱国等精神和情感,在当时大受欢迎,成为激发和引领大众对竞技体育观赏需求和精神需求的重要作品。这在一定程度上得益于毛泽东同志提出"若干年内超英国,赶美国"的口号。虽然有所偏离我国当时所处的环境,但却极大地鼓舞了人民,这也为我国竞技体育的发展创造了良好的开端。

以上表明，在各方面条件都落后的时期，竞技体育在群众体育、学校体育等方面发挥的作用仍不可小觑。它所体现的公共教育功能、对公众体育观念的影响和满足普通大众参与体育运动和对体育精神的需要，在现在而言，就是竞技体育公共服务的核心内容和重要表现。

二、社会主义探索时期的（1960年—1965年）竞技体育公共服务

由于复杂的国内外环境影响和对社会主义建设经验的不足，我国国民经济遭受严重创伤，加之自然灾害使人民生活雪上加霜，竞技体育也受到较大的影响，却未止步不前。

1961年4月在北京工人体育馆里，第26届世界乒乓球锦标赛成功举行，中国乒乓球队获得三项冠军，在当时成为振奋人心的大事；1963年4月的第27届世界乒乓球锦标赛，1965年4月的第28届世界乒乓球锦标赛，中国乒乓球代表团连续三届都有冠军的诞生；1965年9月中华人民共和国第二届运动会在北京举行。

此时我国处在社会主义探索的困难时期，落后的经济成为向前发展的一大绊脚石。这也使得竞技体育整体发展十分缓慢。但乒乓球在国内外所取得斐然成绩，使竞技体育成为举国上下的关注对象。虽然此阶段竞技体育公共服务在其他方面作用甚微，但从心理和精神上对人们起到了较大的鼓舞作用，成为丰富国民精神世界的主要食粮。

三、文化大革命时期（1966年—1976年）的竞技体育公共服务

这一阶段是我国政治最为动荡的时期，政治影响了经济的正常发展，对各项社会事业的发展产生了极大的冲击。我国体育事业停滞不前，运动员停训、专业队解散等，中国甚至退出了国际体坛。但偶有工会、企事业单位，内部组织娱乐体育，来丰富单调的文化生活，在一定程度上有利于群众体育的发展。

虽然政治因素占主导地位，但某些竞技项目却继续保持"良好"的发展趋势。例如：乒乓球。1971年3月中国乒乓球代表团参加在日本举办的第31届世界乒乓球锦标赛，获得四项冠军。1971年4月14日，美国乒乓球代表团应邀访华。这在当时举世瞩目，对中国体育甚至是当时世界历史格局产生了巨大影响。1973年3月，中国乒乓球代表团在印度参加第32届世界乒乓球锦标赛，再次获得三项冠军。竞技体育公共服务在此时发挥着服务外交的功能，为国家发展起到了一定的促进作用。但从整体上看，仍是几近瘫痪，建树不多。

四、改革开放时期（1977年—1984年）的竞技体育公共服务

1978年十一届三中全会，标志着我国改革开放拉开帷幕，但正式实施则从1979年开始。1979年以后我国建立了独立和较完整的国民经济体系，改变了

中国的旧面貌,综合国力大幅提升,为社会主义现代化建设和改革开放打下了坚实的基础。在此期间,文化、体育、卫生等各项社会事业全面恢复,竞技体育也重新回到学校课堂,回到大众视野。

足、篮、排球和其他有影响的项目纷纷恢复,国内的专业联赛也重新焕发光彩,由于场地等原因,直接植根于企业和社会中,以篮球联赛为例。当时"八一队"最优秀、前亚洲第一中锋穆铁柱,是闻名全国的篮球明星,球迷数不胜数。因为联赛多在大型国企等基层单位举办,民众可以免费观看,这样"天时地利人和",让人们近距离感受到篮球明星的魅力。不仅拉近了球员与普通民众的距离,满足了老百姓在竞技体育公共服务方面的需求,同时也在丰富基层文化生活方面做出了突出贡献。1977年3月中国乒乓球代表团在第34届世界乒乓球锦标赛获得四项冠军。1981年中国足球队参加世界杯亚太地区预选赛,万人空巷。虽最后未能出线,但他们以骄人的成绩向国人证明了竞技体育的强大生命力和影响力。同样也是从1981年开始,女排的"五连冠"让整个中国都在沸腾,并随之产生了闻名于耳的"女排精神"。这种精神在当时被大力提倡,更多人则通过女排精神,通过竞技体育,真实地体会到一种从未有过的自豪感。女排精神,也对各行各业的劳动者都起到了激励、感召和促进作用。1982年11月的第九届亚运会上,中国体育代表团金牌数和总分首次名列第一。1984年洛杉矶奥运会,中国选手许海峰的夺金,实现了中国奥运金牌零的突破,使中国竞技体育开始走向世界。

此时,中国是一切都需要发展,一切都需要发展方向。取得巨大成就的竞技体育,开始被提到了前所未有的高度,在制度和资金上得到优先发展的保障。竞技体育不仅成为中国体育的主力,更成为整个民族昂首前进的精神动力,对社会产生了重大影响。竞技体育公共服务的内涵开始不断丰富、充实,不断发挥服务作用,更是进一步激发了大众对竞技体育公共服务需求。

五、思想解放时期(1985年—1993年)的竞技体育公共服务

改革开放的大潮已席卷整个中国,此时中国正处在思想解放的重要时期。不仅打开了与世界交流的窗口,同时打开了人们的思想窗口。国外体育的发展状态让人们更加关注竞技体育,竞技体育逐渐成为大众茶余饭后的话题。

改革开放以前,人们的娱乐活动主要有看电影、听收音机、下棋、打牌、看书等。改革开放以后,竞技体育改善了人们的生活状态,各厂组织文体活动,如职工运动会、篮球、乒乓球、足球等比赛。学校体育的开展朝气蓬勃,青少年爱打乒乓球、踢足球。思想的解放还使奥运会有了一种特有的体育和精神文化氛围,带动了经济的快速发展。中国在1988年汉城奥运会、1992年巴塞罗那奥运会的表现,牵动着亿万人民的心,竞技体育让他们沉浸在激情高涨的体育氛围

中。1990年北京亚运会,中国首次承办的大规模国际运动会,使竞技体育与中国人民更加贴近。中国运动员获得全部金牌的3/5,男子游泳运动员沈坚强获5枚金牌,列个人金牌数首位。亚运会歌曲——《亚洲雄风》,红遍大江南北。

此时的竞技体育已不仅仅停留在单个方面,它逐渐成为媒体、影视、表演等多种文化的追崇对象,进一步开拓了竞技体育公共服务的服务空间。竞技体育公共服务满足群众的观赏、精神需求和对公共产品的需求等,也带动了群众体育的发展,为市场经济发展奠定了基础。

六、市场经济初步形成时期(1994年—1999年)的竞技体育公共服务

这一阶段,国内政治趋于稳定,国际地位不断提升,中国经济也开始走市场经济道路。此时竞技体育紧跟时代步伐,开始职业化,同时寻求更加多元化的发展道路。

1996年,第26届亚特兰大奥林匹克运动会因为突出的竞技结果而被人们记住的长跑女将王军霞在5000米比赛中,以甩出亚军二十多米的成绩一举夺得金牌,将中国人的骨气、志气和勇气体现得淋漓尽致。射击老将王义夫带病参赛,打完最后一枪后,便晕倒靶场。这种不屈不挠的顽强精神,立即在国内引起了强烈反响。在学校体育中也出现了高水平赛事,中国大学生联赛、中学生联赛。通过竞赛活跃文化生活,提高青少年学生的健康水平,发现和培养优秀体育人才,推动学校体育工作的开展。这种以国家和政府为主导地位,以体育竞赛表演为主的竞技体育基本公共服务,成为满足普通大众观赏、精神需求和教育民众的主要方式。

由于我国经济快速发展,竞技体育公共服务开始通过市场,为大众提供以高水平赛事表演、相关体育产品等准公共服务,来满足竞技体育庞大的群众需求。早在1992年,国家体委就确立了中国足球首先走职业化道路的方向。1994年全国足球甲级联赛拉开帷幕。全国共有约15万人到现场观看了首轮比赛,足球联赛成为全社会关注的焦点。这天起,中国足球正式迈出了职业化改革的步伐,其他项目也逐渐职业化。业余竞技体育的发展也如雨后春笋,开始蒸蒸日上。此时的普通大众已不再满足仅仅观赏体育表演,开始参与其中。因而,为了更广泛地开展群众体育活动,增强人民体质,在1995年国务院颁布了《全民健身计划纲要》。在此基础上,全民健身公共服务、学校体育公共服务等概念逐渐明确化,功能更加细化。但竞技体育公共服务仍起主导作用,以为人们提供不同的竞技体育需求为根本,包括有关基础设施建设、技能培训、信息服务等,不断适应社会变迁,增添自身新的社会功能以保证对公民广覆盖、全覆

盖。不仅为全民健身计划做出了正确的方向引导,也奠定了良好的实施基础。

七、新世纪(2000年至今)的竞技体育公共服务

2000年开始,我国开始向服务型政府转变。竞技体育公共服务的概念开始明晰和确立,并且在新世纪的服务范围更广,发挥的作用更加显著。

经过2000年悉尼奥运会和2004年雅典奥运会的再次洗礼,中国已在竞技体育的战场上占领一席之地,但都以客场作战。但2008年第29届奥运会在北京的主场作战,让全体中国人欣喜和骄傲。中国以51枚金牌,首次位列夏季奥运会金牌榜第一名。因为北京奥运会,城市、体育场馆、机场、火车站、城市道路、电信系统、新闻信息中心和奥运村及其辅助设施等大型基础设施开始大规模的建设和改造,北京环境的治理和就业岗位的增加,也成为竞技盛会所带来的福利。围绕奥运进行的爱国主义、集体荣誉、文明意识等和谐关系、体育精神和行为倡导等,使整个国家刮起了一股和谐新风尚。也由于奥运会,竞技体育产业链条发展所带动的经济效益不可估量。北京奥运会的举办,还使我国全民健身达到了最高潮,竞技体育和群众体育成为协调发展的典范。

竞技体育还引发了人们对公益事业的关心和热心。由国外体育明星像贝克汉姆、穆雷等所带动的公益体育活动,成为时下的一种潮流,这对中国市场带来不小冲击,致使民众对我国公益体育呼声和需求与日俱增。不仅对体育职能部门在竞技体育公共服务方面提出更加明确的要求,也刺激我国体育明星参与其中,发挥"明星效应",引导更多普通人参与其中。

新中国成立以来,竞技体育在我国不同历史时期的发展侧重点不同,这是依据当时社会政治、经济发展的客观情况而做出的现实和历史选择,符合客观发展规律,这也成为新中国体育事业发展的宝贵财富。有关竞技体育公共服务,一开始没有具体概念,到出现定义,它的服务行为却从始至终从未间断。不同时期扮演不同的角色,产生无法忽视的社会影响。在不断满足中国社会、人民对竞技体育各种需求中,从单一化到多元化服务,让更多人受益于竞技体育公共服务,同时利用它的各种资源优势服务于体育公共服务的其他基本形态。

第三章 竞技体育与体育公共服务的关系分析

第一节 体育公共服务的发展需要竞技体育

综观国内现有研究成果,围绕竞技体育与体育公共服务的相互关系进行理论探讨的尝试较为鲜见,且在体育公共服务主、客体间的供求两端存在着现实的失衡与错位,不能不说是竞技体育轰轰烈烈、体育公共服务磕磕绊绊发展现状背后的一种缺憾。目前,从体育公共服务的提供主体来说,政府主导、市场介入、社会参与、个人自愿的多元供给格局不断优化;从体育公共服务的措施来说,体育健身、体育休闲、竞赛表演、场地开放、设施提供的多重渠道逐渐成形;从体育公共服务的需求客体来说,享受体育公共服务的社会公众群体分层愈加明显。基于竞技体育职业化、专业化、市场化、社会化的时代特征,加上其形式与内容、方法与手段、知识与技能对体育自身发展外延的拓展与渗透,竞技体育已经初步经历了文化积累、模式多样、赛事完备的发展过程。新时期,竞技体育完全可以从产品(服务)提供、动力支持、权利保障等方面承担起推进体育公共服务的历史重任。

一、竞技体育文化为体育公共服务提供必要产品(服务)资源

竞技体育文化是一种非常受社会公众欢迎的强势文化。新世纪以来,对竞技体育进行文化解读成为新的思潮,竞技体育的文化价值被广泛重视。在体育学界,结合竞技体育的发展实践,在理论上界定了有关竞技体育的种种文化表象和组成内容,并在一定高度阐述了竞技体育文化的社会价值和社会意义。进而从表层文化、中间文化、核心文化的分层视角出发,对竞技体育的物质文化、精神文化、制度文化等各种文化表现形式有了新的认知。这为进一步体现竞技体育的社会功能提供了必要的理论支持,也为竞技体育推进体育公共服务的实践探索提供了重要的产品(服务)资源储备。竞技体育的文化具体可以概括为:1.竞技体育的自身文化,也就是运动项目的项目文化,属于体育的行业文化。

例如：足球文化、篮球文化、排球文化、田径文化、体操文化、乒乓文化等。2. 竞技体育的衍生文化，也就是跨行业文化或者称之为社会文化。例如：服饰文化、影视文化、歌曲文化、建筑文化、藏品文化、摄影文化等。无论是竞技体育的行业文化还是衍生文化，它们都是以多种多样的文化形式表现出来的，并且规范着人们的体育行为，影响着人们的价值观念。竞技体育的影响力已远远超出它的固有价值，其对社会的影响力已不再简单的停留在感官刺激层面，其多样文化已辐射至人们的行为方式及社会文化的各个领域。

首先，20世纪70年代末，为了实现竞技体育快速发展，我国实行"赶超战略"，为满足竞技体育训练和比赛需求，兴建了大量高标准体育场馆设施。据相关统计资料显示，截至2013年底，我国已有标准体育场地共计169.46万个[①]，一些场馆为了实现自主化经营，也开始向社会公众开放，只收取基本维护费用；有的甚至针对特殊人群实行定时免费开放，还有部分体育场馆由于设施落后，从竞技体育中淘汰下来，供社会公众使用。同时，许多大型体育赛事由政府和市场主体出资，结合出售赛事转播权、商业赞助及特许商品制造等方式运行。政府和市场主体出资举办比赛，并与其他社会组织一起，完成竞技体育比赛的信息发布、比赛观赏、产品和服务提供等服务环节。如社会公众可以借助报刊、手机、电视和网络媒体，以最廉价的方式体验到如奥运会、世界杯、亚运会、单项锦标赛等各种竞技体育赛事文化，满足了广大人民群众的体育需求。因此，上述行为具有较强的公益性质，该类竞技体育物质文化产品（服务）为体育公共服务提供了部分产品（服务）资源，有利于促进体育公共服务的完善和发展。

其次，竞技体育不仅作为我国体育事业的重要领域，而且属于文化事业的组成部分，还是大众文化传播的重要媒介。作为文化形态，除了以物质形态表现的场馆设施和体育竞赛表演外，其精神文化更是体现竞技体育文化内涵的重要内容。因此，开发竞技体育以物质形态为体育公共服务提供的产品（服务），结合体育竞赛表演、竞技体育人才流动、竞技体育公众人物，挖掘与其相关的精神文化更是新时期丰富体育公共产品（服务）的有效途径。竞技体育人才流动是通过跨层次、跨行业、跨地区、跨国界的流动方式实现竞技体育人才资源合理分布的一种重要手段。就目前我国竞技体育管理体制来说，竞技体育人才大都属于国家的公共资源。竞技体育人才流动从表面看虽是竞技体育物质文化的一种表现形式，但通过竞技体育人才的合理流动，不仅保障了各区域、各层次竞技体育的发展，一定程度上促进了竞技体育公共服务产品（服务）的均等化，而

---

① 第六次全国体育场地普查数据公报[N].中国体育报,2014-12-26(9).

且体现了竞技体育积极进取、公平竞争的精神追求，对社会公众起到明显的精神感召和心理激励作用，具备了物质文化和精神文化的双重属性。

比如，竞技体育公众人物是竞技体育人才中的核心人物，他们的行为和言谈一直以来就是社会公众关注的焦点。如姚明、刘翔、李娜、孙杨、林丹等超级明星和刘国梁、李永波、郎平、周继红、孙海平等高水平教练，他们都是在举国体制下成才，可以视为国家公共资源的一部分。基于国家公共财政投入和产出的制度约束，这些体育公众人物不仅要在赛场上为国争光，更应该担负起服务公众的社会责任。诸如运动项目推广、社会公益活动、大众传播媒介等领域，就特别需要体育公众人物发挥他们光环效应和示范效应，进而服务公众、回馈社会。因此，竞技体育公众人物参与公共服务，不仅是一种社会责任，更应是他们义不容辞的社会义务。无论是他们在竞技场上赢得的比赛结果，还是平日艰苦异常的训练过程，或是相对成功的人生经历，都能从不同角度展现竞技体育顽强拼搏、永不言败的精神价值，更是竞技体育通过公共服务向社会公众传达的正能量。

二、竞技体育发展的多样模式是推进体育公共服务的强大动力

一直以来，竞技体育作为体育事业发展的重心，在政策和资金上得到政府和市场的倾斜，与其他体育领域发展水平相比，竞技体育发展速度明显超前，并在政府主导、市场介入、社会参与的前提下，形成了竞技体育人才培养、财政划拨、物资调度、赛事安排等资源多样配置的发展模式。我们以服务特征为划分对象，把体育公共服务分为纯体育公共服务和准体育公共服务。纯体育公共服务是以政府为主要供给主体，通过公共财政来消耗公共资源的既无竞争性又无排他性的体育公共服务；如体育公共设施建设、体育法规政策制定等。准体育公共服务是以政府、市场、社会三者协同为供给主体，通过竞争机制，利用社会和市场资源的，不完全具有非竞争性和非排他性的体育公共服务；如社会体育指导员培训、职业体育或休闲健身俱乐部的经营管理等。

目前，从理论研究和实践表现来看，我国体育公共服务和产品的提供，主要有政府出资（购买）、服务收费及非政府参与等三种方式。因此，现阶段体育公共服务的运营模式兼有盈利和公益双重性质，这与竞技体育的发展模式有着一定的相似之处。体育公共服务作为我国一项新兴体育事业和体育战略，同样需要竞技体育继续发挥先锋作用，带动体育公共服务逐步走向成熟完善。虽然竞技体育本身不是公共服务，但基于市场经济的体制属性，可通过产权转移、性质变更、产品创造等形式和媒介使其具有公共服务功能。拥有多重发展动力的竞技体育所催生出的竞技体育产品，既可以满足社会公众对体育公共服务的基本需求，又可以满足多阶层人群的其他消费需求。

首先,竞技体育代表着体育竞赛的最高水平,运动员在竞赛场上的比赛,不仅仅代表运动员个人或团队的较量,有时更是区域之间、国与国之间实力的比拼,竞技体育的属地性决定了其在一定地域范围内的旗帜和代表作用,使得当地的政府和企业主动参与,公众密切关注。其次,竞技体育的政治性和功利性,加剧了体育竞赛的竞争性、对抗性、观赏性和娱乐性,使得竞技体育成为可以满足多阶层社会公众服务需求的重要载体。再次,竞技体育的技巧难美、项目风格、赛程赛果、战术思想、明星动态等信息符号,通过多种媒体渠道,在社会公众中得到广泛传播,进一步激发社会公众参与体育的热情,不仅带动了群众体育和学校体育的发展,同时也极大丰富了体育产业和体育文化的发展内涵。此外,从表面看,竞技体育因竞争性、排他性等性质不直接具备公共服务功能,对其直接进入公共服务领域形成障碍,但可通过竞技体育资源所有权的变更或转换,使其具有非排他性和非竞争性。如通过政策实施、服务购买、社会参与、媒体推广等手段,结合社会公众的主动参与,体现出竞技体育服务产品的吸引力和影响力,衍生出直接服务(参与型)和间接服务(观赏型)类型,进而推动纯公共服务和准公共服务方式的完备。总之,伴随着现代竞技体育对群众体育、学校体育、体育产业和体育文化的深层介入和强势引导,继而刺激社会公众对体育公共服务和产品的多种需求,加上业余竞技体育、专业竞技体育、职业竞技体育"三位一体"的多重推进,可实现竞技体育对体育公共服务的全覆盖。竞技体育发展的多样模式完全能够成为推进我国体育公共服务事业发展水平全面提升的强大动力。

第二节 我国体育公共服务的基本形态及其相互关系

我国现处于政府职能不断深化、行政管理不断改革的重要阶段,公共服务成为备受人们关注的热点。但由于政府从"管理"向"服务"的职能转变还没有完全到位,服务在整个体系中仍处于弱势地位,而在体育服务中公共服务又是薄弱环节[①]。随着人民群众生活水平的提高与健康意识的增强,需要一个有效而完善的体育公共服务体系来满足群众不断增强的健身意识和不断增长的体育人口数量。自十八大以来,国家进一步加大了在体育公共服务方面的建设投入,使其成为提高全民素质的基本保障,体育事业发展的有效动力,推动我国从体育大国迈向体育强国。体育公共服务以服务为本体,以人为客体,如果失去人的存在,也就谈不上服务了。以下主要探讨以人的活动为主体,以体育实践

---

① 李建国.体育强国的基础:体育公共服务体系建设[J].体育科研,2009,30(4):15-18.

为内涵的体育公共服务基本形态及其之间的相互关系。

一、体育公共服务的内涵

体育公共服务是满足公众最基本体育需求的服务。一般来说,体育公共服务的内容主要可以包括基础设施类、技能培训类、要素保障类、信息服务类、安全监测类5个方面[①]。从政府施行公共管理的角度来看,体育公共服务的内容则可分为健身设施、健身组织、体质监测、健身指导、体育活动、信息咨询服务各个方面。上述两种对体育公共服务内容的描述都是从最基础的实体场地场馆到较高层次的无形技术或者信息类服务的满足,从各个方面不断健全体育公共服务,加强体育公共服务体系的建设。

体育公共服务是公共服务的一种,是以提供体育公共产品来满足公众体育需求的服务。因而它首先满足公共产品非排他性和非竞争性这两个基本特征。非排他性是指就某一公共产品,任何人都有使用或者消费的权利,而且他们之间互不影响和排斥。非竞争性则是指该公共产品被提供时,每增加一个使用或消费者,其他人不会在该产品的使用数量、质量上受到任何影响,使用者或消费者和该产品之间不存在需求扩大或缩减供给量的关系。其次,体育公共服务的特征还表现在它是为体育而服务的,所以它满足体育的本质特征,就是以为身体练习提供保障作为手段,以公民发展身体,增强体质为目的,促进人的全面发展,为社会发展而服务。

二、体育公共服务的形态

体育形态是指体育实践的相对稳定形式或状态,也称体育形式。它既反映了体育现象内在要素之间的有机联系,又表现出体育各种整体现象相对稳定的外部特征[②]。学者们依据体育的基本形态,对体育公共服务进行了不同种类和层次的形态划分。我国学者刘亮以马斯洛人的基本需求理论出发,认为人的需求会存在或衍生利益诉求,因而从差异性、同质性和补偿性3种体育公共利益出发,将体育公共服务划分为生存发展型服务,精神满足型服务和权益伦理型服务[③]。学者樊炳有从体育公共服务的发展过程、理论基础和实际运行过程的角度出发,将体育公共服务分为维护性体育公共服务、基础性体育公共服务、经济性体育公共服务和社会性体育公共服务。学者周爱光以冯契先生的"划分是揭示概念外延的逻辑方法,按照一定的标准,将概念所反映的对象分成若干小

---

① 杨文礼,高艳敏,刘玉.体育公共服务体系基本理论框架构建与分析[J].沈阳体育学院学报,2012,31(6):25-29.

② 周西宽.体育基本理论教程[M].北京:人民体育出版社,2004.

③ 刘亮.我国体育公共服务的概念溯源与再认识[J].体育学刊,2011,18(3):34-40.

类"的辩证逻辑出发,根据服务特征,将体育公共服务划分为具有非竞争性和非排他性的纯体育公共服务、不完全具有非竞争性和非排他性的准体育公共服务;根据服务范围将体育公共服务划分为全国性体育公共服务和地区性体育公共服务;依据服务层次,将其划分为基本体育公共服务和一般体育公共服务;根据服务对象,则将体育公共服务划分为学校体育公共服务、全民健身(群众体育)公共服务和竞技体育公共服务。上述这些观点内容丰富,从各个角度和层面对体育公共服务进行了划分,为进一步研究体育公共服务提供了有益地参考。

三、学校体育公共服务

国家体育总局局长刘鹏曾经在接受新华社记者专访时表示,对国家下发的《中共中央关于全面深化改革若干重大问题的决定》中,"要强化体育课和课外锻炼,促进青少年身心健康、体魄强健"。根据这一指向将制定相关政策,加快建立政府主导,部门协调、社会力量共同参与的青少年体育公共服务体系,为促进青少年强身健体提供更好的条件和保障[①],其中的青少年是指13岁以上到成年之前。我国处在这个年龄阶段的人多集中于学校,因而学校体育公共服务成为促进广大青少年身心健康,强身健体的主要服务手段。学校体育公共服务是以广大青少年学生参加体育活动,增强体质和培养高水平竞技人才为主要指向的体育公共服务[②],而其主要内容包括为学生提供体育场地设施、体质监测、体育知识传播、高水平运动员培养和高水平运动队建立等,不断促进青少年体育的发展,为学生智育和体育协同发展创造良好的基础氛围。

学校体育公共服务是以青少年学生为主要服务群体,满足他们的体育需求等。由于我国学校(除私立和民办外)的体育公共服务来源主要是国家具有非排他性和非竞争性的公共产品,这就在一定程度上决定了学校体育公共服务属于基本公共产品性质的服务。今天,随着国民经济的发展,人民生活水平的迅速提高,人们对学校体育的认识程度不断加深,国家对学校体育的投入越来越多,这无疑促进了学校体育公共服务的健康发展,同时也使其更好地为物质文明和精神文明建设服务。

四、全民健身公共服务

全民健身公共服务也称群众体育公共服务,是以政府为主,其他非政府组

[①] 刘鹏.加快体育公共服务体系建设,不断深化职业体育改革[EB/OL].(2013-12-11)[2014-02-12]http://news.xinhuanet.com/sports/2013-12/11/c_125842324.htm.

[②] 周爱光.从体育公共服务的概念审视政府的地位和作用[J].体育科学,2012,32(5):64-70.

织为辅的供给来源,提供的一种以满足公众健身需求为目的的基础性服务。国外发达国家的全民健身公共服务一般融入整个社会公共服务体系之中,采取建立以社区为体育中心的基本措施来推行全民健身公共服务。美国政府从二战以后就已颁布相关法律法规来促进其体育公共服务的建设发展;原联邦德国于1960年启动旨在促进以社区体育中心建设为目标的"黄金计划";日本于1972年推出了《关于普及振兴体育运动的基本计划》[①]等。以美国、德国为代表的全民健身相对发达的国家,其全民健身公共服务体系相对完善,它们集中体现了以人为本,服务大众的全民健身公共服务理念。

当前,我国全民健身公共服务供给水平总体较低,与人们日益增长的多元化健身服务需求之间存在一定的矛盾。究其原因,就在于我国公共服务理念与社会经济变革和发展不同步,与全民健身的发展不同步,对全民健身公共服务的认识不足等。国外发达国家在体育公共服务方面大投入的同时,通过调动社会各方面资源进行资源整合,形成了政府主导下凝聚社会力量发展全民健身的模式,为我国全民健身公共服务理念的转变提供了借鉴[②]。

五、竞技体育公共服务

竞技体育公共服务是指不仅包括满足高水平竞技运动员、教练员的需求,更应该要满足普通大众开展竞技体育的需要。在西方发达国家竞技体育、学校体育和为公民提供的体育服务,相互交织,相互融合,没有特别明显的界限[③]。20世纪开始,以举国体制发展的竞技体育成为我国体育事业的重心。受当时政治、经济等各种因素的影响,竞技体育成为展示国家和民族气节与力量的一种外交手段,产生了由国家有针对性地、专门地为高水平专业运动员提供的体育服务。但随着社会经济的不断发展进步,普通民众参与竞技体育的方式发生了变化。从原来的只从观赏的角度去满足自身情感寄托,到现在的既要观赏还要参与。因此,竞技体育公共服务的对象不仅要包含专业选手,也要将普通民众涵盖其中。它被赋予了更加切合实际的内涵,不仅包括满足高水平竞技运动员、教练员的需求,更应该要满足普通大众开展竞技体育的需要。

在我国竞技体育管理体制较为特殊,同时由于自身的社会功能,致使竞技体育既具有公共性,又有非公共性。竞技体育的公共产品属性,决定了其成为满足人民群众精神文化生活的特殊物品。竞技体育公共服务,它同样满足公共

---

① 王才兴.体育公共服务国际比较及启示[J].体育科研,2008,29(2):27-31.

② 王先亮,房雪琴.全民健身公共服务理念探究[J].吉林体育学院学报,2013,29(3):32-34.

③ 窦少华.中美竞技体育管理体制的比较研究[D].武汉:武汉体育学院,2013.

产品一般属性,非竞争性和非排他性。根据这一性质,竞技体育公共服务可以划分为具有纯公共产品性质的服务和准公共产品性质的服务。例如举国体制下的高水平竞技体育,人民群众有欣赏高水平竞技的需求,以及对我国竞技体育在国际体坛出色表现的需求。这在客观上是向全社会提供一种精神、文化产品,它为人民群众所共同享有,属于纯公共产品性质的服务。而在市场经济带动下,政府通过购买、合作等方式为公民提供的某些不完全具备非竞争性或非排他性的体育服务,则是准公共产品性质的服务。

六、三者之间的关系

体育公共服务的基本形态包括学校体育公共服务、全民健身(群众体育)和竞技体育公共服务。它们之间既相互独立、相互关联且相互依存。全民健身公共服务是学校体育公共服务的发展延伸,学校体育公共服务和竞技体育公共服务存在有效互动,竞技体育公共服务和全民健身公共服务联动发展,三者协调统一,共同促进体育公共服务的完善发展,如图3-1。

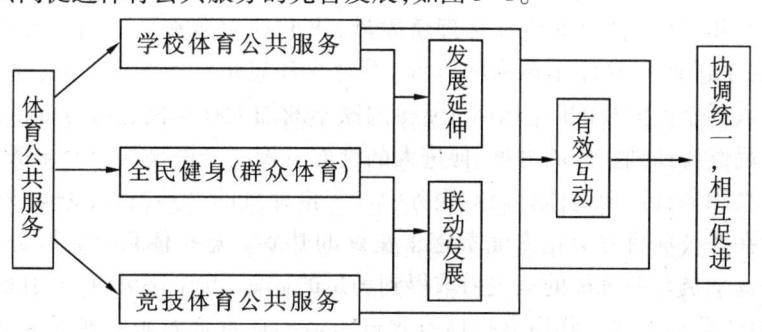

图3-1 体育公共服务基本形态之间的关系

1. 全民健身公共服务是学校体育公共服务的发展延伸

学校体育是随着社会政治、经济发展及教育、体育的发展而产生发展起来的,它的产生发展对社会、对教育所取得的作用是由体育的本质决定的,通过学校和学生所提供的可能来实现,充分揭示体育的职能与特点。虽然学校体育公共服务能以充分的体育资源保证学生在校期间进行体育锻炼,但它同时存在一定的局限性。学生一旦离开学校就无法得到保障,大部分学生有可能因此停止参加体育运动。因此需要全民健身公共服务发挥其社会作用,与学校体育服务进行的良好对接成为学校体育公共服务的发展延伸,弥补了学校体育公共服务由于学校时间产生的阶段性教育的不足。学校体育公共服务也在不影响学校教育的同时,向社会开放场馆,利用人力、技术和场馆资源帮助全民健身公共服务部门组织、管理和指导群众锻炼。

2. 学校体育公共服务与竞技体育公共服务的有效互动

学校体育有"地利人和"的先天优势，场馆设备等硬件优势，得天独厚的人力资源等，综合体育资源优势是仅次于竞技体育的。而且在学校体育中，开展的体育课程多以竞技体育为主，这在某种程度上极大地促进了学校竞技体育的发展。因而，学校体育公共服务承担着向上输送高水平体育运动员，向下提升在校青少年等身体素质的重要任务。反之，竞技体育公共服务也在不断促进学校体育公共服务的发展。首先，组织优秀运动员、教练员等不定期进入学校开展讲座、指导教学，为青少年在成长道路上树立榜样、建造标杆，对他们进行正确的引导。其次，运动员在退役后也可以进入学校继续深造和进修，或是直接在学校任教指导教学。在一定条件下，学校体育公共服务与竞技体育公共服务之间能部分融合、有效互动。这也就成为满足国民体育需求多元化的必要条件。

3. 竞技体育公共服务与全民健身公共服务的联动发展

近些年，随着社会的变革和经济发展，人们的生活水平得到巨大的改善。"生命在于运动""身体是革命的本钱"等观念和思想日益深入人心，越来越多的人加入到全民健身的队伍中来，使得国家不断加大在全民健身方面的投入和推行全民健身计划实施的力度，促进人的全面发展。全民健身公共服务一直以其广泛性和基础性成为体育公共服务中最为接地气的公共服务，为竞技体育公共服务在竞技项目社会化方面奠定了良好的基础。竞技体育公共服务在保证高水平运动员与教练员的竞技需求得到满足的同时，与全民健身公共服务进行融合协作，联动发展。利用竞技体育先进丰富的体育资源服务普通大众，共同为体育公共服务实现以人为本、促进社会全面发展的目标努力。

4. 结语

体育公共服务的三种基本形态，既相互独立又相互关联。学校体育公共服务利用其完备的体育场馆设施，专门的体育教育资源和开展齐全的运动项目，在不影响学校正常工作的前提下，尽可能地提供体育公共产品和服务以满足社会和公众的体育需求。竞技体育公共服务也以丰富的体育资源对全民健身公共服务在各个方面进行有效支持。全民健身公共服务则以培养大众科学、文明、健康的生活方式为最普通大众服务。它是竞技体育公共服务夯实基础的有效借鉴，同时也与学校体育公共服务存在体育服务的对接。三者是体育公共服务缺一不可的组成部分，以使体育公共服务向前、向好发展为目标，既发挥着自身特色优势，同时又相互协同发展，为体育公共服务的发展不断提供新能量、新思路和新方向。只有三者协同一致、相互促进，才能使体育公共服务更加完善；只有相互取长补短，才能使体育公共服务更加完整；只有共同发展，才不会出现短板效应,才能使体育公共服务这个"大木桶"的容量更加丰富。

第三节 体育公共服务对竞技体育发展具有反作用

一、基础性体育公共服务是竞技体育发展的物质根基

基础性体育公共服务,是指社会公众及体育组织从事各种体育活动、发展体育文化和体育娱乐等活动都需要的,由某种政府行为介入的基础性服务。其中主要包括各种体育场馆设施建设、体育人才培养等。据第六次全国体育场地普查数据显示,截至2013年底,全国共有体育场地169.46万个,用地面积39.82亿平方米,建筑面积2.59亿平方米,场地面积19.92亿平方米。对比第五次全国体育场地普查(截至2003年12月31日),全国体育场地数量增加84.45万个,将近翻了一倍,用地面积增加17.32亿平方米,建筑面积增加1.84亿平方米,场地面积增加6.62亿平方米;人均场地面积增加0.43平方米,每万人拥有体育场地数增加5.87个。2011年国务院印发的《全民健身计划(2011—2015年)》要求,至2015年,"全国各类体育场地达到120万个以上,人均体育场地面积达到1.5平方米以上"。市(地)、县(区)、街道(乡镇)、社区(行政村)普遍建有体育场地,配有体育健身设施。50%以上的市(地)、县(区)建有"全民健身活动中心"。50%以上的街道(乡镇)、社区(行政村)建有便捷、实用的体育健身设施。有条件的公园、绿地、广场建有体育健身设施。改善各类公共体育设施的无障碍条件,各类体育设施的开放率和利用率有较大提高。形成各级各类体育设施布局合理、互为补充、覆盖面广、普惠性强的网络化格局。"以及"城乡居民体育健身意识和科学健身素养普遍增强,体育健身成为更多人的基本生活方式。体育人口比例达到32%以上,比2007年提高3.8个百分点;其中16岁以上(不含在校学生)的城市居民达到18%以上,农村居民达到7%以上,分别比2007年提高4.9和2.9个百分点。"目前,我国竞技体育人才培养和选拔采用两种机制:一种是运动学校—俱乐部三、二、一线队—国家队的模式;另一种是"举国体制下"三级训练网体系即业余体校—市体校—省队—国家队的模式,这两种模式都是保证我国竞技体育人才培养和储备的主要手段,而且都与体育公共服务有着非常密切的联系。从竞技体育人才培养机制的物质角度出发,无论是三级训练网体制还是俱乐部培养体制,最初大都是依靠政府出资,兴建各类专业体育场馆和各级学校体育设施,配套基本体育运动装备,来供运动员训练和比赛使用,具有很强的公共财政制度下的公共属性。政府的公共服务行为为竞技体育发展奠定了强大的物质基础。另外,从竞技体育人才来源上讲,竞

技体育人才除了专业体育组织直接培养选拔,还要依靠群众体育和学校体育的人才补充。体育公共服务在群众体育和学校体育领域的发展成果,能有效改善竞技体育后备人才的来源结构。因此,体育公共服务既为实现早期的人才培养选拔提供了可能,也成为阻止竞技体育人才流失的第一道屏障,并且从一定程度上提高了竞技体育人才选拔的人口基数和成材率,推动了竞技体育的可持续发展。

二、维护性体育公共服务是竞技体育发展的制度保障

维护性体育公共服务,一般是指维护体育公共服务发展的相关制度法规,它是保证群众体育、学校体育发展的制度保障,同时也为竞技体育发展创造良好的基础环境。众所周知,竞技体育的发展根基在于群众体育和学校体育,可以借助制度安排,通过基层的培养和选拔,将优秀体育人才输送到竞技体育领域中。在最初的项目设计和组织实施过程中,需要制定相关的制度法规如《中华人民共和国体育法》《国家体育锻炼标准施行办法》《公共文化体育设施条例》《学生体育工作条例》《全民健身计划纲要》《全民健身条例》《社区指导员技术等级制度》等等[1],对群众体育和学校体育领域的人才培训、资金划拨、设施提供等进行约束,才能更好保证竞技体育发展基础的制度化、法制化、科学化。《中华人民共和国体育法》从宏观层面规定了我国体育事业的发展宗旨、发展目的、管理机构、职能部门、保障条件等,明确了各门类体育事业的界别与分工;《国家体育锻炼标准施行办法》则与《学生体育工作条例》相配套,从鼓励和推动人民群众特别是青少年、儿童积极参加体育锻炼角度出发,以增强体质和提高运动技术水平为最终目标,对相关单位和部门组织各类体育活动进行了必要规定,明确了分组、测验、奖励、标准等可操作内容;其余制度性规范主要面向群众体育,以职能分工、活动场地、指导人员、鼓励措施等条款体现,保证了群众体育开展的必要条件。上述这些制度性法律法规,大都历经数次修订和完善,日益具备时效性和可操作性,不仅很好地保障了社会公众参与体育的诸多基本权利,也促进了竞技体育的更好发展。

三、社会性体育公共服务是消解竞技体育发展矛盾的重要手段

社会性体育公共服务是指通过某种政府行为的介入,为社会公众的体育生活、身心健康的发展与体育文化娱乐等社会性直接需求提供的服务。因此,首

---

[1] 国家体育总局.拼搏历程辉煌成就:新中国体育60年[M].北京:人民出版社,2009.

先从资金和产品供给的功能设定来看,应该完全由政府公共财政支出,供社会公众广泛享有,这从一定程度上弥补了竞技体育超前发展时借用公共资源的不足,有利于缓解竞技体育的发展矛盾。其次,从性质来看,社会性体育公共服务在目的设定上体现了公民权利的平等性,有利于调适竞技体育超前发展时借用公共权利的冲突,升华了竞技体育的发展内涵。改革开放以来,我国经济社会快速发展,体育已经成为社会公众日常生活中的重要内容。伴随着人们对体育认识水平的提升,对体育的需求也不只停留在身体练习的表层,其精神世界也十分渴望得到满足。为缓解这一矛盾,政府相继在场地建设、法规制定、人员配置、资金保障等各方面投入大量人力物力,发展社会性体育服务事业。此外,竞技体育也做了许多社会性体育公共服务的积极尝试,如竞技体育团队下基层、竞技体育公众人物媒体交流、竞技体育竞赛表演民间化、竞技体育人才物资对口支援等等。不同类型社会性体育公共服务的持续深入,可以满足社会公众对体育的多重需求,为从整体上带动我国竞技体育事业乃至体育事业的良性发展提供了重要手段。

第四节 竞技体育与体育公共服务的联动关系

一、竞技体育的性质决定了其与体育公共服务的不可分离性

竞技体育的各项竞技内容以及长期以来形成的竞技规范、管理体系、竞技文化是体育事业发展的重要组成部分。竞技体育在某种程度上说是体育发展最高尖的本质体现。竞技体育的运动内容、评价体系、技术规范、训练方法等要素长期以来被学校体育及群众体育所借鉴。竞技体育在引领、感召学校体育及群众体育发展的同时,又供给了二者发展的核心操作基础。因此,竞技体育是体育事业中不可或缺的重要组成部分,谈及体育公共服务就不可能将竞技体育排除在外。

在我国体育公共服务体系构建中,需要较为丰富的体育场馆设施、体育人力和体育信息资源等体育资源作保障。竞技体育在我国的体育资源相对丰富,在体育公共服务中应当充分利用竞技体育的资源优势,在不影响竞技体育正常运行前提下,尽可能地促使其提供体育公共产品和服务以满足社会和公众的体育需求,为完善全民健身服务体系做出应有贡献。

二、竞技体育的功能决定了其参与体育公共服务的广泛性

竞技体育功能归纳起来主要有以下几个方面:教育功能、健身功能、娱乐功能、政治功能、经济功能。竞技体育的功能在体育公共服务中均能够发挥出应

有作用。

根据体育公共服务的内容分类来看,竞技体育的教育功能在物质、制度、精神等层面体现对参与个体的教育价值,可以直接应用于精神类体育公共服务中。首先,人们在物质层面通过对竞技体育竞技内容、竞技手段、锻炼方法、场地器材的体会与感知,达到竞技技能的掌握与提高自身体能效果。然后,竞技体育规范在制度层面上精准到位的管理规程、竞技组织、练习方法、技术规范、赛事控制与执行规则,不仅对于参与者有"公平竞争""规范行为""科学有序"这样内容的教育价值,对于其他行业的制度法规建设也具有示范、促进作用。随之,竞技体育在精神层面上强调体能发展与情感发展的一致性,以形成完整人格。竞技体育通过有组织的活动形式,充分利用竞技手段和方法,发展参与者的身体能力、适应能力和竞争意识,并在竞技活动中养成尊重对手、遵守规则的良好道德风范。当代社会,竞技体育活动内容被广泛地运用于各种教育系统中,成为培养个体意志品质和现代精神的有效手段,以满足培养全面发展的人的需要。

竞技体育的健身功能和休闲娱乐功能可以应用于健身娱乐类体育公共服之中。竞技体育的健身功能集中体现在对参与者体能方面的增强作用,在竞技体育中人们发掘自己的生物性潜力、冲击自己身体能力极限。竞技体育自诞生伊始,就寄托了人类追求自身极限能力甚至超越极限能力的美好梦想,人类借助不同的竞技内容,不断锻炼身体各方面能力,在塑造完美形体同时,不断超越自我极限。竞技体育的休闲娱乐功能是社会发展进步的衍生产物。随着社会经济发展,人们的需求不断提高,竞技体育的观赏性、娱乐性正在逐渐融入人们的日常生活。竞技体育正在减轻某些不必要的过分的负载而成为更人性、更本真、更纯粹的精神需求和游戏方式,为人们的闲暇时光提供健康快乐的选择[1]。其中竞技体育赛事对休闲娱乐体育活动发展具有的积极促进作用尤为明显,竞技体育赛事有助于激发人们参与体育赛事,带动休闲体育开展,借助竞技体育赛事实现休闲娱乐、放松身心。

除此之外,包括竞技体育政治功能、经济功能在内的竞技体育多项功能都能应用于信息类体育公共服务之中,主要通过相关政策法规的宣传、全民健身和比赛信息的发布、体育技能和知识信息、体育普及书籍、赛事报道等形式服务

---

[1] 陈丽霞,杨陶.论竞技体育与体育公共服务的联动发展[J].四川体育科学,2015(1):1-4.

于社会不同群体。实物类体育公共服务的体育场地、器材及相关设施也是竞技体育活动系列条件保障的基本要求。可见,竞技体育的多方面功能决定了其参与体育公共服务的广泛性,竞技体育能够全方位地投入到体育公共服务的各个层面。

三、竞技体育的本质决定了其体育公共服务的长效性

竞技体育的本质是追求完美人格。人们在参与体育活动过程中获得了精神上的自由与欢乐,通过磨炼和付出而得到完美人格和至高荣誉。竞技体育在增强参与者体能、提高动作技能之外,充分发挥了其文化价值及教育、健身、娱乐等基本功能,对人们的精神、灵魂、修养实现进一步塑造,以及对同步产生的相关情感体验有着深远意义和长远功效。

竞技体育向人们展示出竞争精神的社会意义是其他任何事物所无法比拟的。人们从竞技体育中感悟到了积极向上、不服输、不甘落后、不断创新、超越自我的进取精神。运动员迎难而上、刻苦训练的拼搏意志在一代又一代的青少年心中树起榜样。竞技体育的活动规范培养平等、公平、规则、团结、合作理念,并能持续影响着人们的行为规范准则。站在运动场上,不分种族、年龄、经济收入、政治地位,都遵循同一规则进行公平竞争。竞技体育中尊重裁判、尊重对手、尊重观众的秩序是社会公序良俗的标榜,社会主体会不约而同地受到它的影响和感化。对我国现阶段社会发展来说,竞技体育所展现的勇于竞争、团结协作、诚信友爱、亲民爱国的体育精神,对塑造和强化社会主义核心价值观和道德观也有独特作用。

人们从那位创造了"马拉松"运动的信使身上,从那位"掷铁饼者"蓄势待发的姿态中,不仅看到了人类的力量和意志,更感受到一种竞技美,而这种美学情感会在不同情境中随时浮现于人们脑海。北京奥运会开幕式上,李宁作为最后一棒火炬手在"鸟巢"上空高举奥林匹克圣火奔跑时,运动员个人的生命历程完全融入整个国家和民族的进步辉煌之中。那一刻,民族自豪感、爱国热情在竞技体育光芒中获得提升与渲染,直至今日,人们依然记忆犹新。由此可见,竞技体育在人们的精神、情感方面的作用能够实现持久的影响,这一本质特征使其在体育公共服务中能够发挥出自身优势。

四、竞技体育的科学与规范决定了其体育公共服务的可监控性

体育公共服务需立足于公共性目标,提供体育公共服务应在平等性基础上对服务质量、服务效果进行质量监控。体育公共服务的效益性是指政府体育公共服务提供过程中的投入与所带来收益之间的关系,既强调客观效率上的低投

入、高产出,又追求主观效果上的目的与方法的竞合,要实现服务效益最大化,就需要建立标准化的服务系统。首先,管理层面应不断提高体育公共服务产品品质、降低公众获得服务的成本、增加体育公共服务种类、强化服务获得的便捷性。此外,在制度层面严格考量服务的流程、标准、效果,建立以公众满意度为导向的一整套绩效评估体系。竞技体育是一种复杂的社会现象,体育政策的制定、实施和落实也是一项复杂的管理活动。因此,需要从各个方面检验考察体育政策制度的制定、实施和效果。现代竞技体育产生发展的全过程都是建立在现代科学理论基础上的。竞技体育业已形成涵盖运动训练、运动选材、过程监控、资源配置、质量监控等在内的系列科学规范的组织和管理体系。该体系规范完全可以运用于体育公共服务之中,保证其发展各环节的可监控性。

五、竞技体育对体育公共服务的"反哺"功效

竞技体育"反哺"体育公共服务,主要是通过竞技体育的超前发展带动体育公共服务的发展,实现竞技体育与体育公共服务的联动发展。通过"反哺"来夯实竞技体育基础工程、推进其他工程的发展、弘扬竞技体育文化,满足多元竞技体育文化需求、丰富文化产业、三位一体的构建,有利于竞技体育的全覆盖等。

1. 夯实竞技体育基础工程

在体育公共服务的推进过程中,构建完善的体育公共服务体系,夯实竞技体育基础工程。体育公共服务体系主要包括五个方面:一是指导服务,通过引进高水平的竞技体育技能人才,进行社区体育指导,满足公众的需求。例如足球明星贝克汉姆,让他走进社区,走进群众,对人们进行指导,更好地满足他们的体育公共服务需求。二是信息服务,利用体育书报刊等出版物,让人们分享到竞技体育成果,得到精神上的慰藉,感受竞技体育的魅力。三是活动服务,比赛是活动的一种形式,通过组织篮球赛、文化三下乡等活动激发人们对竞技体育的热情,能够亲身体验体育公共服务带来的益处。四是设施服务,主要是指竞技体育场馆的建设和闲置场馆的利用。从总体上看,我国的体育基础设施数量少、档次低的问题还比较突出,与人民群众日益增长的健身需求和竞技体育的需要相比还有较大差距。因此,需要抓好体育基础设施建设,为群众提供满意的体育设施服务;新规划的体育场馆的建设,既要充分考虑现实需要,又要避免重复建设;场馆开放、利用不够与群众健身锻炼场地不足情况同时存在,要出台相应的机制和办法,引导管理单位延长场馆开放时间、规范收费标准、引进演出和比赛,既避免资源闲置浪费,又可满足市民健身和锻炼的需求,同时还要充分利用一些闲置的竞技体育场馆,向公众开放。五是组织服务,由于组织保障

体系不健全,需要构建多层次的组织保障机构。从政府部门间的职能合作、政府与社会组织的职能互补、政府与市场组织的职能互益这三方面,创新体育公共服务组织体系;坚持用整体的、系统的观点和方法来推进竞技体育改革发展,发挥竞技体育整体功能;推动各级政府认真履行体育公共服务职能,以建设和利用好基层体育公共设施、大力发挥基层组织作用,让全社会享有体育公共服务,使得参与体育锻炼的人口大幅提升,达到普及型的效果。

2. 推进全民健身、体育产业、农村体育、学校体育和社区体育的发展

竞技体育通过"反哺"体育公共服务,带动其他工程的发展,例如全民健身、体育产业、农村体育、学校体育和社区体育的发展。在体育公共服务的发展中,利用更多的设施服务、信息服务、指导服务为普通百姓服务,使得他们能够感受到体育公共服务的普及,这样有利于推动全民健身活动的开展;同时在体育公共服务中为了满足大众的体育需求,器材设施的修建与完善,体育服饰、体育装备的消费等也促进了体育产业的发展;以竞技体育为龙头,推动农村体育、学校体育和社区体育的发展。在农村、学校和社区中修建更多的体育设施器材,并且定期举办体育竞赛活动,激发人们对体育运动的热爱。同时经常邀请一些竞技体育人才对农村、学校和社区进行体育指导,使得人们能够更加正确地参与体育运动。这样,参与体育运动的人群越来越多,越来越广泛,从而推动农村体育、学校体育和社区体育的发展。

3. 弘扬竞技体育文化,满足多元竞技体育文化需求

竞技体育文化包括两方面:一是项目文化,例如:篮球文化、足球文化等。它针对的是竞技体育的偏爱人群,即球迷群体。由此,广泛开展竞技体育的项目文化,满足不同阶层群众的多样性需求,丰富竞技体育文化的内涵,为项目文化的推广创造条件。二是衍生文化,例如摄影文化、影视文化、服饰文化、歌曲文化等。将竞技体育以摄影文化的形式表现出来,搭建摄影展,抓住一些竞技体育明星的特写镜头,充分展现竞技体育中"更高、更快、更强"的拼搏精神,给人们带来精神上的鼓舞和士气上的震撼,让他们在衍生文化中感受竞技体育的强大震撼力。以竞技体育文化和影视文化相结合构造竞技体育影视文化,比如以一位竞技体育人才为主角,描绘其成长、奋斗的艰辛过程,拉近与追星族的距离,让人们从竞技体育影视文化中感受强大的竞技体育精神。曾在我国获得过"百花奖"的最佳影视作品《女篮五号》,它以一位女篮运动员的成长经历为切入点,揭示了我国竞技体育运动员积极、健康、向上的竞技体育精神。服饰文化更多的是以人们喜欢、崇拜的竞技体育明星为载体,承载了竞技体育运动员的

目标与追求、精神与力量,以服饰文化的形式展现竞技体育的精神风貌。歌曲文化的渗透需要在竞技体育运动员的成长进程中进行,在竞技体育运动的背后流露着国人对运动员的称赞与欢呼,让人们感受到我国竞技体育运动的强大震撼力,了解每一位竞技体育运动员背后的故事。通过衍生文化的发展,充实我国的文化市场,打造文化多样性,以竞技体育的衍生文化满足大众的多样性需求,丰富公共文化体系的内容,并且通过政府机关宣传部门将这些文化推广到人们的生活中,满足全民的文化需求。因此,弘扬竞技体育文化,积极采用大众传播媒介手段,在政府的推动下,注重竞技体育文化传承与创新,播撒持续发展火种,丰富完善体育公共服务内容。

4. 丰富文化产业

竞技体育"反哺"体育公共服务也是一项旨在夯实宣传文化事业发展经济基础的系统工程。随着电视节目传输从模拟转向数字后,电视机将成为集成文化资源的终端机,它不仅能够满足大众观看高清晰体育电视节目和电影的需要,而且可以成为数字图书馆的终端,很多市民在家就可以浏览或借阅公共图书馆的藏书,还可以在电视上阅读刊物,通过高清频道观看体育赛事表演,通过电视机实现宽带上网。这些极大地丰富了人们的业余体育生活,通过大众媒体的传播,人们了解到更多的体育赛事和体育表演,这也推动了体育文化的发展,丰富了文化产业。

5. 三位一体有利于竞技体育的全覆盖

在体育公共服务中,充分发挥社会力量和组织的作用,致力于构建"三位一体"的组织类型,即职业竞技体育、专业竞技体育、业余竞技体育。不同组织类型的竞技体育从不同层面、不同角度推动体育公共服务的发展。三位一体有利于竞技体育的全覆盖,充分发挥其在体育公共服务中的作用。职业竞技体育给大众带来的是职业赛事的表演,通过体育媒体享受职业体育带来的文化盛宴;专业竞技体育主要是以比赛的形式展现给大家,激励人们要有拼搏奋斗的体育精神;业余竞技体育主要从事一些活动,他们更好接近百姓,进行体育指导服务;因此,充分发挥三者在体育公共服务中的作用,有利于竞技体育的全覆盖。

第五节　竞技体育社会服务功能与公共服务的关系

新中国成立后至今,竞技体育在我国体育事业中占据着特殊地位。特别是在"举国体制"框架下,人力、财力、物力和政策上的倾斜,为竞技体育超前发展创造了极好条件。在竞技能力快速发展同时,作为一种独特的社会资源,竞技体育强大的社会服务能力与价值也在得到不断提升与显现。其社会服务早已涵盖政治、经济、教育及文化等社会运行的各个领域。在这一过程中既有政治的影响,也有历史的姻缘。而今天,在国内政府角色转变以及发展社会公共服务的环境条件下。认识竞技体育的社会服务功能,挖掘竞技体育与公共服务的关系则直接关系到竞技体育可持续性发展,甚至关系到当下我们所提倡的体育公共服务事业的基本走向与格局。

一、历史的回顾——竞技体育与社会公共服务

1. 公共服务初露端倪

新中国成立之初,体育公共事业一穷二白,竞技体育的发展成为我国面对国际、国内发展环境的首要体育手段。并且在1949—1978年,中国竞技体育开始起步,在严酷的国际政治及国内环境,中国社会亟须一种精神力量的支撑和指引,这样,竞技体育充当了这种提高国家政治地位和发展国人身体健康的双重角色。"举国体制"由此诞生,竞技体育集合了社会大量的公共资源,成为社会公共服务建设的主要方面,上下形成合力,取得了竞技体育初始发展的一系列成绩,我国竞技体育开始在世界体坛中留下崭新的记忆。在这段时间内,竞技体育的政治作用初显,每当中国夺得国际比赛的重要成绩时,全国都会掀起强烈的爱国主义和民族归属感的热潮,并能够以此为契机带动公众的工作热情和健身活动。竞技体育的社会正能量蓬勃发展。但正当中国竞技体育在轰轰烈烈发展之时,自20世纪50年代末开始的"反右""大跃进"以及60年代开始的"文化大革命",使我国体育事业发展进入低谷。体育公共服务一度陷入停滞状态,并且这一状态直到70年代中后期才有所改善。

2. 改革开放初期(1979年—1992年)——以人民群众的利益为上

改革开放初期是一个"人本理念"开始萌发的时期,随着经济体制改革的深入和人民群众生活水平的提高,人们参与体育的意识也不断增强。在政治层面上,国家体育事业发展的总体思路是普及与提高相结合,重点是抓提高,即竞技体育。

20世纪70年代后期,中国逐步确定了竞技体育"优先发展"的战略。竞技体育发展过程中的政治资源优势明显,如1984年在全国体育发展战略和体育改革会议上正式提出把在奥运会上名列前茅作为发展目标,把运动技术水平作为体育强国的主要标志;在政治的指挥棒下,短时间内全国各级竞技体育运动队都集中了大量的人力、物力与财力,以惊人的冲击力向国际化、科学化和高水平化推进,以奥林匹克为核心的世界竞技体育主宰了中国体育运动发展的命运,成为当代体育运动的主体。

3. 市场经济时期(1993年至今)——对人本需求的关注

竞技体育的"举国体制"在市场经济时期继续发挥着有力的作用并取得显著成效,2008年北京奥运会,中国成为奥运史上第一个登上金牌榜首位的亚洲国家,也使得中国体坛进入了一个全新的时代。2012年伦敦奥运会,中国体育代表团创造了在境外参加奥运会的最好成绩,登上中国竞技体坛的最高峰。举国体制发展成效瞩目。此外,除专业竞技体育外,竞技体育精英化、职业化、草根化等多种竞技体育发展模式开始产生,人才管理、赛事组织管理、文化发展创新等领域出现了前所未有的发展机遇。竞技体育强劲的发展势头较之竞技体育管理体制和运行机制的改革步伐实现了绝对的超前。但从根本上说,竞技体育现有的发展成绩是在举国体制下,借用了大量社会公共权利的结果。这种结果在一定程度上形成竞技体育在体育公共服务资源分配体系当中的寡头地位,也在一定程度上造成了竞技体育自身结构当中的矛盾问题频频出现:如运动员安置问题、竞赛经济问题等。

二、竞技体育与社会公共服务的关系

1. 竞技体育的政治服务

竞技体育的政治服务是国家在特殊阶段所产生的特殊要求。从现代奥林匹克的复兴到今天,所有的竞技体育从来没有和政治真正分离过。建国伊始,面对内外交困压迫的局面,一方面我国需要较为直观的国际舞台彰显国家发展的决心和勇气,另一方面社会也需要公众的强大凝聚力与强烈的民族归属感。因此,竞技体育因其独特的影响力、传播力、表现力以及直观性,较好地承担着这一角色。而随着我国社会经济发展快速进步,竞技体育在继续承担着国家形象展台和公众精神服务的同时,其具有的特殊外交能力也是政治服务当中不可或缺的组成部分。现代竞技体育比赛,运动员往往被媒介称为:"微笑的大使""穿运动衣的外交家",起到了"外交先行官"的作用。

2. 竞技体育的经济服务

在社会主义商品经济条件下,竞技体育经济服务是一种"外化"的社会服务功能,自1984年美国洛杉矶奥运会利用竞技体育取得了强大的经济收益之后,竞技体育自身以及外延的经济服务能力正在得到越来越多国家的重视。且随着社会生产力的不断发展,这种经济服务能力还有更加巨大的潜力等待利用和挖掘。目前,这种"外化"型的服务主要表现在四个方面:一是通过购买竞技体育产品,实现竞技体育的产品消费;二是作为产品进行定价销售;三是发展相关体育产业,促进体育产业链条中各环节的经济发展。四是作为健身产品,发展参与者的身体能力,间接作用于劳动生产,增加劳动者的经济生产能力。

3. 竞技体育的文化服务

竞技体育文化作为一种强势文化越来越受到人们的欢迎和重视。新世纪以来,对竞技体育进行文化解读成为新的思潮。在竞技体育的文化分类中,一种是竞技体育的行业文化;另一种是竞技体育的衍生文化。竞技体育的行业文化也就是运动项目的项目文化。例如足球文化、篮球文化、游泳文化等;而竞技体育的衍生文化,也就是跨行业文化或者称之为社会文化,例如服饰文化、歌曲文化、建筑文化等。无论是竞技体育的行业文化还是竞技体育的衍生文化,它们都是以文化的形式表现,通过精神上约束指导人们的社会行为,影响着人们的价值观念。也就是说,竞技体育文化的服务过程可以是精神上的获取,也可以是一种行为上的示范或效应推广。而所谓精神上的获取,可以是竞争过程中的奋力拼搏,也可以是运动员的永不气馁,更可以是竞技精神中所体现的那种无差别的人类友谊与和平;而由竞技体育本身所产生的竞技体育公众人物,他们不仅承担着赛场上争金夺银的任务,同时也承担着社会公众的服务责任。诸如运动项目推广、社会公益活动、大众传播媒介等领域,这些体育公众人物通过发挥他们的光环效应和示范效应,来服务公众、回馈社会。

4. 竞技体育的教育服务

竞技体育的教育服务存在狭义和广义的区分。首先,竞技体育的教育服务包括了对各个年龄阶段的人群所实施的体育教育活动。而广义教育服务是指除了体育教育以外所实施的竞技体育精神、竞技文化等意识层面的教育活动。在狭义的竞技体育教育中,竞技体育的教育功能往往与学校体育相结合,旨在为学生教授各类竞技体育项目的基本技术和技能;随着近几年竞技体育功能的不断泛化,一些竞技体育活动项目已经成为健康工具和社交工具,渗入到社会生活的方方面面,基于健身美体的教育辅导服务逐步在群众体育中盛行。如健身中心、体育俱乐部、私人教练等。这些从业人员正在或曾经从事竞技体育,并能够运用专业的知识和技能指导群众体育活动。在精神教育方面,竞技体育的教育服务更多是作为一种精神符号,成为社会精神文化工作中的一种工作方式或文化代表,以供社会公众效仿和学习,如"女排精神""许海峰精神"等教育了一代又一代的中国人。当前,伴随着竞技体育文化多元性的不断显现,体育文化中的各种文化元素都不断被社会提炼和推广,作为社会精神文明的蓝本和示范,服务于社会的精神文明工作。

三、竞技体育与社会公共服务的发展趋势

现阶段社会公共需求快速增长趋势，对竞技体育公共服务水平提出了很高的要求，从历史发展脉络来看，竞技体育在成长过程中逐步具备职业化、专业化、市场化、社会化的时代特征，加上其形式与内容、方法与手段、知识与技能对其本身发展的拓展与渗透，竞技体育已经初步经历了文化积累、模式多样、赛事完备的发展过程。参照现有发展情况和国外竞技体育社会公共服务经验，我们认为：我国竞技体育社会公共服务在现阶段将是体育公共服务中的主要力量，并且服务将呈现法制化、市场化、民主化、多元化等发展趋势。这一趋势要求我国借助改革之力，以求实现公众满意的服务效果和均等化的目标。

1. 政府购买公共服务是竞技体育社会公共服务的新型发展方向

政府购买公共服务作为政府提供公共服务的一种新理念、新机制和新方法，在推动地方政府建设、增加社会福利供给、发展社会组织、拓展公共服务的方法与手段等方面发挥了积极作用。近年来作为政府提高公共服务水平的重要途径，正被我国各级地方政府广泛实践于社会公共服务的多个领域，并已取得了一定成效。政府购买公共服务能够提供低成本、高质量的物品和服务，满足公众公共服务需求，提高公众享受公共服务的质量与效率。现阶段，人们对于竞技体育的需求与供给方面的矛盾日益加剧，尤其是体育场馆设施建设、组织体系建立及健身指导等方面与广大人民群众的需求存在较大差距，而政府通过购买竞技体育公共产品与服务并合理推广于群众之中，改变政府作为原有竞技体育公共服务唯一的"提供者"角色，转变为"购买者"或"竞争者"，来提升竞技体育公共服务的效率和公平。

2. 与多种新型传媒的合作是竞技体育社会公共服务的新型亮点

传媒的发展，是信息化快速传播与信息公平的重要工具，在竞技体育公共服务发展的今天，竞技体育与传媒的广泛结合为竞技体育的社会公共服务提供了更为广阔的发展空间和更为精准的服务内涵。在发展空间中，除了原有的平面媒体工具，现有的信息媒体工具中网络、电视的加入使得原有的竞技体育信息传播有了双向交互的可能，尤其是以微信为代表的网络聊天工具的综合性发展，其软件功能能够使集合信息发布、网友留言、个性化选择及个人数据录入等信息服务功能完全集结一起，使竞技体育的信息传播更为具体、人性化及个性化。这些特点的发展亦与公共服务"以人文本"的宗旨相一致；而谈及更为精准的服务内涵方面，是指信息传播效果的精准，以及信息服务人群的精准性。较之传统媒体（电视、广播、报纸、通信），新媒体的扩散力量，使现代竞技体育公共

服务在社会传播中能够消解社群之间的边界,消解竞技体育与接收者之间的边界。因此,服务效力能够直接作用于公共社会;在服务人群的精准性方面,新媒体与竞技体育公共服务的结合给予竞技体育更多新的理念和模式,公共服务的层面更为清晰,专业化的服务性更强,即大众服务中的"小众化"。

3. 引入公平机制是构建合理高效竞技体育社会公共服务的根本保障

公平是竞技体育进行的前提,强调公民所享有的公平权利是社会公共服务的主要目的。当前社会建设中面临的各种突出社会问题中,均等化问题尤为凸显。作为公共服务体系中的一部分,竞技体育的价值观就是倡导公平与竞争。这与现阶段的社会普遍价值观相契合。但就目前发展实情来看,我国社会公共服务体系存在着地域、城乡、人群之间的二元差别。因此,如何解决服务的不均等性是未来竞技体育服务所必须面临的重要问题。而说到解决问题的关键,则可以参考社会公共服务的模式,建立以保障性公共服务为主、发展性公共服务为辅的竞技体育公共服务机制,引入除政府以外的其他社会力量参与其中。这样,可以在一定程度上缓解政府压力,也可以在一定程度上增加竞技体育社会公共服务的途径和方法,通过有偿方式弥合部分地区的竞技体育公共服务失衡问题。此外,可以考虑建立城乡统一的竞技体育公共服务制度与公共服务绩效评价体系,鼓励更多的社会性、区域性体育组织的参与。通过双向努力,最终建立能够真正覆盖城乡的竞技体育公共服务体制。

未来,无论是竞技体育自身发展还是社会公共服务发展,竞技体育社会服务功能的完善与否将成为体现国家公共服务能力强弱的标志,也是决定竞技体育持续高速发展的坚实支撑,更是完善和谐社会的有效组成。伴随着新时期我国市场经济的快速发展,社会公众对物质和精神文化的需求达到了前所未有的高度,竞技体育作为一种重要的公众休闲娱乐方式,已经成为社会公众基本生存和发展需求中不可或缺的一部分。在现实社会中,竞技体育的社会公共服务是一种过渡,能够转化社会发展过程中不可避免的矛盾与消极情绪。在全球发展的竞争与压力中,竞技体育也是一面旗帜,以体育竞技、奋勇不惜的方式向世界传播我们的"中国梦"。竞技体育的公共服务能量如同未来的种子,当其茁壮成长、指向天空之时,其内涵正能量也必将爆发,最终促进竞技体育事业和公共服务事业发展面貌的整体提升。

第四章 竞技体育对体育公共服务的作用

第一节 竞技体育在公共文化服务中的地位和作用

随着社会不断发展,公共文化服务事业成为我国服务型政府建设中的重要举措,而竞技体育事业是公共文化服务事业的重要组成部分,在公共文化服务中发挥着重要作用。公共文化服务体系,是面向大众的公益性文化服务体系,以发展公益性文化事业为主要方式。基于公共文化服务对构建和谐社会、促进国际文化交流发挥着不可替代的作用,2012年党的十八大再次要求完善公共文化服务体系,提高服务效能[①]。在我国政府职能转变、构建公共服务型政府的新形势下,竞技体育作为公共文化服务的重要组成部分,在公共文化服务体系中如何定位,以及如何利用自身资源优势,发挥其在构建公共文化服务体系中的作用[②],成为未来发展关注的要点。

一、竞技体育在公共文化服务中的地位

1. 竞技体育在公共文化生活中的不可或缺性

随着社会的发展进步以及大众传媒的日益发达,加之竞技体育比电影、戏剧、音乐等文化更易深入人心,观赏竞技体育比赛和参与竞技体育活动已然成为人们生活不可或缺的重要组成部分。如四年一次的奥运会、世界杯,以及各类国际大型比赛的收视率和关注度都是其他文化形式难以比拟的,这就是竞技体育的魅力所在。人们热衷地追崇竞技体育,正是因为竞技体育体现了人类"更快、更高、更强"的价值追求[③],而竞技体育的勇于进取、努力拼搏、团结协作

---

① 毛少莹.公共文化服务概论[M].北京:北京师范大学出版社,2014.
② 胡锦涛.坚定不移沿着中国特色社会主义道路前进为全面建成小康社会而奋斗[M].北京:人民出版社,2012.
③ 卢存.浅论竞技体育的地位和作用[J].广西中医学院学报,2000,17(1):90-91.

的精神更是需要共同体验的文化内涵,它代表着人类的共同价值追求,成为超越自我、实现自我的集中体现。

2.竞技体育在公共文化服务中的社会公共性

公共文化服务的核心在"公共",其公共性是首要特性,也是第一要素。公共文化服务是政府出资,相关文化机构免费提供,群众免费享受的文化服务[①]。如政府可以采取措施将部分竞技体育比赛作为公共性服务来进行设计,任何公民都有权利观赏,提高公民对体育的参与程度,从而提升公民的竞技体育文化认知,提高自身体质健康水平。在现有公共体育文化服务活动实践中,足球、篮球、排球、网球、乒乓球、羽毛球、武术、游泳、体操、健美操等竞技体育表演是人们欣赏、关注的焦点,激发了人们对竞技体育的浓厚兴趣。

3.竞技体育在公共文化服务中的传导引领性

竞技体育是公共文化服务事业的重要内容,也是构建和谐社会的组成部分。公共文化服务的"公共",即要求每一个公民都有权利接触和享有它的所有信息,而公共文化服务形式多样、内容丰富,竞技体育作为公共文化服务中艺术欣赏和文化组织活动的构成要素,必须发挥其积极功能。目前,借助大众传媒和市场主体,体育主管部门和竞技体育运动团队逐渐开发了运动队下基层、体育明星面对面、公益性体育技能指导和知识讲授等公共文化服务活动。随着我国竞技体育服务事业的不断发展,必然将有力推动公共文化服务事业逐步完善,从而促进我国服务型政府建设。

二、竞技体育在公共文化服务中的作用

1.充实公共文化服务内容,提高政府服务质量

竞技体育是公共文化服务的重要组成部分,公共文化服务体系的不断完善需要竞技体育。现今,人们对于文化服务的重视程度不断加强,对公共文化服务的需求日益多元,竞技体育文化内涵的丰富性和表现途径的多样性,使得公共文化服务形式和内容的变革成为可能。我国在政府职能转变的过程中,明确提出要建立公共服务型政府,从局部区域试点、个别项目抓起的服务实践已经取得良好效果。重视和挖掘竞技体育的文化价值,成为促进我国公共服务型政府建设、使人民群众享受更好服务质量的关键举措。

---

① 杨陶,陈丽霞.竞技体育在公共文化服务中的地位和作用[J].辽宁体育科技,2014,36(6):5-7.

2. 完善赛事举办,为公共文化服务提供更多资源

伴随着奥运会和各种国际大型比赛的成功举(申)办,我国竞技体育事业正朝着更高办赛水平、更强竞争实力、更全发展项目的方向进发。竞技体育赛事举办的全面开花,不仅带动了体育产业的发展,也促进了旅游、基建、服务等各行业的发展,创造经济效益的同时,也为公共文化服务提供更多的资源建设和财力支持。便捷的交通、顺畅的网络、运动的氛围、开放的场馆、先进的装备、文化的积累、精神的传承等,都可以促进公共文化服务资源不断富集,从而为群众提供更优质、快捷、全面的公共文化服务。

3. 增加休闲娱乐方式,满足社会公众不同服务需求

随着余暇时间增加,人们的休闲娱乐需求逐渐多样,但由于个人喜好、生活方式、所在地域的差异,在我国政府提供的公共文化服务活动中,可供选择的休闲娱乐方式尚不能得到完全满足。近年来,随着国际大型赛事的成功举(申)办和职业体育的深度发展,冰雪运动、益智游戏、体育真人秀等也成为人们乐于选择的观赏和参与方式,人们按照自身兴趣进行休闲娱乐逐渐成为可能。竞技体育的传统项目繁多,并且还在推陈出新,该领域的公共文化服务内容仍有广阔的开发空间,来不断迎合人们对公共文化服务的不同需求。

第二节 竞技体育的文化形态对体育公共服务的作用

2013年,国家体育总局发布通知要求"体育战线坚决按照十八大对体育工作提出的新任务、新要求,促进体育事业的全面发展,迈出体育强国建设的新步伐"。如何在建设体育强国过程中充分发挥竞技体育"排头兵"作用,完善并充分利用竞技体育带来的公共服务的效能,是关键所在。文化是一个时代的核心,也是时代的主题,我们要充分利用"文化"的宣传力、影响力、号召力实现竞技体育的文化公共效能。竞技体育作为体育公共服务的重要组成部分,政府应该行使重要手段强化其公共服务的职能,理清竞技体育文化与公共服务两者间的关系,完善和健全体育公共服务体系,满足人民日益增长的体育物质文化需求。

一、竞技体育文化形态

体育不仅是一种身体运动,更是一种人类创造出来的社会活动,它属于人类文化大系统的子系统,不同于动物本能的肢体活动和嬉戏。体育运动具备文化的各种特征,人类从获得它先天的自然质功能,通过后天习得、演变、进化、发挥着体育教育和娱乐的结构质功能,在不断适应、融入社会后形成了系统质的体育功能。随着人类文明进化,体育具有了继承性、时代性、民族性、世界性、阶级性等文化特征,随着社会发展繁荣,体育成为人类社会文明程度的一个标志。体育不仅有外在的身体表现形式及运动设施、器械、场地等物质体系,同时具有内在的体育价值观念、意识形态、行为规范等。这些深层意识形态方面的内容,已经成为人类共同理想的一部分,如奥林匹克精神、奥林匹克原则、体育道德等。

数百年来,体育中竞技、健康、娱乐、休闲等各种特征不断融合、对抗、分裂、借鉴,逐渐演化成各具特征的体育分支。而在这些体育分支中,竞技体育以其竞技性和表演性或称为展示性而显著区别于其他体育分支,形成竞技体育文化形态层次:第一,竞技体育表层文化即物质文化,主要包括体育建筑、体育器材和体育服装等。物质文化是基础,是开展任何形式体育运动的物质保障和条件支撑。第二,竞技体育中层文化是以人的体育行为活动或行为方式来表现,主要形式为体育行为文化、体育组织文化和体育制度文化;其中体育行为文化主要包括运动技战术、运动训练、竞赛表演、体育竞赛、体育宣传与广告等,运动训练与体育竞赛是竞技体育的核心,也是竞技体育行为文化的主要表现形式;体育制度文化主要表现有体育规则、体育规章制度、体育法规法令等;体育组织文化主要有体育社团、体育协会、体育俱乐部、体育文化节等。第三,竞技体育文化的核心精髓在于体育的深层文化即体育精神文化和体育意识文化。每个竞技体育文化层次之间是相辅相成、相互联系的,并不是独立存在的个体,而是相互融合、互为包容的整体。

二、竞技体育文化形态对体育公共服务的作用

1. 体育竞赛丰富了体育公共服务产品资源供给

体育竞赛文化是以竞赛为载体的一种文化形态,竞赛是体育竞赛文化的主要表现形式。除竞赛外,体育竞赛文化还有建筑、情感、规则等众多文化复合内容,它谋求体育竞赛与文化的融合。体育竞赛满足了大众的体育追求、激发了人们的体育兴趣,大众需求层次增加的同时促使体育赛事增多。反之,人们需求层次提升,使运动员在训练中更投入、成绩提高更显著、教练员和运动员在公众场合的言行更得体、赛事组织管理水平更高级。竞赛和体育活动展现了丰富多彩的体育运动项目,烘托了体育运动氛围,提高了体育运动的参与率和关注度。体育运动参与率和关注度的提高,增进了人们对运动场地、体育服装、体育器材、运动指导、竞赛信息等一系列的服务需求。此外,竞赛规则和竞赛制度是竞赛文化的权威部分,是体育竞赛顺利进行的基础和保障,是运动员技术与战

术正常或超常发挥的前提,是提高体育赛事质量的关键。只有严格按照竞赛规则和竞赛制度运行,体育竞赛才能满足大众对体育的需求,不断丰富体育公共服务产品的资源供给。

2.竞技体育表演文化满足了社会公众多样性需求

竞技体育作为当今世界的主流体育文化形态,其"公平""竞争"的核心理念符合了现代大众的人文价值追求。因此,作为其主要表现形式的体育竞赛表演,则展现着各种各样的竞技之美和公平之实。随着人们生活水平的提高和精神需求的旺盛,竞技体育表演及时跟进,在规则允许前提下,在人体生理结构制约下,将竞技美与艺术美完美结合,展现出一种"动态的""流动的"美,以满足大众多样的精神与审美需要。如欣赏艺术体操时,运动员做出波浪、转体、平衡等动作,不同形态彰显着艺术与人体结合的和谐之美,给观众强烈美的渲染;观看球类运动时,赛场上百般多样的技术与快速多变的战术、默契的配合、激烈的争夺,更是高潮迭起、精彩纷呈;更有帆船运动员搏击惊涛骇浪、跳高运动员的腾空飞跃、击剑运动员的敏捷灵活、花样滑冰运动员的千姿百态、棋类运动员统率千军万马的气概等。这些刚柔并济、柔情诗意、超越极限、激烈奋进的画面使人沉浸于体育竞赛表演美的体验中,促动人们对体育美更强、更高、更深的追求。如果说体育竞赛表演技术、战术和人体能力等外在表现形式能给人美的感官刺激,其内在无形的美则更能培养人们竞争能力、激发竞技意识、提高审美品位,使人们得到更高层次的精神享受。

3.奥林匹克文化提升了体育公共服务产品价值

奥林匹克运动会是集体育精神、民族精神和国际主义精神于一体的世界级运动盛会,象征着世界的和平、友谊和团结。萨马兰奇说:"奥林匹克文化是一种多元化的文化艺术,融合于奥林匹克运动的各个领域,是竞技体育与文化艺术相结合的产物。"作为世界竞技体育最高层次的奥林匹克运动会,不仅是国家或地区间竞技体育实力的较量,更是竞技体育运动所汇集的奥林匹克文化精髓所在,奥林匹克精神则是奥林匹克运动文化意识的本质内容,是各国人民追求的体育核心精神和价值理念。几千年来,奥林匹克运动发展进程中虽然也有不和谐,但奥林匹克文化绵延不绝,其宗旨和格言不断传承、形式和内容不断创新,成为当代竞技体育提供给人们的高附加值体育公共服务产品。

第三节 竞技体育的社会意义对体育公共服务的作用

随着社会发展和时代进步,公共服务成为热门课题。然而,由于经济发展不平衡、地区发展不平衡及城乡发展不平衡等因素制约,难免出现公共服务数量和质量的不平衡现象。竞技体育作为公共服务事业的重要组成部分,服务对象应是所有大众,即不分性别、年龄、民族、地域、职业的人,都有机会享有竞技体育提供的公共服务。竞技体育采取了最便于沟通和交流的国际性语言——肢体语言,借用了公平竞争的游戏外壳,广泛渗透到人们日常生活的各个角落,形成人们乐意接受的物质与精神文化的传播和普及方式。因此,服务社会、服务公众,积极融入并促进公共服务的发展,也就成了竞技体育义不容辞的责任。

一、竞技体育的社会意义

1. 宏观层面——竞技体育是宣言书

新中国成立后,国家从狠抓竞技体育之始,就为竞技体育的发展树立了长远的目标与定位,特别是20世纪80年代起到今天,"奥运争光"一直是竞技体育发展的主要目标。从最早竞技体育"赶超"计划的制定,到国际大赛奖牌获取数量的增加,再到近年奖牌数量的世界领先,竞技体育取得的成就已经显示了国家综合实力的提升,起到了振奋民族精神、增强民族自豪感的显著效果。2001年中共中央颁布的《中共中央国务院进一步加强和改进新时期体育工作的意见》明确指出:"高水平的竞技体育对丰富人们的文化生活,弘扬集体主义、爱国主义精神,增强国家和民族的向心力、凝聚力,都有着不可缺少的作用"。①在竞技体育超前发展的引领下,竞技体育能够带动全国体育事业的整体发展,激励人们升华民族情感、增加体育认识、提高体育参与热情、改善体育锻炼环境,为人民群众的精神文化生活和体育活动参与显现出其应有价值。我国60余年来所取得的竞技体育成绩向世界宣告:中国已经由一个竞技体育弱国走向了竞技体育大国,并正由体育大国向体育强国迈进。

2. 中观层面——竞技体育是宣传队

竞技体育的发展历程中,各级各类竞技体育组织用自己的行动,向人民宣传体育精神、提供体育物质。时至今日,竞技体育已经形成了涵盖竞技体育比赛文化、竞技体育组织文化、竞技体育管理文化、竞技体育制度文化等要素的竞技体育文化体系。竞技体育比赛文化,能够强化体育比赛的规范性,帮助人们更直观地了解体育比赛;竞技体育组织文化,能够实现体育事业的组织合理化;竞技体育管理文化,能够规范体育事业的发展流程,实现体育事业的高效运行;竞技体育制度文化,能够为竞技体育事业起到制度保障作用,使体育事业的运

---

① 中共中央国务院关于进一步加强和改进新时期体育工作的意见[N].人民日报,2002-08-22(8).

行实现合法化。竞技体育是宣传队,宣传了竞技体育的多元文化,形成了更具本国特色的竞技体育文化。我国竞技体育在发挥宣传队功能的同时,还能做到用竞技体育精神文明促进竞技体育物质文明,实现体育事业的全面发展。

3. 微观层面——竞技体育是播种机

党的一切工作,是以广大人民群众的根本利益为最高标准。竞技体育是我国向世界展现国力的窗口,除了推进体育场馆建设和体育文化传播,还能带动其他社会事业的发展。竞技体育是播种机,它在人民群众中播下了体育的种子。它不仅能够在物质方面为人们从事体育活动提供必要条件和基本保障,而且能提供精神上的享受,并激发人们的体育锻炼热情,实现人人参与体育活动。此外,竞技体育服务产品还具有使用价值,即具有满足人们生活消费需要的功能。该功能是通过向人们提供参与性和观赏性的服务产品,来满足人们多方面的特殊需求效用而实现的。如在竞技体育比赛中,人们可以通过观看免费的视频转播来实现对精神文化和视觉文化的双重需求,这在某种程度上使用了公共资源,实现了竞技体育公共服务的发展。因此,竞技体育公共服务领域要与人们的日常生活密切联系起来。这样,以竞技体育为引领的体育公共服务,就更便于向人们播种竞技体育思想和竞技体育精神,逐步实现竞技体育公共服务的吐绿、开花、结果。

二、竞技体育推动体育公共服务的作用

1. 竞技体育发展模式为体育公共服务提供成熟组织体系

一个团队的快速发展壮大,与其组织系统的高效性及组织者的导航作用是分不开的。从组织层面来讲,竞技体育的超前发展正是得益于竞技体育组织的高效率和各级行政领导的重视程度。竞技体育层次严密、作风优良、运行顺畅、安排有序的组织模式,能够为体育公共服务的发展起到示范效应。我国体育公共服务的发展,要在政府的重视与大力支持下,积极鼓励全国各界开展和倡导建设以竞技体育为龙头的体育公共服务事业,加快体育公共服务的普及。把竞技体育的人才培养和组织运行模式,借鉴于体育公共服务事业的实践发展。

2. 竞技体育制度为体育公共服务提供完备制度保障

无规矩不成方圆。良好的体育事业发展,有赖于体育制度的约束,体育制度是各项体育事业有序发展的重要保证,竞技体育中各种体制的设立为我国竞技体育事业的发展起到了重要作用[①]。体育制度的种类很多,如俱乐部训练管

---

① 梁雪珍. 对21世纪体育教学改革的几点思考[J]. 广州体育学院学报,2002,22(5):96-98.

理制度、运动员选拔和选派制度、裁判员管理制度、竞赛纪律和反兴奋剂条例等。不少行业在其发展中,也来借鉴、效仿、采用竞技体育的举国体制,真正做到举全行业、举全组织之力一起办大事。由此可见,体育制度的建立一方面提高了体育事业发展的管理效能,也从另一方面满足了公众对于竞技体育公开、公平、公正的价值诉求。这种诉求延伸在体育公共服务领域就更加需要制度保障来实现。

3. 体育基础设施为开展体育公共服务提供良好物质条件

体育基础设施的改造升级能够加快体育场地、设施、器材等的全面建设,是人们参加体育活动必要的物质基础和环境保障。它为人们提供可靠的健身场所,改善了体育的人文和自然环境,满足了日益增长的体育公共需求。尤其随着现代化体育赛事的举办,对场地设施的要求也明显提高,政府相应加大了对体育场馆和附属设施的投资和改建力度,促进了当地体育基础设施建设。如2008年北京奥运会的举办,全方位刺激了市场主体和社会公众对体育资源的需求,在人们对体育资源需求不能得到满足的情况下,政府对北京市体育基础设施建设明显提速,部分体育场馆获得国际建筑奖项,成为以"国家"冠称的地标性建筑,如北京奥运会的国家体育场——鸟巢,国家游泳中心——水立方等。广州市借助2010年亚运会东风,坚持新建、改造比赛和训练场馆与兴建社区体育设施并举,逐步完善了体育基础设施建设格局。诸如此类的体育基础设施建设为开展体育公共服务创造了良好物质条件。

4. 竞技体育精神为体育文化传播提供更深价值内涵

竞技体育作为人们精神生活的必需品,成为体育公共服务为公众提供精神产品的有效途径,满足了人们的体育公共服务需求。在观赏竞技体育活动的过程中,竞技体育本身所展现出来的精神气质和意识理念,直接进入人们的视野,刻印在人们的脑海。体育文化的表现形式是多种多样的:通过运动员在训练、比赛中展示的顽强拼搏精神和过硬比赛作风能够向全社会提供精神动力和思想武器。容国团的"人生能有几回搏"、容志行的"志行风格"、女排的"女排精神"、乒乓球队"胸怀祖国,放眼世界"的壮志雄心、登山队"敢笑珠峰不高,定叫红旗飘上顶"的竞技精神等等,都是运动员在竞技比赛中,能让人们感到内心触动的精神文化。当前,随着科学技术的发展和各类新媒体的大量使用,体育精神文化传播媒介突破了以往对标语、条幅、书籍、杂志、报纸、广播、影视中某一种形式的单独依赖,开始结合微博、微信、网络视频等多样手段来展现,它们都为竞技体育精神文化传播和普及起到了很好的传承作用。

5. 竞技体育人才储备为体育公共服务提供优质人力资源

在竞技体育飞速发展的今天，我国竞技体育更接近于世界顶级水平，竞争力的整体提高有赖于各项目运动员、教练员、科研团队的长期不懈努力。其中，运动员作为竞技体育活动的核心要素，他们能够在高水平竞技体育活动中展示竞技体育魅力，吸引人们关注，这些高水平赛事产生的体育明星也更具有社会影响力。由于大多数项目的运动员职业生涯非常短暂，运动员的再就业工作时限长短不均，国家投入大量物力财力打造的高水平竞技体育人才队伍退役时，这部分人才资源对公共服务的推动作用应该引起我们的高度重视。部分运动员退役后，选择在企事业单位工作，他们积极加入公共服务活动，能够直接提升企事业员工的体育认知，引导其参加体育活动、宣扬体育精神。还有部分运动员选择当社区体育指导员、兼职教练等，能够继续为社会公众服务，指导该类群体的体育运动知识和技能学习，满足人们的体育生活需求。此外，竞技体育公共服务的发展，可以借助明星运动员和教练员的社会影响来更好实现。如明星运动员和教练员进校园、进社区、进村落等活动组织，使他们与群众密切接触，发挥体育明星竞技体育公共服务职能。

6. 竞技体育赛事活动为体育公共服务提供多层次服务

每一次大型竞技体育赛事都会伴随着全民参与，各类大型赛事举办前期，都会举办各种各样的相关群众体育活动。这些活动的组织，极大调动了人们的体育参与热情，让广大人民群众真正了解体育价值、提高体育意识。竞技体育活动在开展过程中是多方受益的，对参与者而言，能够有效激发个人对体育运动的兴趣，提升运动成绩；对观赏者而言，能够提供视觉和精神上的享受，陶冶情操，切身体验体育运动魅力。时至今日，政府越来越重视把体育送到人们家门口，动员和组织各类主体，逐步加大体育比赛下乡、体育电影下乡、体育项目（如篮球、排球、乒乓球）等下乡、体育明星公益活动力度。多样的竞技体育活动，不仅充实了人们的精神世界，还让人们从观赏群体走向参与群体，满足其多层次体育公共服务的需求。

第五章 竞技体育对体育公共服务的影响

第一节 竞技体育的基本功能对体育公共服务的影响

纵观国际体坛,竞技体育扮演着重要角色,其目的不再是单纯为了比赛而比赛,而是衍生多样的社会功能。竞技体育的政治功能、经济功能、军事功能、文化功能、教育功能、健身功能、娱乐功能等社会功能,对社会公众生活潜移默化的影响是多层面、广泛性的。在体育公共服务环节中,竞技体育社会功能对体育公共服务的内在驱动力主要是从教育功能、健身功能、娱乐功能经济功能四方面表现的。

一、竞技体育的教育功能及其对体育公共服务的影响

1. 竞技体育的教育功能

竞技体育的教育功能主要包括价值导向、情感激励和感染熏陶等作用。通过竞技体育的强大震撼力,使人们树立正确的世界观、人生观和价值观,并在此前提下激发自身的爱国主义情感,感染熏陶周围人,形成强大的民族凝聚力。随着社会经济的快速发展,人们的价值观发生了变化,在精神上的需求层次日益提高,而竞技体育与其他手段比较,在这方面具有十分显著的优势。竞技体育作为一种将体质、意志和精神教育有机地融为一体的综合教育手段,已成为培养全民族现代人素质的催化剂[①]。对于竞技运动员来说,有可能在激烈的竞争中,在满足自身生理需要时,获得一种充分运用自身身体进行艺术创造和表现某种惊人能力的成果,以满足自我成就的心理需求;对于竞技体育观众来说,也可以培养他们各种良好的心理品质和战斗意志。竞技体育的使命是"通过育

---

① 降兴华.竞技体育的教育价值解读:以常春藤盟校竞技体育为例[D].太原:山西大学,2013.

人,去夺标",所以,育人是竞技教育的第一性,夺标是第二性①。

竞技体育不仅可以培养人们竞争、进取、拼搏向上的精神,还可以促进人们的社会交流,增强交际能力和团队协作意识。竞技体育的竞技性是吸引人们学习和参与竞技体育的首要原因,人们观看奥运会、世界杯、世锦赛等精彩竞技体育赛事,在学习比赛规则、研究技术要领时,更愿亲身参与到竞技体育当中,去挖掘身体潜力,完成竞技教育过程。竞技教育可以让人们掌握一项或多项系统的运动技术,能够增强个人体质,养成健康、科学的生活方式。竞技教育的核心价值即是丰富生活内容、提高生活质量、塑造良好人格,最终促进人的全面发展。

竞技体育对群众体育也有着明显的导向和示范作用,竞技运动多样性、趣味性成为人们参与体育活动的重要动因,这在很大程度上提高了人们参与体育活动的积极性,继而引导了群众体育发展,群众体育的普及又为竞技体育发展奠定基础。因此,竞技教育功能不应局限在学校,也应该到社会中普及。通过发挥竞技体育的教育功能,使竞技体育参与主体树立正确的价值导向,以个人成长服务带动社会发展服务,推动体育公共服务协调发展。

2. 竞技体育的教育功能推动体育公共服务发展

(1)学校竞技体育教育功能对体育公共服务的影响

现阶段,由于各级各类学校拥有较好的场地器材设施、不同项目的教学内容、专业出身的体育教师、相对稳定的讲授时间、志趣相投的同龄学生,我国把学校的体育课程安排和体育场地供给也归纳到了体育公共服务范畴。与此同时,竞技体育多样的运动形式已被广泛运用于学校体育的教学环节,一方面实现了身体教育的根本目的——增强学生的体质与健康,另一方面也起到了积极的思想道德教育作用。

①体育教师对学生的竞技体育教育

学生最初的竞技体育学习大多来源于学校,学校的体育教师也是很多学生学习体育知识和技能的启蒙者。起始阶段,体育教师会教授一些简单且基础的竞技体育项目,例如田径和体操,来让学生的身体全面发展,挖掘学生内在潜力。随着学生年龄增长,体育教师会教授一些普及率高的项目来促进学生的体质健康水平,并锻炼学生顽强的意志品质和团队协作能力。之后,学生会根据兴趣爱好来发展自己喜欢的竞技体育项目,逐渐形成一个有益于身心健康的体育生活方式。

---

① 宋继新.竞技教育学新论[M].北京:人民出版社,2011.

②兴趣团体对学生的竞技体育教育

体育俱乐部和体育社团是学校主管或组织的学生体育兴趣团体,在学校,学生可以自愿加入如足球俱乐部、羽毛球俱乐部、网球俱乐部等符合自己兴趣爱好的体育组织,在兴趣团体里会有技术较好或专门训练过的老师或学生传授竞技体育的运动技术。在这种组织行为中,学生们不仅能强身健体,掌握运动技术,也能促进学生与老师及其他同学的沟通和了解,对学生的社会交往和适应能力培养也是难得的提高和锻炼机会。俱乐部里经常举行小型比赛,可以锻炼学生的反应思维,激励学生的自信心和拼搏进取精神,能极大缓解日常的学习压力。

③学生相互之间的竞技体育教育

同龄人之间由于兴趣爱好相同而更易于沟通交流,学生之间的相互学习是最简单和最普遍的方式。学生群体中的体育技能掌握水平难免出现分层,可以动员具有较好运动技术的学生,利用课间或空余时间向其他学生讲解示范技术动作,加入学生共同进行技能练习,在群体练习和小范围竞赛中不断改进技术水平,同时加强运动知识交流。学生之间的竞技体育教育可以激励学生对竞技体育运动的兴趣,在与同学的交流中共同学习、共同进步。该类竞技教育过程不仅丰富了学生的课余时间,强化了学生的身体素质,也增进了学生之间的感情。

(2)社会竞技体育教育功能对体育公共服务的影响

因为社会人群构成复杂,体育公共设施数量不足且不完善,加上专职体育技能指导员缺乏,所以在社会开展体育公共服务相比在学校开展难度更大。虽然国家规定学校和社会体育场馆必须向公众开放,这从一定程度上缓解了部分场地紧张的窘况,但还有很多问题亟待解决。在"互联网+"时代,富集的网络资源和大众传媒介入,社会人群进行竞技体育学习和教育的途径变得更加便捷直观,带来了诸多有益启示。

①社会体育指导员对人们的竞技体育教育

社会体育指导员是在竞技体育、学校体育、军事体育以外的群众体育活动中从事技能传授、锻炼指导和组织管理工作的人员[①]。在我国的职业门类中,社会体育指导员是被作为社区公益性岗位明确规定的。正因为如此,社会体育指导员天然具备了体育公共服务职能,他们开展具体指导工作的手段方法绝大部分来自于竞技体育。具备条件的地区把社会体育指导员平均分布在人们体育

---

① 肖莲花,金育强.中国社会体育指导员的现状及对策研究[J].体育文化导刊,2006,32(7):7-10.

锻炼比较集中的地方，教授部分竞技体育技术，通过技能传导的形式来实施竞技体育教育。

②大众传播媒体对人们的竞技体育教育

在当今信息技术高速发展的时代，大众传媒起着举足轻重的作用。随着智能手机和网络技术的普及，多种体育运动 APP 不断涌现并持续更新，想学习竞技体育技能但没有合适机会的人，会选择借助网络收集下载竞技体育学习资源。网络学习不用考虑时间和场地的冲突，可以按照自己的理解程度反复学习，并且能借助社交工具与他人进行进程比对和数据共享，以达到掌握竞技体育运动技术和强身健体的目的。此外，还可利用电视等媒体播放的体育竞赛和教学视屏，观赏学习各种项目和级别的竞技体育内容，体验高水平运动员顽强不服输的拼搏精神，进而内化为对自己人格和体格的塑造。

③体育爱好者相互之间的竞技体育教育

基于共同兴趣爱好，拥有等量竞技体育资源的人们更容易在生活中通过线上线下等各种方式结交。近年来风靡全国的户外运动爱好者联络组织的多样体育活动，就是一个生动鲜明的案例。在社会群体竞技体育教育实施过程中，可以参考"朋友圈"的学习方法，交流运动技能习得，在共同的运动实践中，相互传授和学习他人的竞技体育技术。这样既能提高竞技体育爱好者整体的技术水平，又能促进与人与人的相互交流，建立良好的生活方式和健康的社交网络。

二、竞技体育的健身功能及其对体育公共服务的影响

1. 竞技体育的健身功能

当前，在政府大力发展体育公共服务背景下，全民健身热潮持续高涨，各种形式的健身活动相继开展，竞技体育以其特有的健身功能，越来越受到广大体育爱好者的青睐，在群众参与的众多体育项目中，竞技体育项目占有很大比重。竞技体育的健身功能是体育系统中体现精神价值的表现形式，一方面使参与者自身获得飞跃，健身效果突出；另一方面使参与者获得精神上的慰藉。

竞技体育不全是专业运动员在赛场上表现出来的与荣誉、汗水相伴的奖牌。竞技体育对群众体育有较强的指导性和示范性，人们在日常锻炼中也有很多竞技体育的内容和组织方式，也会借助竞技体育的健身原理和方法提高自己的运动技能和身体技能。因此，我们在这里所谈论的竞技体育不是所谓的精英竞技体育，而是业余竞技体育。业余竞技体育弱化了精英竞技体育中激烈的竞争性和大负荷的训练量，减少了对身体器官与机能的损害，可以达到锻炼身体、强健体魄的功效。

竞技体育的健身功能主要通过提供竞技体育服务产品和服务，来满足社会公众需要。服务行为更多侧重于给人们创造的竞技体育服务的条件，只有在竞

技体育场地、设施、器材等条件完善的情况下才能更好地实现体育公共服务的功能。满足公众体育需求是体育公共服务的基本要求,达成公众满意是体育公共服务的终极目标。① 通过提供形式多样的服务产品和活动,使人们得到身心满足。根据人们的健身需求,可在条件允许情况下,建设和完善更多竞技体育场地、设施和器材,满足人们的多样化需求;创造优越的健身条件,保证竞技体育健身场所免费开放;引进高水平竞技体育技能人才,对社区进行全方位竞技体育健身活动指导和帮助,让人们真切感受到体育公共服务的优越性。

2. 竞技体育的健身功能促进体育公共服务发展

(1)改善服务对象的身体机能

体育公共服务的目的是吸引更多的人去参与体育运动,而参加体育运动的目的是为了精神愉悦和身体健壮。合理采用竞技体育运动方法进行锻炼,可以改变参与者的大脑供血、供氧状况,使人头脑清醒、思维敏捷,使呼吸系统、消化系统的机能得到改善,身体表征更加健美、肌肉结实饱满、骨骼健壮,从而有效提高劳动效能和运动能力。这样就为体育公共服务打下坚实的群众基础,更有利于体育公共服务事业的开展。

(2)提供科学合理的健身方法

竞技体育领域有很多科学的训练方法与理论,运动员正是借助这些方法与理论,加上自己坚持不懈训练与顽强拼搏精神才能不断超越自我。有效的训练方法和科学的训练理论是前人经验的总结,如根据各项目特点共性归类总结出的项群训练理论,揭示了训练的基本规律,不仅可以运用在训练场上,更可以转为"民用"。还有运动训练中的基本训练方法如分解训练法、完整训练法、重复训练法、间歇训练法、持续训练法、循环训练法、变换训练法和比赛训练法等等,可以为人们的健身活动提供借鉴与指导。人们根据锻炼项目和身体状况的差异,灵活选择适合自己的训练方法,提高健身质量,深刻体会体育公共服务带来的便利。

(3)激发参与者的健身动机

现代竞技体育是最大限度发挥和挖掘人体力、智力和心理潜能的运动,它是力与美、技与巧等运动特质的完美结合。竞技体育运动技艺日益向难、新、尖、高的方向发展。虽然我们这里讨论的不是精英竞技体育,但即使是业余竞技体育,它身上依然有竞技体育激烈、拼搏、迅速、刚强等标志性符号,吸引着人们积极参与其中。

---

① 王旭东.体育健身原理与方法[M].北京:北京体育大学出版社,2008.

(4) 促进体育公共服务协调发展

竞技体育与体育公共服务是我国体育工作和体育实践中需要特别注意的一对矛盾。处理好二者之间的关系，不仅具有重要的体育业务意义，还具有重要的政治意义。目前，竞技体育已取得了举世瞩目的成就，人们已经不再盲目沉溺于竞技体育带来的骄傲与惊喜，开始反思竞技体育如何"反哺"体育公共服务。要使竞技体育与体育公共服务协调发展，关键是找准系统内部各方面协调发展的参照标准。在体育公共服务满足人们基本锻炼"硬件"设施的同时，还可以在一定程度上给予"软件"辅助，为体育公共服务发展提供动力支持。体育公共服务为人们提供了健身的机会与平台，竞技体育依据其特有的健身功能为享有体育公共服务的广大群众提供健身方法与原理，可以通过其内在的健身功能，逐步提高体育公共服务对象的身体机能，升华锻炼者的情感，透过特有的文化内涵带动感召更多的人参与体育健身，有效提升体育公共服务价值。

三、竞技体育的娱乐功能及其对体育公共服务的影响

竞技体育作为一种采用公开的、共同认可的方式和规范，以相互间身体运动能力优劣比较的形式，进行挑战极限、超越自我的社会性竞争活动。人们主要通过直接参与竞技体育、观赏竞技比赛和关注体育明星等方式，使竞技体育发挥其娱乐功能。

人们在基本生存需求得到满足后，开始关注身心健康、进行娱乐消遣活动。竞技体育作为一种高尚的娱乐活动，可以提供多样的休闲娱乐方式，使参与者在强身健体的同时获得愉悦身心的乐趣。通过多人参与体育项目，人们还可以得到社交满足和自我认同感，极大丰富了人们的业余生活。此外，观赏高水平的竞技运动比赛不仅可以感受到生命的力量，而且也可以得到美的享受，成为人们余暇生活的重要内容。同时，精彩、激烈的竞技体育竞赛场面的吸引，还能促进人们身体力行地从事自己所喜爱的运动项目，从中增加知识、愉悦身心，从而获得身体和精神上的满足，消除紧张工作带来的脑力和体力的紧张与疲劳，起到调剂和丰富精神文化生活的积极作用。

然而，在我国当前环境下，竞技体育被过分的赋予了责任，承担了太多的荣誉。一旦与娱乐挂钩，竞技体育会被认为"不纯净"或者是"流于低俗"。过度强调竞技性而忽视其娱乐性，已经阻碍了竞技体育事业的发展，竞技体育娱乐化与商业化呼声越来越高。竞技体育要参与公共服务，必须充分发挥它的各项社会功能包括娱乐功能。

四、竞技体育的经济功能带动体育公共服务的发展

纵观世界体坛，以竞技体育为核心驱动力所形成的体育产业，已经发展成

为许多国家的支柱产业。例如：美国的 NBA 职业篮球联赛，意大利的足球甲级联赛和我国的中超足球比赛等，不仅吸引了大众的目光，更多的是带动了一批体育相关行业的快速发展。竞技体育不仅以赛场的胜负牵动着大家的心，还以其不可抗拒的魅力，刺激着人们的消费欲望，从运动服装、旅游鞋、运动饮料，到居家之外的休闲健身场所、衣食住行、无所不包。随之带来的是体育公共服务的发展，竞技体育以其自身强大的震撼力所发挥的经济功能，在国民经济的发展中已经逐渐占据一席之地，它通过形成强大的体育产业带动体育公共服务的发展，使其真正达到"全民关注，全民参与，全民分享"的效果，最终实现体育公共服务的功能和作用。在体育公共服务中，通过提供体育公共服务产品和服务行为来满足大众的需要，不断建立和完善体育场地、设施和器材，同时引进具有高水平的竞技体育技能人才进行指导与帮助，满足人们多样化的体育服务需求，并且在这种服务中，以个人的成长服务来推动社会的发展服务，二者有机结合，共同促进体育公共服务的发展。

五、启示

竞技体育的功能对个人，乃至社会产生了巨大的社会效益，通过发挥竞技体育的健身功能、经济功能和教育功能促进个人的成长服务，推动社会的发展服务，进而带动体育公共服务的发展。在政府、市场、社会协同参与体育公共服务供给的过程中，竞技体育有了鲜明的社会组织分化，专业竞技体育和职业竞技体育脱颖而出。由于专业竞技体育体制特有的组织保障体系，在其发展过程中，所花费的大量人力、物力和财力主要由政府提供，因此，专业竞技体育提供了更多的基本公共服务。对于职业竞技体育而言，市场采用鼓励、引导俱乐部，运动员肩负社会公共服务的责任，提供更多的准公共服务。然而对于有影响力的项目采用政府购买方式，使其进入基本公共服务。在举国体制的条件下，竞技体育发挥的健身功能、经济功能和教育功能带动体育公共服务的发展，为体育公共服务创造了条件。体育公共服务在竞技体育功能的影响下，在全民关注，全民参与，全民分享的过程中，满足了人们多样性的竞技体育需求。

第二节　竞技体育基本组织类型对体育公共服务的影响

由于竞技体育特有的政治、经济、社会文化价值，因而一直被认为是体育中最具活力、最典型、最能体现体育真谛的人类实践活动。随着我国竞技体育的发展和推进，国家经济实力的提升，竞技体育制度保障更为完善、市场化程度更高，从以往参与人数较少、组织形式较为单一的状况发展成如今的组织类型多样化。随着竞技体育越来越接近普通群众，可通过竞技体育公共服务的形式，发挥竞技体育各个基本组织类型的优势和特点，结合政府公共服务的力量为广大群众服务。在政府、市场、社会协同参与体育公共服务供给的过程中，竞技体育有了鲜明的社会组织分化，专业竞技体育和职业竞技体育脱颖而出。

一、竞技体育的基本组织类型

伴随着我国竞技体育的发展，竞技体育逐渐衍生出多种表现形式，每种表现形式都有其自身的特点和作用，形成了竞技体育基本组织类型。

1. 职业竞技体育

职业竞技体育也称为商业体育，是一种追求竞技比赛票房价值、以商业牟利为目的竞技体育活动。职业竞技体育是具有商业性和表演性的高水平竞技体育，是市场经济发展到一定阶段的产物。

2. 专业竞技体育

专业竞技体育是一种以执行国家和政府所赋予的特定任务、体现国家意志为特征的竞技体育。它没有职业竞技体育那样显著的市场经济特征，也没有业余竞技体育健身、休闲、娱乐为主的特点。

3. 业余竞技体育

业余竞技体育具有自发性、非专业性、群众性的特征。因此，业余竞技体育是体育爱好者利用业余时间进行的自发的、非专业的、群众性的、不以谋生方式为前提的竞技体育活动。

二、竞技体育基本组织类型对体育公共服务的影响

从文化角度讲，竞技体育在我国的发展日益成熟，竞技体育的竞赛、精神、制度等资源的普及与传播使其逐渐成为一种社会公共文化。其文化的传播与发展吸引了众多人们参与，使竞技体育逐渐成为社会公共需要，而体育公共服务是竞技体育提供社会公共文化的重要载体。与此同时，竞技体育可以提高群众的民族自豪感和自信心，倡导为国争光、努力奋斗、顽强拼搏的精神，还可以凝聚人心、激发爱国热情，促使人们形成正确的人生观。因此，体育公共服务的发展需要竞技体育的支持和帮助。

1. 职业竞技体育对体育公共服务的影响

职业竞技体育是市场经济下体育与经济相互结合的产物。如今，职业竞技体育拥有专业的技术、先进的信息，众多的资源和优势可让职业竞技体育帮助体育公共服务有效开展。职业竞技体育的特征是以职业俱乐部为实体，职业俱乐部依市场经济规律运作，以获取最大经济利益为目的参与体育赛事活动。基于此，职业竞技体育运动员或者运动队提供的竞技表演或者娱乐服务产品，如邀请赛、明星赛、挑战赛等等。这些体育公共服务形式是在市场为主体的前提下提供的以准公共服务为主的服务产品。职业竞技体育不仅可以提供大量的

准公共服务,而且准公共服务还可通过政府的帮助和支持转化为基本公共服务（纯公共服务）。职业竞技体育提供的纯公共服务和准公共服务都在体育公共服务中发挥着各自作用,满足不同的体育公共服务需求。

(1)职业竞技体育完善体育公共服务指导体系

体育公共服务指导体系主要包括健身娱乐理论研究、健身娱乐方法研究与推广、运动技术指导等子系统[①]。然而,职业竞技体育拥有着学校体育和群众体育不可比拟的运动技术优势。职业竞技体育可以利用自身的技术优势,通过体育公共服务平台对社会公众提供运动技术指导的服务。伴随着全民健身计划深入开展,大众对健康意识的提高,越来越多的人开始进行各种形式和项目的体育锻炼,致使大众对自身体育运动技术提高的需求日益增大。政府可鼓励、引导或出资协助职业体育俱乐部对群众进行专项技术指导和培训。职业竞技体育赛事频率较高、次数较多,运动员常年备战各种赛事,在体育公共服务指导体系的体育志愿者队伍中,职业运动员参与较少。由于缺乏高水平的专业指导员和指导队伍,致使体育公共服务在专业技术指导方面的内容相对匮乏。因此,可以通过政府与职业俱乐部之间的沟通,以及对职业运动员的鼓励、引导,合理分配和安排运动员的闲暇时间,使其参与到体育公共服务指导体系的体育志愿者队伍中来,为群众提供技术指导服务,使职业竞技体育的运动技术优势在体育公共服务中有所体现。

(2)职业竞技体育提供体育公共服务场地设施

职业竞技体育物质文化资源作为体育公共服务的产品资源,其产品内容主要以大型体育场馆设施为主,是体育公共服务的物质基础,发挥着重要作用。我国已经兴建了众多高标准的体育场馆设施,一方面包括政府出资建设的体育场馆,其中一些场馆为了实现自主化经营,也开始向社会大众开放,只收取部分场馆维护费用,有的甚至针对社会特殊人群实行定时免费开放,还有部分体育场馆由于设备的落后,开始从竞技体育中淘汰下来,供大众免费使用;另一方面包括职业俱乐部自主建设的体育场馆,在比赛和训练时为俱乐部提供比赛场地,在比赛和训练之余可以为群众提供部分体育运动场所,供群众有偿或无偿使用。职业竞技体育丰富的体育场馆资源,为体育公共服务提升了场地设施质量、增加了场地设施数量、完善了场地设施类型。

(3)职业竞技体育丰富体育公共服务信息体系

职业竞技体育中的信息量巨大、信息种类繁多,可为体育公共服务提供丰

[①] 张鲲,刘翱翔,王春燕.我国竞技体育基本组织类型及其对体育公共服务的影响[J].四川体育科学,2014(6):5-7.

富的信息资源。通过媒体发布，使人们了解职业竞技体育活动的内容、程序、方式、地点等相关信息，以便参与到体育活动中来。同样，职业竞技体育信息传播渠道广泛，包括网络、电视、报纸、广播等，且信息传播速度快、时效性强，有助于人们第一时间掌握和了解最新动态。在传播基本信息的同时，职业竞技体育精神传播也同样重要，职业竞技体育的顽强、努力、奋斗、勇敢、超越等等每一种精神都是人民群众生活的精神食粮。因此，职业竞技体育精神文化信息通过体育公共服务向公众提供，不仅丰富了人们的精神生活，而且充实了体育公共服务信息体系的价值和内涵。除了为体育公共服务信息体系提供信息之外，职业竞技体育拥有的信息传播优势和特点还可在体育公共服务的信息提供之中得以继承，从而为广大人民群众提供丰富、方便、快捷的体育信息及咨询服务。

(4) 职业竞技体育完善体育公共服务政策法规体系

改革开放以来，随着我国体育管理体制不断深化改革，职业竞技体育逐步实现了法制化和制度化发展。各体育俱乐部和体育联赛组织根据自身项目特点制定了各行业内部管理的制度规范。如俱乐部训练管理制度、体育竞赛计划和申办以及安全管理制度、运动员选拔和选派制度、裁判员管理制度、竞赛纪律和反兴奋剂条例等等。在这样的制度保障下，我国职业竞技体育实现了跨越式发展。可以利用职业竞技体育中的管理经验，将竞技体育管理体制中涉及大众体育的训练制度、安全管理制度、竞赛纪律及奖励制度等适当引入到体育公共服务管理体制中。从而提升体育公共服务的质量，完善政策法规内容，促进体育公共服务发展，使体育公共服务早日走上制度化的轨道，真正实现资源共享、服务大众的目标。

(5) 职业竞技体育增强体育公共服务活动体系

体育活动体系是由满足公民健身、娱乐、教育、竞赛、休闲等公共活动需求的要素构成的有机整体①。而竞赛性活动是职业竞技体育提供体育公共服务的主要形式。职业竞技体育可通过竞赛表演、挑战赛、邀请赛等多种竞赛形式为体育公共服务提供准公共服务。职业竞技体育竞赛专业性高、观赏性强，吸引众多群众观赏，可有效提升体育公共服务竞赛性活动产品的质量水平。

2. 专业竞技体育对体育公共服务的影响

专业竞技体育的产生和发展是我国历史和现实国情的需要，是一系列政治、经济、思想文化结构互动的产物，是竞技体育模式在中国的特殊表现。专业竞技体育作为举国体制下的竞技体育，主要特点是依靠政府的行政手段实施管

---

① 肖林鹏，李宗浩，杨晓晨. 我国公共体育服务体系概念开发及其结构探讨[J]. 天津体育学院学报, 2007, 22(6):472-475.

理,从而为大众提供公益性体育公共服务,所以其产品类型以纯公共服务为主。专业竞技体育通过专业运动队、专业体育学校等形式,来培养和训练专业竞技体育人才参加体育比赛获得成绩。专业竞技体育和职业竞技体育既有区别又有联系,我国专业竞技体育同样拥有着卓越技术和丰富资源。因此,专业竞技体育对体育公共服务同样有技术、场地设施、竞赛活动等方面的影响,且由于专业竞技体育的特殊性,使其在体育公共服务方面承担着保障体育公共服务均等化的责任和义务。

尽管职业竞技体育拥有巨大的市场优势和资源,但由于在我国专业竞技体育是"举国体制"的表现形式,因此专业竞技体育相比于职业竞技体育,主要依靠政府的财政支持获得发展,也可迅速地整合各级行政资源,对公共服务进行促进和帮助。政府基于公共利益的需要,通过专业竞技体育为群众提供体育公共服务,由于政府强有力的支持,在一定程度上保证了公众体育权利的均等性。如政府动用公共财政兴办各种体育赛事,为公众提供各种大型体育赛事表演;如全运会、城市运动会、大学生运动会、少数民族运动会等等,满足大众的体育需求。该类服务活动通过举办赛会为人民群众谋福利,有效传播了社会公共文化,具有很强的公益性。专业竞技体育通过这样的形式,在一定程度上消解了体育公共服务中存在的区域差异、城乡差异和阶层差异,使不同地域、不同阶层的人民群众都可参与进来,保障了体育公共服务享有的均等化。

3. 业余竞技体育对体育公共服务的影响

社会公共文化的发展离不开群众的参与和传播,而业余竞技体育不但可参与和传播体育公共服务,同样也提供体育公共服务。有些情况下政府和市场主体难以提供体育公共服务或者政府提供成本过高,市场主体无力等。此时由政府委托授权或市场主体也将一些与自身竞技体育生产活动密切相关的公共事物委托给有关的竞技体育社团等组织为群众提供体育公共服务[①]。因此,业余竞技体育可通过社会组织为群众提供体育公共服务。同时,由于业余竞技体育具有群众参与较广、参与人数众多的特点,使得群众对于竞技体育提供的服务需求点较多,如竞赛表演、制度文化、运动技能等,而这恰恰体现出业余竞技体育文化的多样性。由于业余竞技体育自身的参与性广、参与人数多、需求多样性的特点,对体育公共服务的监督反馈过程和外在环境的保障都有一定的影响。业余竞技体育的特点是群众参与,在群众参与体育活动时,产生了对体育的需要和个人的诉求。所以说,竞技体育通过体育公共服务平台向大众提供社

---

① 卢文云.论竞技体育服务产品的社会供给[J].首都体育学院学报,2009,21(1):15-17.

会公共文化,以此对文化进行分享以及满足大众的文化需求。群众为满足自身的需要而参与到政府提供的体育活动、观赏体育赛事、了解体育信息、享受健身指导等各个体育公共服务之中。在群众参与的过程中必然有个人的诉求和体验,从而对政府提供的体育公共服务产品进行监督和评价。而作为责任主体的政府必须为公民设定必要的途径进行需求反馈和服务过程的监督反馈。业余竞技体育参与者通过对体育公共服务的体验,提出自身的产品需求以及对体育公共服务产品的质量反馈。以此促进体育公共服务良好发展,达到预期的目标。

群众积极参与体验政府提供的体育公共服务也有助于创造良好的体育氛围,良好的体育环境是体育公共服务实施效率最大化的外在基础。因此,体育公共服务良好的发展不仅需要政府的支持和帮助,也需要参与者创造和保持良好的体育环境以支持和帮助体育公共服务发展。从体育服务的角度看,良好环境氛围的必备要素应包括改变健康观念、正确的体育观、形成健身意识等[①]。业余竞技体育可发挥其群众性的优势,通过业余竞技体育参与者的身体力行,积极宣传正确的观念,带动更多人们参与到体育活动中来,从而形成优良的舆论环境和正确的体育观,为体育公共服务的有效开展提供外在环境保证和人民群众的支持。

---

① 王才兴.构建完善的体育公共服务体系[J].体育科研,2008,29(2):1-13.

第六章 "竞技体育公共服务"的提出

第一节 竞技体育公共服务的公众认知

建国至今,我国竞技体育已经取得举世瞩目的成就,2008年北京奥运会和2012年伦敦奥运会所取得的成功,代表着竞技体育举国体制发展已经走到了巅峰时刻。从国家发展层面看,推行政府公共服务职能,由金牌体育到全民体育已经成为体育事业发展的下一步规划之一,而作为体育事业发展的龙头与先锋,竞技体育发展早已集合了全国所有人力、物力以及财力资源。其实从公共服务实施的前提与条件上看,我国竞技体育早已具备公共服务的能力,但除了相关政策条款与计划纲要外,关于竞技体育公共服务的渠道、方式与效果评价等具体问题仍处在理论与现实的探索和协调中。

因此,课题组通过实地发放和网络发放调查问卷,对国内外政府官员(包括体育和文化官员)、专家(包括国家社科专家和一般学者专家)、普通人群(包括城市、周边、边远,高中低收入,青少年、中年、老年等)了解他们对于中国竞技体育发展现状的态度,对于竞技体育公共服务的期望值调查,以及对如何发展竞技公共服务渠道和方法进行调查。调查员从2014年2月至2015年2月,深入高校、社区、体育管理部门、公园、商场以及美国部分高校,共发放问卷1000份,回收988份,有效问卷963份,有效率为97.4%。然后运用逻辑分析法对所取得的各类资料按研究性质分类、归纳、总结,从文化学、心理学、社会学、管理学视角,对拟研究问题进行广泛、深入探讨。旨在承接竞技体育公共服务的社会背景和人文要求,从国家、社会、经济与自我发展的需求当中寻找竞技体育引领体育公共服务的发展思路,为我国竞技体育发展及体育公共事业发展提供一定的参考和借鉴。

一、调查对象的基本特征

1.从影响因素看

年龄、性别及社会身份是影响被调查者竞技体育公共服务认知的重要因素:男性群体对竞技体育各方面关注都要多于女性群体,年龄对群体的影响是伴随被调查者的社会身份而对被调查者施加影响的。普通人群当中,处于25岁以下以及65岁以上人群是参与竞技体育公共服务的主体,其中25岁以下普通人群多为学生,因此,在学校体育中接受竞技体育公共服务的机会相对较多;而65岁以上普通人群多为退休人员,这部分人在养生、强身、健体等保健心理的促使下会更多参与体育活动,从而接触或了解竞技体育公共服务。此外,在25~65岁之间的普通人群中,在对竞技体育的关注度、获得各类竞技体育公共服务等表象问题的数字统计差分并不大,但参与频率、方式、场合等问题会随着年龄的不断增加总体呈现正相关的趋势。

2. 从理解认知看

不同职业人群对竞技体育公共服务的认知具有共性和差异,共同点主要表现在对竞技体育发展成绩、竞技体育在体育公共服务中的价值及竞技体育公共服务在社会、体育未来发展中的价值表现都具有高度的统一;而差异表现在对于现有竞技体育公共服务的理论认知、服务水平评价以及对长期发展的态度等方面的细微差异。具体来讲,普通公众更关注竞技体育公共服务对自我体育环境的改变以及自身利益的关注,对未来竞技体育公共服务的发展会更关注体育平等、个体体育权益与保障的体现;在政府官员或文化官员群体中,对于竞技体育公共服务整体价值的考虑所占比例较多,例如,竞技体育公共服务的经济价值、文化价值以及竞技体育公共服务对未来社会整体公共服务的影响能力以及人文关怀能力等。究其原因,除了工作需要,竞技体育当今面临的发展困惑与体育公共服务的路径选择也是管理决策层中面临的重要问题;最后学者、专家群体,这一部分人群一方面对竞技体育公共服务对公民个体影响以及利益关系保持着高度的关注,另一方面作为体育工作的具体实施者和国家政策的基础推进人员,对竞技体育公共服务在其功能发展中的比对和引申功能的探究也表达了强烈的关注。

二、对竞技体育表象问题的调查结果分析

对表象认知的调查包含公众了解竞技体育信息的途径、公众对竞技体育公共服务能力及公众满意度等主观性问题的认知与调查。

1. 信息服务调查方面

大众传媒平台、现场观看比赛、商业广告和学校体育分别成为公众享受竞技体育信息的主流平台(见图6-1)。其中在人群分类上(见图6-2),20~40岁的人群主要通过大众传媒平台获得竞技体育公共信息。40~50岁的人群中有45%会选择观看竞技体育的比赛作为自己获得竞技体育信息的第一手段。此外在20岁以下和50岁以上人群中,选择分差比较大。究其原因,这两部分人群由于年龄和自身所处的社会环境相对其他年龄较单一,经济因素的制约也会在一定程度上限制其获得竞技体育信息的渠道。

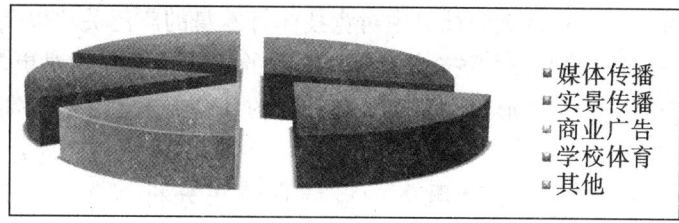

图6-1 竞技体育公共信息传播途径调查

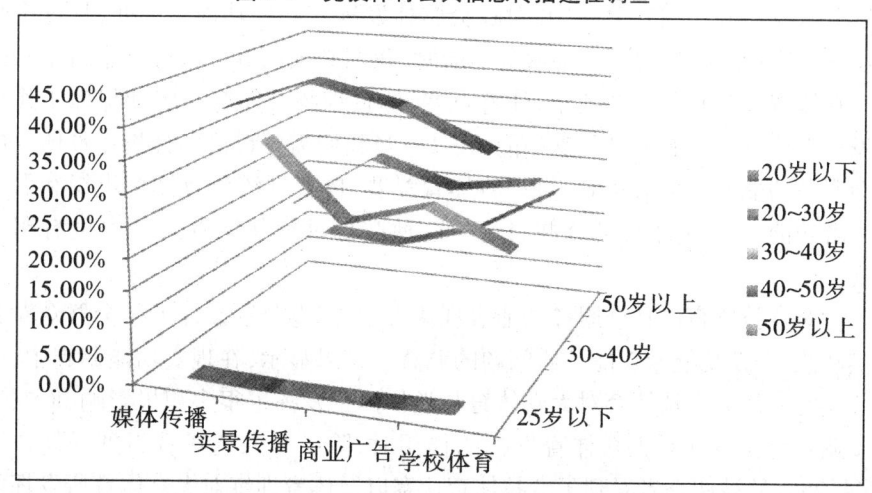

图6-2 人群年龄与传播途径选择分布图

2.公众对竞技体育公共服务态度以及服务能力的调查

有52%的人认为竞技体育有责任与能力对公共体育进行服务与带动,另有23%的人认为没有责任与能力,还有24%的人认为说不清楚。从人群的职业分层来看,对竞技体育公共服务持保守态度的人群主要来源于普通群众,占到选择总量的41%,除了主观因素对其判断所产生的影响外,数字的背后能够更多地折射出我国竞技体育公共事业发展的薄弱以及现有发展模式的过度集中以及受众的狭小。因此,在竞技体育发展的新时期,如何将竞技体育的所有发展成果推广和落实到社会体育与学校体育当中则是今后竞技体育事业发展的关键[①]。

3.公众对现有竞技体育公共服务满意度的情况调查

有32%的人认为很好,有24%的被调查者认为很差,还有40%的人认为一般,另外4%的人选择了其他。除了其他选项外,被调查者在好、一般和差的选

---

① 徐雅莉.政府公共体育服务组织结构研究[J].贵州体育科技,2014,117(4):13-16.

项比例悬殊并不大,能够表明被调查者在竞技体育社会功能和社会公益的分化心理,也能够从一定程度表明社会中对竞技体育本身的广泛关注以及参与的心理准备基本完备。因此,对竞技体育公共服务的事实考验也相对更高,对竞技体育在功能和公益、金牌形象和公众服务方面的社会要求也在心理需求层面不断提升。

三、对竞技体育的社会服务功能调查结果分析

结构—功能主义认为社会是具有一定结构或组织化手段的系统,社会各组成部分以有序方式相互关联,并对社会整体发挥着必要功能。因此,从这个角度出发来看待竞技体育的社会服务功能时,我们必须以拆分的观点来讨论和对待。在体育公共服务大系统中,体育竞赛、体育训练及体育组织和保障工作分别发挥着体育公共服务的分支功能。所以,当我们需要讨论和分析竞技体育的社会服务功能及服务效率时,可以将体育竞赛、体育训练以及体育组织和保障这三者功能加以拆分而又合并讨论。这种逻辑过程在调查问卷中也有明显表现。

在对竞技体育的社会服务功能表现调查中,问卷分别设计了社会群众对其现实功能、预期功能及功能矛盾问题的调查。结果显示,在现实功能调查中,有62.7%的人认为竞技体育对大众体育与学校体育发挥了很多积极影响,而在进一步调查竞技体育对大众体育发挥的作用时,除了2人选择看不到任何作用外,有25%的被调查者看到了竞技体育比赛以及体育训练对大众体育所发挥的作用,73%的被调查者认为竞技体育组织和保障工作对大众体育发挥着更为稳定和长效的促进作用;而当调查指向竞技体育对于学校体育可以发挥的作用时,人群的选择却恰恰相反,更多人看到的是竞技体育比赛和体育训练功能中的内容能够给学校带来的影响,而认为竞技体育组织和保障工作为学校体育带来更为稳定和长效促进作用的人数只占到了23%左右(见图6-3)。综合调查结果,可以看出学校体育和大众体育在竞技体育公共服务的功能需求上存在不同,相比学校体育,大众体育更缺乏有序的组织体系与后勤(场地)保障。大众体育更需要竞技体育在体育参与、体育组织、场地器材等方面的公共服务;而由于学校体育是教育的重要组成部分,是计划性、目的性、组织性较强的体育教育过程,更看中竞技体育的训练组织、技术支持以及榜样精神影响等方面的公共服务。

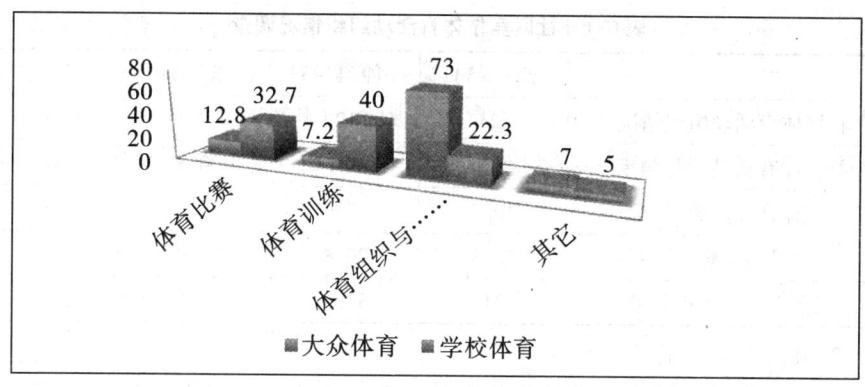

图 6-3 对竞技体育社会服务功能的调查

四、对竞技体育的组织服务调查结果分析

对竞技体育组织服务的调查主要涉及：政府和市场的组织边界、政府与公民的需求管理、社会组织的职责分担。首先在政府和市场边界问题调查中，有 43% 的被调查者倾向于以政府为主，市场为辅的无偿公益服务，而 34% 的被调查者则认为以市场为主导，政府为辅助的有偿性公益服务能够发挥更多的社会贡献。就被调查者所参与体育活动的主要形式来看，独自活动，社会团体组织的体育活动，参加单位、社区、体育政府部门组织的体育活动最为常见（见图 6-4）。

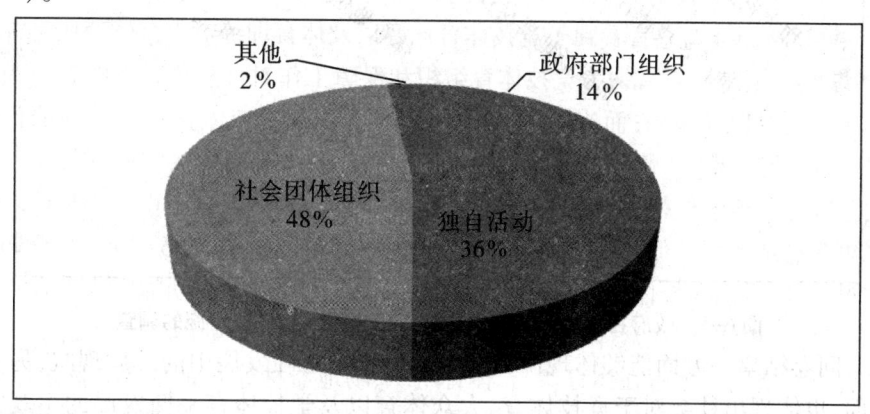

图 6-4 我国竞技体育的组织服务调查

1. 从问题反馈来看

现有竞技体育对社区体育服务的过程中，政府组织的体育活动较少，导致社区体育缺少组织性和规模性，绝大部分被调查者在体育活动过程中面临着没有专业指导等问题（见表 6-1）。

表 6-1　社区竞技体育活动组织情况调查

	高(>3)	一般(1-3)	低(0)	其他
社区体育活动组织情况	2	12	86	0
社区体育活动参与频率	1.3	8.4	90.3	0
体育设施数量	10.7	52	37.3	0
场地设施维修及更新	12.3	26.8	58.9	2
工作人员的管理效率	31	33.9	6.2	28.9

2. 政府与公民的需求

社会文化导向以及公民对公共服务的需求决定了政府在实施公共服务中的政策方向与具体路线。在调查中，我们能够看出，无论是学校体育还是群众体育，都对体育政策制定、硬件设施投入以及文化推广方面提出要求（见图6-5）。

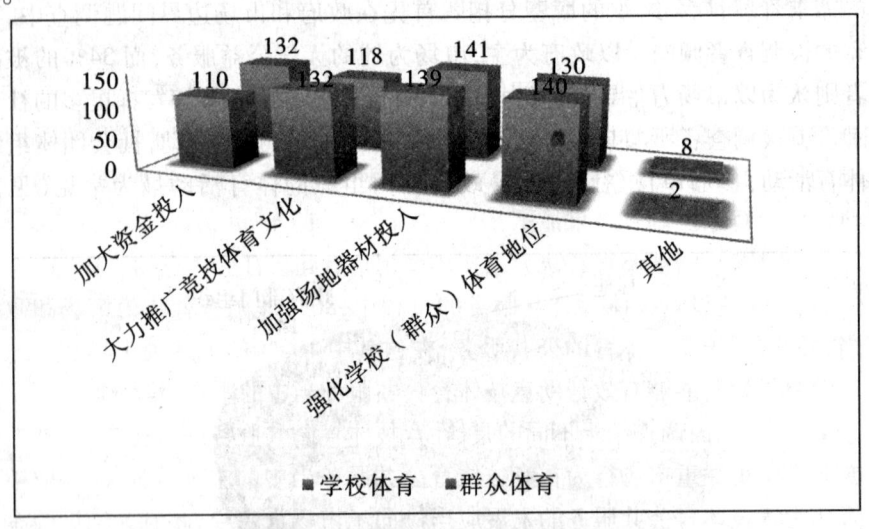

图 6-5　政府在学校体育和群众体育应当投入和采取措施的调查

问卷结果一方面能够体现出我国三大体育形态在发展中的矛盾现状，另一方面，也体现出社会对于竞技体育、大众体育以及学校体育平衡发展的主观需求在逐步增加，公民对于体育权利意识也在不断深化。因此，在这一层面上，政府与公民的需求组织既是"经济—制度—文化"组织过程，也是一个"资源平衡—组织平等—权利平等"的组织秩序建立过程。

3. 社会组织的职责分担

体育社团是社会组织的主要成员，体育社团在我国其实早有存在，为我国体育历史的发展贡献巨大。近年来，随着社团的发展，体育社团连同体育基金会、民间体育组织、俱乐部一道在体育公共服务中扮演着极为重要的角色。同样，作为体育公共服务不可或缺的一部分，社会组织在竞技体育公共服务中能够运用较少的社会资源创造较大的社会影响力，而且对于受众的参与要求普遍较低，并具备一定的普及效应，因此其逐步成为普通公众参与公共服务的较好形式。在问卷调查中，有38.7%的被调查者参与过社会体育组织承办的各种社会体育比赛；有45.3%的被调查者认为以政府组织为主体，鼓励体育社团、体育基金会以及私人体育团体组织参与竞技体育公共服务能够加强公共服务的内容建设，有利于最终实现多元化建设；31%的被调查者认为体育社团不仅能够分解竞技体育在社会竞赛服务中的经济和组织压力，还能够缓冲或消解由于竞技体育超前于社会体育和学校体育发展而带来非对称服务供给等情况；同时，还有19%的从事体育工作的被调查者认为，体育社会组织还能够在长期的工作中为我国竞技体育事业的发展提供人力、智力、财力的能量库，是实现人、财、物之间资源循环流动，长期发展的有效保证。

五、对国外体育专业人士的调查

我们分别选取在国内的外国体育专业人士以及国外的体育专业人士，年龄均分布在26~55岁之间。调查人数为60人。为了最大限度地避免主观因素影响，所有的国外体育专业人士均来自国内外的高校或体育管理部门，均具备专业的体育背景。调查结果显示：

第一，100%的被调查者认为竞技体育担负有建设社会体育的责任。

第二，在建设竞技体育公共服务的过程中，80%被调查者认为市场和政府应当共同作用于竞技体育的公共服务，在这其中100%的人认为市场和政府相协调的引导机制能够有效帮助竞技体育公共服务当中的服务均等化。

第三，与国内调查结果不同的是，在竞技体育公共服务的过程中，国外的体育专业人士更注重市场行为在竞技体育公共服务当中的主导行为，60%的被调查者认为竞技体育公共服务的发展应当倾向于市场为主导，政府为辅助的有偿性公益服务的发展路线。

第四，在对竞技体育发展的态度调查中，有40%的人认为在竞技体育发展中，没有必要采用举国体制的策略。

从调查结果中可以看出，相比较国内，国外的体育公共服务更注重市场化、社会化与分权化，强调公共服务中，政府、市场、社会的多元主体地位。这一方面和国内外体育发展政策不同有一定关系，也与社会市场化的成熟度以及民众的体育文化观念有着巨大联系。

最后，从问卷调查的整体结果能够看出，竞技体育的性质决定了其具备体育公共服务的本质。现有竞技体育公共服务不仅停留在体育的表象层面，更是在运动内容、评价体系、技术规范、人才交流、文化艺术、经济服务等更多方面为群众体育和学校体育提供了广泛而深入的公共服务;从社会心理和公众需求度上来讲,竞技体育的发展已经极大满足了民族的归属感与认同感,但发展速度和服务内容远远不能满足公众的需求——尤其在公众文化精神需求不断扩张的今天,公众对于精神消费的需求也在不断增加,因此在心理意识层面对竞技体育公共服务提出了更高的要求;参照国外一些运行较为成功的竞技体育公共服务模式,均是以资源的循环与分配为宗旨的公共服务过程,这也正是呼应了竞技体育"从群众中来,到群众中去"的根本宗旨与发展规则。

六、构建"引领型-互动型"竞技体育公共服务发展模式

"引领-互动型"竞技体育公共服务发展模式的构建是基于对问卷调查的分析和我国体育发展的现实环境的深入了解。这一模型的提出基于以下几方面的事实:首先,对我国体育历史发展的梳理;其次,对竞技体育现有成果的认可;再次,实现我国体育可持续性发展;最后,我国体育发展目标的国际化。

1. 时间的引领——竞技体育公共服务是历史的选择

"从群众中来,到群众中去"是体育发展的终极目标,作为体育事业的一部分,竞技体育的发展始终离不开群众基础。翻看历史,从新中国成立时,我国竞技体育就沿着"普及与提高相结合—举国体制发展模式初步形成—举国体制发展模式完善强化—探索符合社会主义市场经济体制的竞技体育发展模式"的道路在发展。在整个体系当中虽未明确提及"公共服务"的概念,但在实践中竞技体育公共服务却客观存在。到20世纪末21世纪初,"举国体制"的竞技体育成果凸显,但随着社会的分化,竞技体育利益多元化的发展这种高度资源垄断的发展模式弊端也在不断显现。因此,我国开始了推行竞技体育与市场的结合,竞技体育与学校体育结合的竞技体育公共服务,直至2004年体育公共服务及其服务理论的逐步建立。作为体育的一部分,竞技体育也在场地设施、人才交流、文化推广以及信息传递方面为社会需求提供相应的服务。从调查中我们也能够看出,各个年龄层都存在关注竞技体育的信息服务,参与竞技体育的组织服务,享受竞技体育的技术、设施及文化服务,分享竞技体育的精神成果与文化内涵受众的广大人群。这些服务已经悄然成为其生活中的自然部分,融入日常生活当中。因此,无论是从历史沿革还是社会心理的角度,发展竞技体育公共服务既是我国竞技体育发展的历史经验,也是我国竞技体育公共服务历史演进的自然选择。

2. 成果的引领——竞技体育"反哺"公共服务

鉴于2005年初中央1号文件中"工业反哺农业,城市支持农村"的政策调整,我们提出竞技体育向群众体育和学校体育提供以发展成果为内容的"反哺"

服务,其内容主要涉及现有成果中的场地、人才及制度文化等几方面。体育事业发展建设包含三部分内容,即竞技体育与学校体育的发展建设,竞技体育与社会体育的发展建设以及学校体育与社会体育的发展建设。在这三个发展系统中,竞技体育的公共服务贯穿其中,竞技体育不仅向学校体育和社会体育提供所需的公共服务,还为自身的可持续发展寻求人才智力、社会舆论、物质支撑等方面支持。

(1) 竞技体育"反哺"学校体育层面

由于体育目的以及体育活动方式的不同,作为受体,学校体育和群众体育在接受竞技体育公共服务时在内容和形式上存在一定的差别:在竞技体育与学校体育的发展建设中,由于学校体育的关键在于"教育",因此,其目的是培养学生的健康体魄,并通过体育这一教育过程充分激发学生的自尊心、荣誉感和顽强拼搏的精神;因此在这一服务关系中,首先是技术与人才的服务,其次是精神与文化的传递与培养。竞技体育通过向学校输送体育人才、专业体育技术、体育组织制度服务构成了学校体育的基础内容;而竞技体育文化当中的"自强不息""勇攀高峰""坚持不懈""竞争与合作"的文化传递以及体育明星的榜样范式效应也同样是学校体育意义内涵中不可或缺的文化内容。

(2) 竞技体育"反哺"社会体育层面

相比较学校体育,社会体育在目标、资源、保障等方面有一定的差别。且均等性问题一直是其发展尚未突破的瓶颈。因此,结合现状,其服务过程应当建立以硬件服务为基础,人才服务为保障,市场与民间体育社团共同参与,以实现公民体育基本权利为目标的竞技体育公共服务过程。在这一过程中,硬件基础服务是指竞技场馆的建设和闲置场馆的利用。从问卷调查的结果来看,现有竞技体育场馆在数量、开放情况、档次质量方面与群众的要求还存在较大的差距:很多社区或者社区周围缺少竞技体育的场馆设施,而一些免费提供给群众进行体育锻炼的设施又都存在设备简陋,更新维护速度较慢,适应锻炼人群的范围较窄等问题。因此,首先需要解决好建设与使用的矛盾,抓好竞技体育基础设施建设,为群众提供满意的竞技体育设施服务;其次是人才服务,其意义在于引导、组织与纠正,让更多的人群参与体育,拥有正确的体育参与方式与方法。此外,建立榜样型竞技体育人才的服务交流机制能够在一定程度上带动人群的体育热情,其精神层面的服务意义要更高于技术指导的意义;最后在建立竞技体育公共服务多元组织机制,保障公民参与体育的基本权利互动模式上,建立以政府为主导,市场与民间团体共同参与的竞技体育公共服务方法是近几年来体育公共服务事业不断探索的重要内容,这种模式在国外一些发达国家中被广泛应用:竞技体育公共服务除了关乎民生、民族重大利益的项目由政府主导提供以外,大多是发挥市场作用,走商业化运作,以公益性质来体现公共服务的。虽然其中有商业成分,但提供给大众的却是免费的,如美国 NBA 中专门为美国问题少年而设的"NBA 留在校园"活动,以及为基金会、学校福利院举办的捐款义演等;还有在巴西足球世界杯期间,德国的一些大型体育场为了满足公众看球需求,免费向球迷开放场地与大屏幕,还免费向场地内的球迷提供啤酒和沙发。通过国内外一系列的实践证明,竞技体育与市场或民间体育团体的合作能够在一定程度上消解政府的服务压力,提高政府职能单位的组织效率与灵活性。加强政府部门间的职能合作,实现政府与社会组织的职能互补以及政府与市场组织的职能互益,形成竞技体育公共服务组织体系的创新层面[1]。

3. 资源的互动——建立竞技体育公共服务的"大体育圈"

所谓资源,马克思和恩格斯将其定义为自然与劳动结合。这其中不仅有自然资源,还包括人力、财力、智力(信息、知识)等财富的集合。资源并非静态产物,而是在流通与互动中体现其更大的人文意义与社会价值。

在资源互动中,一方面是指竞技体育的优秀成果向学校体育与社会体育的流动与反哺,另一方面也是指学校体育与社会体育向竞技体育所提供的补充与支持。在以往,我国竞技体育的发展过程一直处于事实当中的"特斯拉"垄断状态,而建立在以超越体育大国、建立体育强国状态下的资源互动则是强调竞技体育公共服务与终身体育贯通,也是竞技体育获得智力支持,形成可持续发展的一个重要过程。因此,这一过程主要涉及:人才资源的共享与分担;场地资源的循环利用与再发展;体育边界的模糊与大体育圈的发展建立。在第一个层次上,涉及学校体育人才在社会的流动和角色的实时转换,包括专业、智力以及组织制度等"软"层面的服务与交流;其次,场地资源包含场地器材的安全、高效以及循环利用,在这里面可以存在一定的发展型公共服务或市场行为,例如学校体育场(馆)在课余时间对外有偿开放或参与由第三方承办的群众性体育比赛;最后,在模糊体育边界的问题上,是指模糊竞技体育、群众体育以及社会体育的发展边界,这里面涉及竞技体育公共服务的两个方面,一是人力、物力与财力在三种体育形式之间逐渐趋于均等化与合理化,二是体育的硬件和软件在三种体育形式之间相互利用,可持续发展的阶段[2]。虽然就现有体育发展状况而言,形成"大体育"模式还存在观念、制度以及后勤保障等诸多难题和边界壁垒,但"大

---

[1] 王伯超.构建我国体育公共服务体系的理论思考[J].广州体育学院学报,2009,29(1):1-4.

[2] 戴健,郑家鲲.我国公共体育服务体系研究述评[J].上海体育学院学报,2013,37(1):1-8.

体育"模式不仅是竞技体育公共服务的最终目的,也是实现我国体育整体可持续性发展,与世界主流体育接轨的重要步骤。

4. 文化的互动——构建竞技体育公共服务的自循环保障

文化作为一种精神力量,能够在人们认识世界、改造世界的过程中转化为动力能量。作为竞技体育公共服务中的组成部分,文化的引领包括了竞技体育的本身文化服务和竞技体育公共服务在人们的自觉意识中形成的文化形态。

首先,在竞技体育的文化服务方面,作为非常受公众欢迎的强势文化,竞技体育的文化服务表现在本体文化服务和衍生文化服务两个方面:第一是本体文化,也就是运动项目的项目文化,例如:足球文化、篮球文化、排球文化、田径文化等。第二是竞技体育的衍生文化,即竞技体育与其他行业的融合性文化,例如竞技体育的服饰文化、影视文化、歌曲文化、建筑文化、藏品文化以及摄影文化等。无论是竞技体育的本体文化还是竞技体育的衍生文化,它们都是以多种多样的文化形式表现出来的,并且规范着人们的体育行为,影响着人们的价值观念,从不同的文化角度满足人们的精神需求。

其次,在体育文化意识形成方面,竞技体育公共服务在社会层面中所形成的自发、融合以及可持续发展的竞技体育公共服务的制度化、平等化、多元化与自发化。在制度化层面中,形成竞技体育公共服务的文化制度是保持竞技体育公共服务长久运行的基础条件。制度是成熟文化的表现形式,制度也是保障文化长期发展的重要手段,当竞技体育公共服务体系成为一种制度文化根深蒂固在社会、政府、市场的日常运行中时,竞技体育公共服务才会具有真正的社会生命力,发挥更多的社会功用;而平等化与多元化则是在制度化基础上所产生的文化效应和对社会发展所产生的推进力。平等与权力享有是竞技体育独特的自有文化,也是竞技体育公共服务的推广文化与目标文化,在突出权力与平等的当下社会,只有平等化与多元化的竞技体育公共服务才能不断满足人们对竞技体育公共服务在精神层面和文化层面上的满足,保持竞技体育公共服务具体工作的顺利有序进行;而文化的自然化是竞技体育文化服务当中最高形态,如同社会文化体系的自然与超然发展一样——既有竞技体育传统文化的自动传承,也有竞技体育文化与时代文化语境和精神的自动融合与跨越。

当下我国的体育工作面临着创新、融合与可持续发展的三重要求,除了物质基础的架构外,文化在社会发展中所起的推动力、对社会群体的约束和对发展风险的规避能力也是当下发展中所亟须的内部能源。因此,实现文化的自发状态既是对竞技体育公共服务的制度化、平等化与多元化的呼应,也是实现竞技体育公共服务自循环的最终保障①。

在现代文明史上,竞技体育无疑是文明大家族的重要成员。随着社会的不断发展,竞技体育在政治价值、经济发展、人文环境等各个方面展示着越来越多的社会功能和价值,竞技体育与社会公众之间的关系链接也在不断加强。这就意味着竞技体育公共服务还将承担更多的社会希望与公共责任。与此同时,在现有的竞技体育公共服务体系中,竞技体育公共服务过程中以及服务后期的法律监管、绩效评估、责任划分等问题方面仍处于初始阶段,政府在政策、资金、组织等方面的工作仍亟须加强。因此,建立规模化、长效化、有序化的竞技体育公共服务模式,是保持竞技体育现有成果、实现我国体育事业整体性发展的关键,也是社会主义市场经济条件下维护社会稳定和社会公平,促进经济社会全面发展的重要条件②。

第二节 竞技体育的社会服务属性

我国竞技体育在近些年获得了跨越式发展,取得了辉煌的成绩,当胡锦涛总书记在提出了促进中国从体育大国向体育强国迈进的奋斗目标之后,竞技体育如何在新的历史时期,在新的起点上实现我国竞技体育事业的新发展就成为人们所关注的话题。随着计划经济向市场经济的转轨及政府职能的转变,我国竞技体育公共服务已逐渐渗入群众,而竞技体育的社会服务属性也逐渐多元化。

一、竞技体育的公共属性

1. 政府主导下的竞技体育

政府供给竞技体育是有一定的原因的,政府对竞技体育背负着一定的责任。而竞技体育服务产品的属性及其政府自身的职能就决定了政府对竞技体育的供给。以国家为代表的一些大型体育赛事,如奥运会、各单项的国际级比赛等,运动员在比赛中所取得的优异成绩不仅是给国家争光,还可以振奋民族精神,增强民众的凝聚力,扩大国际影响力,展示国家实力。比如当年我国女排的五连冠,对民众来说是个极大的鼓舞。而政府正是通过这些竞赛形式实现了竞技体育的政治目的,而竞技体育的蓬勃发展必然会给群众体育一种良好的示范引领,促进群众体育的良好发展,进一步促进了体育产业的发展。这些则是政府主导下实现竞技体育的经济及社会目的。而以上竞技体育政治、经济及社

---

① 徐雅莉.政府公共体育服务组织结构研究[J].贵州体育科技,2014,117(4):13-16.
② 罗超毅.论体育强国建设背景下全民健身与竞技体育的和谐发展[J].北京体育大学学报,2013,36(2):1-4.

会目的的实现都是在政府的供给下全体人民所共同享有的,满足的是社会的公共需求,具有非竞争性和非排他性,是一种具有外部性的社会公共产品①。政府就是人民的公仆,其职能就是实现社会的公共利益,满足公众的社会需求。在市场失灵的情况下,政府就有责任担负起公共服务的供给。虽然政府有责任供给公共服务产品但也不一定必须由政府自己单独承担,必要的时候还需要市场和社会的支持。政府作为公共利益的代表,在竞技体育公共服务产品的供给中责无旁贷。政府在竞技体育公共服务产品供给中的作用主要是供给纯公共产品。

2. 新公共服务理论下的竞技体育公共属性

新公共服务理论强调的是政府治理角色的转变即服务而不是掌舵,将公民置于整个治理体系的中心,重视政府与社区、公民之间的对话沟通与合作共治,重视公民社会与公民身份,旨在提升公共服务的尊严与价值②。

新公共服务理论的核心理念主要包括:第一,追求公共利益最大化。竞技体育应该为公众提供最需要的基本服务,深度了解公众的需求,并整合自身资源使竞技体育的资源可以被公众所享有,并使竞技体育资源的利用率达到最大化,追求公共利益的最大化。第二,政府的职能是服务而非掌舵。政府强调的是服务,而服务的对象还是全体公民,只是政府在提供服务的过程中角色发生了改变,由原来的决定者转变为安排者,真正参与到各种提议中,安排提供各种服务,打破原有的对公共问题处理的垄断,与公共部门、私营部门、非营利机构协商解决问题。政府应以协调和调节的方式尽可能地满足绝大多数公众的共同需求。第三,公共服务提倡公民参与。在尊重每个公民的基础上,通过合作和共同领导的方式来实现竞技体育公共服务的社会化。新公共服务关注的是民主治理与公民参与,使公民在参与政策的各个方面能力得到极大的提高。目前我国的竞技体育一直以来就是政府投资、组织与管理。这三位一体的角色不仅使政府不堪重负,而且公共服务的效率和质量并没有提高,反而忽视了公民参与竞技体育事业的力量。因此,以新公共服务为鉴,让公民参与到竞技体育的公共服务中去。

二、竞技体育的非公共属性

1. 社会组织参与的竞技体育

竞技体育服务产品的供给不仅有政府供给还有市场供给,对于一些非竞争

---

① 卢文云.论竞技体育服务产品的政府供给[J].山东体育学院学报,2007,23(4):25-28.
② 刘明生,李建国.新公共服务理论视角下体育公共服务体系的建设[J].体育科研,2010,31(4):54-56.

性、非排他性的竞技体育公共服务产品,如以国家为代表参加的国际级比赛,市场机制难以发挥作用,会出现"市场失灵"。由于经费的限制使得政府在提供竞技体育服务产品时出现了一定的局限性,导致政府在提供竞技体育公共服务产品时存在着政府机制的固有缺陷,而出现了"政府失灵"的现象。在双重失灵的情况下就为社会供给创造了现实的需求。这时,在一定的政治、经济社会背景下,那些无法通过政府来满足竞技体育服务需求的个体,就会建立一种"自治"组织。组织内的成员通过一种互惠互利的机制实现他们对某一竞技体育服务产品的共同需求[①]。而这些"自治"组织多数是自发形成的,能够满足不同民众的各种需求,这样也会相对降低政府投资竞技体育的成本。现在的经济持续增长使得社会供给资金来源充足,这又进一步推动了竞技体育服务产品的社会供给。社会参与下可以举办一些社会性的公益活动,借助竞技体育的平台,可以通过民间组织,鼓励民众参与积极性来丰富其文化生活。它既有公共属性的成分也有非公共属性的成分存在。

2. 市场条件下的竞技体育

竞技体育服务产品的市场供给就是市场组织作为供给主体参与竞技体育服务产品的供给,是以营利为目的的非公共属性。市场机制的本质是不同的市场主体以自愿交易的方式实现各自利益的最大化,竞技体育服务产品市场供给的动力,来自营利组织和个人的"经济人"动机[②]。通过市场机制供给竞技体育服务产品,一方面与竞技体育服务产品的性质有关,竞技体育自身的资源如场馆设施,器材有的部分开始实施收费,刺激竞技体育的消费,这部分的竞技体育服务产品就具有排他性特征,这就为市场供给提供了机会。另一方面是社会对竞技体育服务产品的消费需求。随着我国竞技体育的飞速发展,人们的生活水平逐渐提高,人们的需求不仅仅只限制在生理及安全的需求,而且上升到感情与尊重的需求。而竞技体育竞赛结果的不确定性及观赏价值,能极大地满足人的精神生活的需求。对以营利为目的市场组织来说,只要供给某种竞技体育服务产品的收益大于成本,在"经济人"逐利动机的驱使下,市场组织就有足够的动力来供给这种产品,在满足市场需求的同时,来实现企业的利润最大化[③]。

3. 社会组成与市场参与内在联系

竞技体育在社会组织和市场参与条件下,与政府主导有明显的界线。政府

---

① 卢文云. 论竞技体育服务产品的社会供给[J]. 首都体育学院学报,2009,21(1):15-17.
② 卢文云. 论竞技体育服务产品的市场供给[J]. 体育学刊,2008,15(1):46-50.
③ 卢文云. 我国奥运争光类竞技体育服务产品的有效供给研究[J]. 体育科学,2006,26(12):17-79.

主导主要是从国家层面出发对竞技体育进行组织与管理。而社会组织参与与市场参与之间并没有明显的区分,两者在一定条件是可以相互转换,相互渗透的。如在各个小区开设的俱乐部,首先是以营利为目的的,它有市场的机制在里面,而俱乐部的成立及运营就给了民众一个锻炼身体的场所,可以借助教练员的指导去科学的健身,营造一个健康的生活氛围。在健身过程中又可以学到很多体育知识以及更深的去领悟一些体育精神,这都是社会组织所提供的服务。所以说竞技体育的社会组织参与、市场参与在一定条件下是可以相互融合,相互渗透的。

三、竞技体育的社会服务功能

1. 竞技体育与政治

社会与竞技体育最直接的联结方式就是宣扬民族主义和国际主义,运动员都是以国家为单位参加国际竞赛活动的,因此,他们的胜负成败就有着特殊的社会意义。古往今来任何一项活动还没有像体育这样拥有如此广泛的参与者和长久不衰的民众热情。随着现代奥林匹克精神深入人心,亿万人健身强体,发展完善自我的参与意识,从来没有像今天这样强烈。各种体育比赛,能培养人们的顽强意志,竞争创新意识,协作精神,奋进拼搏精神,以及责任心,使命感和爱国心,并因此产生巨大的凝聚力、吸引力和感召力。

由于竞技体育具有上述的社会功能,往往被视为国家形象,国家力量的显示。一些国家常常将竞技体育作为增强民族凝聚力激发爱国热情,促进社会团结的一种政治途径;作为提高国家民族的国际声望,扩大国际影响,促进国际交往的一种政治手段,因而受到了相当的重视。

2. 竞技体育与经济

竞技体育对经济的发展有着直接的驱动,竞技体育项目的投资,比赛场馆的建设及管理,运动员的培养等都是竞技体育的内需。而竞技体育竞赛期间的门票,设备、赞助、赛事转播等都构成了竞技体育对外经济的直接动力。更有一些潜在的经济驱动,如体育博彩等。以2008年北京奥运会为例,北京市统计局报告显示直接投资1386.97亿元,间接投资1438.3亿元,门票收入约为1.4亿美元,特许经营收入约7000万美元;2008年北京奥运会各类体育器材、设备用品等价值接近1.7亿元;赛时电视转播、住宿、交通、医疗、餐饮等服务支出50.92亿元;奥运会的体育彩票为奥运筹集公益金约106亿元,上缴中央财政约53亿元。在2005至2008年的"奥运投入期"内,北京市的GDP年均增速达到11.8%。由此可见,承办竞技体育比赛带来的经济驱动效果是显而易见的。

3. 竞技体育与文化

人是一种文化的存在,体育对人而言不仅是"身"的需要,而且也是"心"的价值和意义的追求。体育作为人的一种对象化的活动,承载着人对于自身自然、客观自然以及人化自然(社会)的体认、改造和思考。竞技体育不仅是对金牌的竞争,更是对文化的竞争,它体现了体育运动对人的精神教化,更体现了人的文化属性和体育的文化功能[①]。人文精神是以建立一种平等、和谐、互利、合作的关系为目标,化解人与人之间的矛盾冲突,强调以人为本,重视人的全面发展的精神。竞技体育要弘扬人文精神,树立运动员的主体意识,坚持在竞技体育中"以人为本",确保竞技体育始终为人的全面健康发展服务。在竞技体育运动中,首先应该满足人的身心健康要求,通过人文精神的回归,重视人的全面发展,提高竞技体育参与主体的权利意识;在竞技体育参与主体之间建立平等、和谐、互利与合作的关系,使竞技体育的发展保持正确的价值方向,让竞技体育回归其本质。

4. 竞技体育与教育

体育作为教育的一部分,其重要功能之一就是教育,而竞技体育也同样具有此功能。第一,竞技体育可以培养人的意志品质。对抗是竞技的一个重要特征,在对抗的过程中,运动员除了技战术之外还需有坚强的意志品质,有了坚强的意志品质和不可摧垮的意志才能与对方抗衡。第二,非凡的勇气是运动员必备的素质,特别是在实战中,勇气是获胜的关键。在训练中要加强对运动员胆魄的专门训练,拥有过人的胆魄则为进一步发挥竞技水平提供了条件。第三,随着竞技体育的发展,运动员的竞争意识也日趋明显。赛场上的竞争是社会竞争的一个缩影,运动员要想取得优异的成绩,必然要参与到竞争中去。这些都需要竞争意识和提高自身能力,巧妙运用技战术去战胜对手。这种竞争意识对运动员的日常生活有着潜移默化的影响。现代竞技体育的教育功能已不仅仅是增强体质,而是需要培养终身体育的习惯,以适应社会的需要。

5. 结束语

竞技体育所表现出来的公共属性、非公共属性及服务功能之间存在着一定的必然联系。作为一个社会人,我们不仅需要被满足健康、教育以及文化等这些基本的公共服务,而且也需要团结人民,激发爱国热情,增强民族凝聚力等政治的需求。而且对于个人特殊的需求消费及爱好都需要通过其非公共属性来满足。所以说竞技体育的公共属性,非公共属性及服务属性是相互融合,相互促进,不可分割的关系。在发展过程中我们要努力去实现竞技体育的最大效益。

[①] 李玲,沈洪钧,薛俊:谨防我国竞技体育文化的迷失[J].惠州学院学报,2010,30(6):104-109.

第三节 竞技体育具备公共服务的基本特征

建国 60 余年来,由于受"举国体制"和"金牌战略"的催化作用,我国竞技体育与体育公共服务的发展速度呈现出明显的"超前与滞后"现象。公共服务的基本功能是满足社会公众公共利益的多种需求,公共服务的质和量能否得到保障是衡量公共服务功能水平发挥的重要标准。按照国外学界对"竞技体育"的解读,竞技体育不仅是少数运动精英的表演,即精英体育,其更应该具有普世效应,成为社会公众共同参与的群众性体育活动[①]。当前,国内学术界对竞技体育的功能设定也有向此倾斜的趋势。竞技体育和公共服务作为新世纪我国公共事业发展的两大板块,二者之间的发展矛盾虽是逻辑必然,但也并非不可调和。

首先,在当前全球发展一体化与复杂化相互交融的大背景下,竞技体育和公共服务的发展水平从不同方面展示了国家形象(如国家有关法律对国旗、国徽使用场合和途径的严格规定,从法理上确认了竞技体育独有的国家主权宣示和民族精神凝聚功能。)。这也是竞技体育在体制内赖以生存的动力之源,现阶段,该社会功能非但不应削弱,反而应持续强化。

其次,公共服务对政府合法性和治理有效性的评判功能已被公认,以此为目的设定,各类社会组织和社会事业竞相参与,实现手段上开始有了多样选择。与其他体育发展领域相比较,竞技体育以自我展示、审美满足、团队协作、榜样示范、公平竞争等价值观为前提,结合其手段方法对群众体育、学校体育影响渗透,形成了相对完备的理论体系和实践体系,为竞技体育公共服务职能的发挥奠定了坚实的方法论基础,完全可以作为体育公共服务的提供主体进行确认。

最后,从公共服务的属性限制来讲,竞技体育也具备明显的公共服务特征。具体体现在:我国竞技体育主要是以公共财政为物质保障、以公众参与(观赏)为目的、以社会动员为人才补充模式发展起来的,竞技体育公共服务(产品)符合公共服务(产品)非排他性、非竞争性的属性要求。从这个意义上来说,竞技体育的公共服务功能不一定是公共服务提供主体预先定位的,而是通过竞技体育主动向公共服务靠拢,在服务公众的实践中不断调整最终形成的。正是竞技体育的精彩性和影响力,丰富了社会公众的精神生活,最大限度地保障了体育娱乐的质和量,真实地体现了竞技体育的公共服务属性。

---

① 任海."竞技运动"还是"精英运动":对我国"竞技运动"概念的质疑[J].南京体育学院学报(社会科学版),2011,25(6):1-6.

第四节 竞技体育与体育公共服务的种属关系

从逻辑学角度出发,参考国内关于体育公共服务的现有研究结论,可以在概念外延关系上得出:首先,如果把"公共服务"作为一个上位概念——"属"进行表述,由"体育+公共服务"构词形成的"体育公共服务"成为包含于"公共服务"的"种","体育公共服务"与"公共服务"之间有着必然的种属关系;其次,如果把"体育公共服务"作为一个上位概念——"属"进行表述,"竞技体育公共服务"则与"社会体育公共服务""体育文化公共服务""体育产业公共服务"一道构成了包含于"体育公共服务"的"种"。此时,"竞技体育公共服务"与"体育公共服务"之间又形成了种属关系;"公共服务——体育公共服务——竞技体育公共服务"的线性关系已经明了。

需要指出的是,上述对于相关概念外延的界定,不是一种简单的文字组合,更是一种对于前沿问题积极探索的有益尝试。正是以此为基础,国内学界才逐渐形成了初步的体育公共服务基本概念、供给主体、服务(产品)形式、服务体系、实施路径的理论框架。而就我国体育公共服务理论研究和实践操作的整体现状看,竞技体育虽然对社会体育、体育文化、体育产业等具有极强的渗透和统摄能力,竞技体育服务(产品)的公共服务价值和公共服务功能在全球范围内得到广泛认同,但国内大多学者仅把竞技体育公共服务作为体育公共服务的下位概念进行设定,竞技体育公共服务更多是以体育公共服务的受体形式存在。

目前,竞技体育与体育公共服务关联度日益紧密,无论从社会公众基本精神需求和发展的主观要件看,还是从发展动力以及运行机制上的客观要件看,竞技体育都已具备了公共服务的属性特征,具有了为社会公众直接提供公共服务的功能。从这个角度来说,竞技体育属于公共服务,竞技体育与体育公共服务之间存在着明确的"种属"关系。在社会公众广泛关注、市场主体积极参与、现代媒体技术全面介入的前提下,竞技体育应主动进入公共服务领域,利用政府、市场、社会等多元服务提供主体,构建体育公共服务新模式:以纯公共服务产品和准公共服务产品等方式,涵盖基本型、发展性、享受型等体育公共服务类型,以产品制造、作品创造、活动组织为基本手段,不断拓展体育公共服务的内涵和外延。

第七章　竞技体育公共服务的内涵、特征、类型

当前学术界已经形成了体育公共服务或公共体育服务的理论研究群体。学者们从不同视角肯定了体育公共服务或公共体育服务存在的现实意义,探究了竞技体育的属性:竞技体育在自身发展历程中,不仅发挥了其特有的本体功能、提供了带有公共性的竞技体育产品、展现其独有的文化价值,还在历史进程中为公共服务的发展提供了精神、物质、文化等资源,表现了公共服务的职能。那么,竞技体育作为体育的重要组成部分,将竞技体育公共服务放置于体育公共服务或公共体育服务中也就再不显突兀。

在探究竞技体育公共服务前,首先要梳理体育公共服务的相关概念。范东云从语言学构词规则上定义体育公共服务,刘艳丽等从产品属性的视角定义体育公共服务,闽健从组织视角出发定义公共体育服务,肖林鹏等通过解构"公共服务"一词来明确对公共体育服务的定义。它们皆是由政府直接或间接供给,来满足社会成员的体育需要而进行产品和服务供给的社会过程,其满足以下几个方面:第一,体育公共服务(或称公共体育服务)必须是政府、市场、社会的三元供给;第二,其服务对象就是广大民众,必须本着以人为本的宗旨为人民服务;第三,其目的是实现公共利益,必须将服务的重心集中在满足公众体育需求上;第四,其领域必定与民众密切相关,其服务的范围既可以是物质形态产品,也可以是非物质形态产品;第五,体育公共服务的实施,必须满足其行为实现的非竞争性、非排他性、公益性、广泛性、多元性、便利性等。

从公共体育服务与体育公共服务的概念界定中可以看出,他们的内涵是一样的,竞技体育公共服务的概念也能够从体育公共服务的概念中推演出来。不论是竞技体育公共服务还是公共竞技体育服务,其在内涵理解上都是统一的,也可以将竞技体育公共服务、公共竞技体育服务两词互通、互换,不用去苛责词

语构成的结构性。

第一节 竞技体育公共服务的内涵

目前学术界还没有对竞技体育公共服务(亦称公共竞技体育服务)一词下定义,从对公共服务、体育公共服务的定义中可以演绎出竞技体育公共服务的基本内涵必然包括竞技体育公共服务的供给主体、服务目的、服务对象、服务领域等。对"竞技体育公共服务"的概念就能理解为:指以体育政府部门为主提供的,并可以利用市场和社会的补充途径,以满足全体公民的竞技体育文化欣赏、竞技体育文化教育、竞技体育文化交流等基本需求为目的,向公民提供以竞技体育为内容的公共文化产品与服务的制度和系统的总称,包括竞技体育的文化、设施、资源服务内容,以及人才、资金、技术和政策保障机制等方面内容。其内涵分述为以下几个方面:

一、服务的提供主体主要是政府

范东云提出:竞技体育是一种社会公共需要;竞技体育符合公共产品的两个特性(即非排他性和非竞争性);竞技体育在我国主要是纯公共产品。竞技体育作为体育公共服务的事物范畴领域之一,也应由政府来直接或间接供给,做好竞技体育社会公共服务的导航者与实施者,实现间接或直接的满足公众的体育需求。政府是竞技体育公共服务的组织实施主体,对竞技体育公共服务有最终责任。竞技体育公共服务可以由政府直接提供,也可以委托或者授权其他组织提供竞技体育公共服务。卢文云曾对竞技体育产品的供给方做过明确说明:"市场供给竞技体育产品会失灵",还指出应该由政府来供给,这无疑说明了竞技体育公共服务的政府供给重要性。

二、服务的目的是直接体现公众利益

在国家引领下,竞技体育公共服务要以群众受益为工作的出发点和落脚点,满足群众体育需求,真情关心、真正爱护、真诚服务人民群众。竞技体育公共服务有别于竞技体育公共产品,它是以公共利益为基本的判定标准。尽管有些竞技体育公共产品或服务本身具有属性限制,但是竞技体育公共服务不会因竞技体育公共产品或服务的属性限制而受到阻碍。

三、服务的领域与群众生活密切相关

只有把竞技体育公共服务放置于群众生活中,让群众切身参与到活动中来,竞技体育公共服务才能实现有效利用,才能真正做到竞技体育公共服务的供给与需求之间的有效传递。早在2008年中国共产党新闻网就将公共文化服务体系定位成面向大众的公益性文化服务体系。竞技体育公共服务的建立也要遵循公共文化服务体系的建立,也要本着为社会大众、为基层服务的宗旨。具体做法诸如,鼓励体育明星进社区指导社区居民竞赛、锻炼等,鼓励体育明星送体育文化等下乡,拉近塔尖竞技体育资源与民众的距离。

第二节　竞技体育公共服务的特征

一、竞技体育公共服务具有社会性

竞技体育公共服务是一种集体行动的结果,它由市场、政府、社会公共提供、面向整个社会,以期某一群体、集团或整个社会达成一定程度的共识。

二、竞技体育公共服务具有公共性

竞技体育公共服务体所面向的是所有群众,竞技体育公共服务不是以服务特定个人而存在的。它不单单是为居民提供进行大众体育活动所需要的必要条件和基本保障,还是通过各种途径,来吸引、鼓励居民参与的重要驱动。

三、竞技体育公共服务具有公平性

以奥运会为例,奥运会为群众所提供的竞技体育的视觉与精神的享受,它不会因国家、肤色、职业、性别、民族等使人们受到歧视,不以群众的贫富、职业等为差异为由而排斥任何一位公民。任何公民都享有行使政府为之直接或间接提供的体育服务的权利。

四、竞技体育公共服务具有层次性

竞技体育公共服务对民众产生的效应具有全局性与局部性的差别。比如,全国性或国际性竞技体育为民众提供的竞技体育公共服务而产生的效应就有全局性,它能够产生全面覆盖全局的体育信息服务等;局部性的竞技体育公共服务对民众的影响具有地域性,诸如在为居民普及体育项目的同时,各地政府官员会结合当地遗留下来的项目,产生地区特色。

五、竞技体育公共服务具有动态性

竞技体育公共服务不是一成不变的,要充分考虑民众所处的现实环境,比如居住的地理位置、周边环境、生活条件等,结合本地特色项目更简便、易行。竞技体育公共服务还会随着时间、经济、社会等进步,逐渐改变,它还能够带动体育场馆建设、推动体育文化传播、最终促进体育事业的发展。

六、竞技体育公共服务具有非竞争性、非排他性

这是竞技体育公共服务的产品属性。竞技体育公共服务的受体之间不用相互竞争去享受竞技体育公共服务提供的福利,也不用相互排斥对方。

七、竞技体育公共服务具有一定的特殊性

竞技体育公共服务与体育公共服务相比还有一定的特殊性:首先,竞技体育公共服务的提供必须在竞技体育有能力提供体育公共服务的前提下对群众体育需求服务;其次,竞技体育公共服务提供的产品、服务与竞技体育本身密切相关;再者,在竞技体育超前发展与公共服务发展的条件下,竞技体育公共服务的提供要尽可能的起到先锋兵作用,"反哺"体育公共服务的发展,"反哺"群众体育和学校体育的发展。

第三节 竞技体育公共服务的类型

一、按竞技体育公共服务的供给类型分类

可以将竞技体育公共服务分为竞技体育基本公共服务(也可以称为竞技体育纯公共服务)、竞技体育准公共服务。竞技体育基本公共服务具有非竞争性和非排他性,竞技体育基本公共服务的供给多数是由政府提供,诸如专业竞技体育的经营管理、竞技体育公共设施的相关建设、政策制定、竞技体育法律法规完善等。竞技体育准公共服务多数是由社会组织、市场组织提供,诸如职业竞技体育的经营管理、业余竞技体育公共服务的经营管理、一般设施建设、竞技体育活动的指导培训等。社会组织与市场组织更多更有效利用市场与社会资源提供竞技体育准公共服务。

二、按竞技体育公共服务的需求类型分类

从竞技体育公共服务的需求方式来看,可以分为公众提供欣赏型的竞技体育公共服务(如为公众提供各种体育比赛、体育表演,以及与体育相关的各类体育影视录像以及展览等)、实物型竞技体育公共服务(如为公众提供各类直接参与到体育运动中的运动服装、器材等的体育实物资料等)、参与型的竞技体育公共服务(参与到竞技体育活动比赛中,诸如优秀运动员的下乡活动、政府提供的免费竞技体育活动、大型赛事举办时的竞技体育活动推广等)。

第四节 全民健身视角下的竞技体育公共服务

随着我国政府职能的不断深化、行政管理体制改革的不断推进以及构建和

谐社会重大战略任务的提出,公共服务逐渐成为人们关注的话题之一。2014年3月第十二届全国人民代表大会第二次会议和政协第十二届全国委员会在京召开,中共中央政治局常委、国务院副总理张高丽指出,"近年来,我国体育、医药卫生事业蓬勃发展,人民群众的身体素质和健康水平不断提高。我们要以建设体育强国为目标,提高体育公共服务水平,推动竞技体育可持续发展,加快体育事业发展,进一步提高全民族身体素质"。当前,体育公共服务水平的高低已经成为衡量一个国家是否迈入体育强国的软标准,我国的体育公共服务水平也在逐年提升中,其中竞技体育公共服务的可持续发展与全民健身的相互促进、相互影响成为体育公共服务发展水平的重要支撑和推动我国体育事业发展的有效力量。

一、全民健身与竞技体育公共服务的关系

全民健身又称"群众体育""社会体育"等,是指以社会全体成员为主体,以增强体质、丰富余暇生活、调节社会情感为目的,形式多样的体育活动,同时也是增进广大群众身心健康的重要手段和实现人自身和谐发展的必要条件。它是竞技体育社会化的基层信息反馈和竞技体育公共服务的核心目标。

1. 全民健身是竞技体育社会化发展的诉求表达

竞技项目的大众化程度,现已成为竞技体育公共服务发展的一项重要检测指标。面对人们日益增长的多元化健身服务需求,竞技体育发挥着自身的强大魅力,为全民健身活动的开展提供丰富的资源,不断满足公众的体育需求,使之达到身心愉悦的目的。而大众参与全民健身活动则为竞技体育实现社会化积累了广泛的群众基础,反之在竞技体育社会化过程中公众则以参与全民健身的方式来表达其对竞技体育的诉求。以2008年北京奥运会为例,当时的国际奥委会电视转播与市场服务部主任蒂莫·拉姆在新闻发布会上以一家收视调查机构的数据说明了此届奥运会的成功转播,北京奥运会开幕式国内收视率创下国内收视调查以来电视收视率最高纪录,有8.42亿观众通过电视收看开幕式直播。据不完全统计,此次奥运会开幕式全球范围内的收视数字为12亿[1]。公众以收看观赏高水平竞技体育为表达方式表明其对竞技体育的迫切需求,也成为竞技体育公共服务发展的有效指向标之一。同时由于现代人的工作和生活

---

[1] 北京奥运会节目收视率让人"吓一跳"[EB/OL](2008-08-20)[2014-5-29]. http://politics.people.com.cn/GB/14562/7697253.html.

压力过大，人们普遍希望在工作、学习之余通过体育运动来释放压力，享受闲暇娱乐。如42.195公里的马拉松，就吸引了众多普通大众参与其中，参与人数逐年上升，一年举办50余场依然供不应求，参赛名额与报名人数已经形成了供需矛盾。大众以参与群众体育的方式来调节身心，这种强烈需求成为竞技体育社会化发展的重要因素之一，而竞技体育公共服务就承担起为竞技体育保驾护航的重要角色。

2. 全民健身是竞技体育公共服务的核心目标

高水平竞技体育具有激烈的竞赛性和对抗性，是人类追求更高、更强、更远，不断挑战和突破极限的运动，它不同于普通大众以健身娱乐为目的的一般竞技运动。但在社会不断发展的今天，公众喜闻乐见的是竞技体育迈进了新阶段，开始应用于全民健身的普及工程，指导全民健身稳固发展。竞技体育不再单纯针对高水平运动员、教练员等，渐渐涵盖普通民众，他们在观赏的同时，也可以进行自我实践。此时竞技体育公共服务成为竞技体育引领和反哺全民健身的渠道，而全民健身则成为竞技体育公共服务向前发展的核心目标。一方面，我国目前体育发展重心仍偏向竞技体育，在健身体育方面仍有所欠缺，在科学健身方面还有很多空白，因而要充分开发并调动竞技体育公共服务的能力，有效利用竞技体育先进的科学训练方法、专业技术指导人员、前沿的体育信息和专业场地器材等众多优势资源，来完善和指导全民健身健康发展。另一方面，发展体育运动的最终目的就是使国民体质得以增强，民族力量得以凝聚，社会得以发展。全民健身是社会发展的生产力，也是最直接和最有效的推动力，因而竞技体育公共服务最终要服务全民健身，服务社会大众。在我国，竞技体育毕竟是针对一小部分人，在以人为本，以民为本的现今社会中，全民健身才是长远目标。只有将全民健身作为竞技体育公共服务的核心发展目标，利用竞技体育自身优势反哺全民健身，体育公共服务才能更好更快的发展。

3. 竞技体育公共服务引导全民健身发展

全民健身是体育公共服务的基本内容，是突显体育事业公共性的着力点，近些年，国家进一步加大了有关在全民健身方面的投入和推行全民健身计划实施的力度，不断建设满足公民基本需求的体育场地设施、免费开放学校场馆、培训体育健身指导员、组织群众社区体育活动、供应体育文化产品等。而竞技体育公共服务也是我国体育公共服务体系中的重要一项，为全民健身发展起到必不可少的指路标作用。

(1) 目标引导

新中国成立以来,竞技体育作为举国体制发展的对象,承担了在政治、经济、文化和外交等多个方面为国争光的重任,满足了我国民众在体育上的精神需求。同时竞技体育日益成为具有影响力的社会文化活动,它不断地利用自身优势融入社会的发展中,形成社会参与竞技体育,竞技体育服务社会的发展局面。它作为满足参与者需求的工具,在改善人们的生活方式,进行社会交往,树立社会新风等方面的作用是不可或缺的[1]。现今,竞技体育应坚持走社会化、科学化、产业化、国际化的可持续发展道路[2],引导全民健身健康全面发展。竞技体育公共服务应不断加强自身发展建设,利用优秀资源为全民健身的发展创造有利条件,让竞技体育公共服务与全民健身一起努力实现为人民服务,促使社会进步的最终目标。

(2) 健身引导

1995年国务院颁布的《全民健身计划纲要》实施20多年以来,参加体育锻炼的人数明显增加。随着社会机械化、信息化生产水平不断提高,人们的工作效率大幅度提升,有更多的闲暇时间直接或间接地参加体育锻炼。健身不只是指一般意义上的参加锻炼,它需要科学正确的健身方法,才能达到增强体质的目的,否则有可能适得其反。竞技体育系统、完整的科学锻炼方法和专业的技术教练成为指导全民健身的坚实力量和有效手段。例如在运动训练中经常使用的循环、间歇、重复和比赛等方法,健身指导员或参加锻炼的民众通过对这些方法进行适当的调整或改变,使之成为适用于普通人群的锻炼方法,现已经被广泛应用在群众的锻炼活动中,成为公众强健身心不可缺少的工具。

(3) 内容引导

随着社会经济的不断发展,公民不再局限于饭后去公园散步等较为闲散的锻炼方式,一部分人开始选择羽毛球、乒乓球、篮球、网球等易于开展的、具有刺激性的竞技项目进行健身,以增加体育锻炼的娱乐性和趣味性。近年来盛行的滑雪运动便是如此。纯竞技滑雪具有鲜明的竞争性、专项性,相关条件要求严格,非一般人所能具备和适应。但由于其具有惊险、刺激、优美、动感强、魅力大

---

[1] 任海."竞技运动"还是"精英运动":对我国"竞技运动"概念的质疑[J].南京体育学院学报(社会科学版),2011,25(6):1-6.

[2] 肖林鹏.中国竞技体育资源调控与可持续发展[D].北京:北京体育大学,2003.

的特点,吸引了很多普通民众尝试体验。旅游滑雪则满足了一般民众娱乐、健身的需求,男女老幼均可在雪场上轻松滑行,极大地促进了人们参与竞技体育的积极性。同时现推行的体育项目中,绝大多数也都是竞技性项目,所以公民在开展健身活动时,会结合已有场地、器材、健身指导员等服务条件,优先选择竞技运动项目。甚至还有部分公众因喜爱某个竞技体育明星而有选择性地开展某项运动、关注某项体育运动及其相关的信息等。

二、结语

全民健身需要竞技体育公共服务,竞技体育公共服务引导全民健身。现在我国体育公共服务的制度性建设还不够完善,竞技体育公共服务的实施过程还相对薄弱。实现我国体育强国的梦想,需要政府在体育强国目标的指引下,不断加强竞技体育公共服务的制度建设,切实维护公众的基本体育权益,全方位、多层次的满足公民的体育健身需求。在全民健身中充分发挥竞技体育公共服务的引导示范作用,以竞技体育先进的专业技术和前沿的科学健身信息等促进全民健身稳步发展,加快实现竞技体育公共服务服务于全民健身的核心目标。同时竞技体育公共服务作为体育公共服务的重要组成部分,要不断更新观念,不断强化自身发展,以更加多元化、科学化和前沿化的发展理念,和全民健身共同承担起造福社会的重任,逐步实现体育公共服务基层化、广泛化和均等覆盖化发展。

第八章 竞技体育公共服务的多样需求与多元供给

第一节 竞技体育公共服务产品的主体需求多样化

竞技体育公共服务产品是指为满足社会大众竞技体育服务产品需求,由政府及其他供给主体,通过多种途径,提供的具有公共服务性质的竞技体育产品的总和。改革开放以来,伴随我国经济社会和文化的持续发展,人民群众的物质和精神生活水平显著提升,公众对物质和精神文化的需求日益多样。具体到竞技体育公共服务产品方面,公众的需求也在不断发生着变化,需求日益多样化。准确把握竞技体育公共服务产品的多样化需求,有利于各供给主体更好地提供能够满足公众多样化需求的公共服务产品。

一、竞技体育公共服务产品需求的分类

对竞技体育产品的需求有国家层面的需求、社会层面的需求、公民个人层面的需求,不同层面的需求共同为竞技体育的发展提供了存在的合理性。其中,个人层级的需求主要包括参与需求、欣赏需求、精神需求和信息需求,人们通过消费产品获得"享受"和"发展"的资本。由于公共服务的对象主要是社会公众,因此,我们主要侧重于探讨社会公众对竞技体育服务产品的需求。以此为基础,根据竞赛类型对竞技体育公共服务产品进行分类:一类是精英竞技体育公共服务产品,一类是群众性竞技体育服务产品。

1. 精英竞技体育公共服务产品的需求

基于精英竞技体育的特殊性,人们对其产品的需求主要表现在欣赏层面以及由欣赏层面延伸出来的享受、发展的需求。欣赏性的体育产品给消费者带来两方面的效应:一方面是消费时的即时满足和快乐;另一方面是关于体育知识的积累和增长[①]。具体体现在人们观看体育赛事时,比赛所呈现出来的精彩场

---

① 何斌.中国职业篮球竞赛市场需求的研究[J].体育科学,2007,27(8):86-95.

面,首先可以带给人们视觉的冲击和愉悦的精神享受,自我情感随着比赛的激烈进行而尽情释放。运动员的形象,尤其是获得荣誉的运动员,人们以他们为榜样、偶像,成为自己的一种精神寄托和奋斗目标,激发自己参与体育锻炼的兴趣。竞技体育赛事的成功举办为国家和城市做出宣传,运动员的参与,尤其是运动员获得冠军时赛场奏国歌升国旗,对于国家荣誉感和民族自豪感的需求,在无形中激发了人们的爱国热情。从社会层面需求来看,竞技体育赛事的举办推动了社会经济发展,人们可以从中增加自身的就业机会,扩大收入,同时形成良好的生活文化氛围,改善着住环境,提高自身生活质量。基于对精英竞技体育的关注,观众有获得运动员、教练员、竞赛等方面信息的需求,这些信息需求的满足,可以有效提升公众对精英竞技体育的参与质量,也有利于提升公众体育知识的积累。

2. 群众性竞技体育服务产品的需求

除了欣赏竞技体育比赛外,人们对竞技体育公共服务产品的需求更多体现在积极利用余暇时间参与群众性竞技体育活动。这不仅有利于放松身心、培养对体育的浓厚兴趣,而且为人们提供人际交往关系平台、扩大社会交际圈,满足社会交往的需求。我国由基层政府部门、街道办组织的群众性竞技体育活动和人们自发组织的运动项目比赛是群众性竞技体育赛事的典型代表。前者是具有政府性质的体育竞赛,是政府用以普及全民健身、提高群众体育参与度的重要手段,而后者即是"草根"体育,人们因共同的体育兴趣爱好自发组织队伍,并由一定的中介机构为运动团队间定期举办比赛进行组织、联络,草根体育的盛行极大满足了普通体育爱好者参与体育比赛的愿望。

二、竞技体育公共服务产品需求多样化的表现

不同时期的社会文化背景、经济发展水平以及国家的相关政策都会直接或间接地影响到人们对体育产品的需求变化,随着人们自身心理的逐渐成熟,个性需求得以张扬,呈现多样化、差异化特征,对竞技体育公共服务产品供给的不同层面提出了更多样的要求。

1. 需求质量日益提升

随着社会经济快速发展,社会公众物质生活和精神生活不断丰富,对于竞技体育公共服务产品质量要求越来越高,需求层次也日益提升。对于观赏性竞技体育服务产品,作为个体消费者,人们考虑自身的时间成本和价值成本,比赛质量是影响他们消费需求最为重要的因素。比赛质量包括比赛的诚信、运动员的技术战术水平、职业精神和比赛结果的预期。以我国本土职业竞技体育改革先行的足球联赛为例,经过20余年发展,无论是场地设施、球星数量、比赛水平,还是赛事规范、职业道德、观赛媒介,都在曲折发展过程中得以逐步改观。

作为俱乐部团队生产的产品,应该以优质的产品质量来打动消费者①。

1994年中国足球甲级联赛揭幕,中国足球正式向职业化和市场化运作方向发展,联赛第一次允许引进外籍教练和运动员,虽然国家队成绩欠佳,观众欣赏途径缺乏,但国内火爆的球市,唤起了中国足球巨大的潜在市场。当年赛场观众上座率骤升,甲A联赛的132场比赛观众总数达到了217.8万人次②,1996年甲A联赛观众总数达到了320.85万人次,仅足协杯单场比赛就曾创造了6万观众人数的记录③。随着大众传媒的发展,世界杯、欧洲杯、NBA、欧洲足球五大联赛、欧冠等精彩赛事纷纷登录电子媒体和网络媒体,观众的眼界越来越开阔,随之也对国内比赛的质量提出了更高要求。我国足球职业联赛中出现的假球黑哨现象一度严重影响了中国球市的发展,经过近几年的反赌扫黑风暴,赛事环境得到一定净化,各俱乐部加大投资,引进大牌明星,都给球市回暖带来极大推动作用。期间以迅速崛起的广州恒大队最为典型,除了联赛四连冠外还勇夺亚洲冠军联赛冠军,俱乐部相对职业化的运作流程、注重社会公益的企业文化、体育与健康相融合的产品定位等,为俱乐部社会形象和竞争实力的提升奠定良性发展基础。该效应引起北京国安、山东鲁能、上海申花等俱乐部跟进效仿,为国内职业联赛质量的提高起到了显著效果。2013赛季中超联赛场均上座达1.86万人,整个赛季一共有3.6亿人次观看中超联赛电视直播,比2012年上涨90%④。这说明比赛质量与观众数量有着密切联系。作为消费者,有需求才会选择观看比赛,观众消费者数量的增加正是对高质量竞技体育产品需求增长的表现。

2. 需求结构日益调整

我国历来重视竞技体育,新中国成立之初的竞技体育基本上由政府的体育行政部门进行直接兴办和管理,计划经济体制下竞技体育的发展,尤其是奥运战略的提出,举全国之力,使得竞技体育超前于群众体育快速发展。国家在竞技体育发展方面巨大的投入背后,是公众对于竞技体育的关注度主要集中在竞技体育比赛结果,崇尚金牌第一,满足国家和地方的荣誉感。但随着我国社会经济的发展和人们物质生活水平的不断满足,人们不断追求精神生活的质量,

---

① 王景波,梁殿乙.试论我国职业足球联赛比赛质量的改进[J].山东体育学院学报,2006,22(5):88-90.

② 中国足协.1994年联赛技术报告[R].1995.

③ 唐峰.中国足球管理体制改革的理论研究[D].北京:北京体育大学,2006.

④ 中国足球三天进账3.16亿逼近去年3.7亿赞助额[EB/OL].(2014-02-21)[2015-03-27]. http://sports.people.com.cn/n/2014/0221/c22176-24429559.html.

公众从最初的欣赏层面,满足视觉需求,逐步向参与体验的要求发展。"以奥运奖牌和大型赛事简单愉悦公众的时代已经远去,以服务体系建设和亲民活动直接服务公众的时代已经到来。"[①]人们不再局限于对精英竞技体育产品的欣赏,对参与性更强的群众性竞技体育活动产品表现出越来越强烈的需求。在这种氛围下,竞技运动注定要改变之前的发展模式,回归人们的日常生活,为人们的健康和愉悦服务。此外,随着互联网等新媒体的发展,公众对竞技体育公共服务产品相关信息(如运动员、教练员、运动队和竞赛的相关信息,甚至包括更深层次的"内幕"信息)获取的便捷性和丰富性也提出了更高的要求。

社会公众对竞技体育服务产品的需求层次以需求动机为切入点,从最初少量产品供给、单纯的满足基本感官和国家、地方情感层面的需求,向着发展、享受层面的需求提升。不同的人对同样一件商品有不同的需求层次,即使同一个人对同一件商品的要求也是不断变化的。当前快速的生活节奏使人们不断寻求释放身心的方式,越来越重视生活品位,观众观看各种竞赛活动目的不再仅仅是满足欣赏层次的需求,竞技体育服务产品的相关信息、比赛环境、赛场安全、休闲娱乐等相关服务内容也越来越受到人们关注,不变的服务供给方式自然不能满足公众多变的需求。近年来,社会公众对竞技体育服务产品的需求结构不断调整,从单一的欣赏和国家(地方)情感等精神方面需求向精神和体验需求并存,并且向体验需求所占比重越来越大的方向发展。这需要政府部门充分寻求竞技体育和群众体育的契合点,开发更多的适合公众参与的群众性竞技体育公共服务产品。

3. 需求主体日益扩大

随着社会发展,原本较为单一、同质性较高的社会格局已经被不断分化的、多种阶层并存的现状所取代,阶层需求的多样化促使更多主体的介入。人们生活水平的显著提高、体育人口的增加、城乡界限的模糊,使得对竞技体育公共服务产品的需求范围不断扩大,不仅表现在主体范围本身的扩大,同一个体的需求程度也在扩大。

竞技体育公共服务产品的需求主体即是受众人群,需求主体范围的扩大即是受众人群的增加。新中国成立后很长一段时期内,受当时经济、文化条件限制,受众接触最多的是广播,其次是报纸,接触电视的人非常少。因此,当时能够观赏精英竞技体育公共服务产品的公众数量有限,严重影响了需求主体队伍的扩大。由于少量的电视机用户主要集中在城市,农村居民对竞技体育知之甚

---

① 钟文.关于体育改革向纵深推进的思考之一:敞开心胸办体育[N].人民日报,2014-01-06(15).

少,这也造成精英竞技体育观赏需求主体主要集中在城市。从电视机拥有数量的增加到不断普及直至饱和,加上网络媒体终端的催化作用,观众范围的急剧扩张,观看比赛的人数迅猛增加。根据国际奥委会的官方统计,观看悉尼奥运会的电视观众达到 36 亿人次,观看雅典奥运会比赛有接近 40 亿人次的观众[①]。而根据全球知名媒介和资讯机构尼尔森在全球 37 个国家和地区所收集的数据表明,北京奥运会的收视观众达到了 47 亿人,约占全球人口的 70%[②]。可以说,现代竞技体育的急速发展以及能够提供更加直观观赏条件的电视普及,与人们对竞技体育关注度的提高有着密切关系。近年来,互联网等新媒体的发展,又将公众对精英竞技体育的关注度上升到一个新的层面。动机收看比赛、赛事的媒体受众、现场观众都属于竞技体育服务产品的需求主体,人数不断增加,使得精英竞技体育公共服务产品需求主体队伍不断扩大,主体的扩大不仅体现在人数的增加,还体现在人群的种类上。一个典型的现象是,不仅城市居民对竞技体育观赏的需求日益提升,越来越多的农村居民开始关注竞技体育产品,萌生了相关需求。随着全民健身计划的推进,能够满足公众体验式参与的、灵活多样的群众性竞技体育活动吸引着越来越多的体育爱好者参与,需求主体亦逐步扩大。电视与互联网的普及,以及其他新媒体的发展,使人们获取信息更加便捷,竞技体育信息需求的主体数量空前壮大。

基于需求主体日益扩大,不同主体之间需求的差异性必然会引起需求日益多样化。同时,同一主体需求程度也在不断地发展变化中,需求个体会根据自身生活水平的改善,提高自身对于竞技体育服务产品需求的程度,根据需求的阶段发展理论,人们在满足单一需求后就会产生新的需求,这就需要日益多样化的产品供给去进行满足。

4. 需求内容日益多元

社会各阶层由于自身经济地位、文化素质、价值观念等差异,表现出对竞技体育公共服务产品需求内容的差异化和多元化。在需求主体日益扩大的背景下,人们的需求内容也越来越丰富。最初人们经常接触并且能够参与的项目,大多是在我国比较普及或水平领先的,比如乒乓球、羽毛球。随着大众传媒的迅速崛起,各种赛事的及时播报,包括电视观众、现场观众、网络受众的特殊欣赏需要不断得到满足,一些之前人们很少关注的竞赛项目,如冬奥会中的冰壶,在不断的发展中逐步进入人们的视野。国内近年兴起的运动项目如高尔夫、瑜

---

① 卢文云.我国竞技体育服务产品的有效供给研究[D].北京:北京体育大学,2006.
② 陆文军.北京奥运会创电视收视史新纪录:全球观众达 47 亿人[N].渤海早报,2008-09-06(9).

伽、轮滑等,也由于公众的浓厚兴趣,促使相关项目的电视节目层出不穷。中央电视台推出的高尔夫网球频道、体育休闲频道的《环球高尔夫》等满足着人们的欣赏需要,以教学模式拍摄的蕙兰瑜伽、央视5套播放的轮滑教学节目,更侧重通过人们的学习为最终参与奠定基础。我国的传统体育项目在传承历史文化和满足人们爱好的基础上,不断创造新的运动比赛形式,如河南卫视的《武林风》,以搏击比赛为主线,满足了公众观看搏击竞技的需要,也为特长者提供了参与竞赛的机会。

竞技体育公共服务产品需求内容的多元与差异,更与地方体育文化传统、地域的特色有着密切关系。我国幅员辽阔,在中华文化的大背景下,各地又有着基于地域特点(气候、地貌、社会、经济、文化等)而形成的具有地方特色的文化样式,其中包括具有浓郁地方特色的体育文化传统。不同的体育文化传统,会影响到竞技体育公共服务产品项目的需求。例如,东北地区对冰雪项目的相关需求程度比较高,南方地区对游泳等项目的相关需求程度比较高。再例如,西安市的足球运动有着较为雄厚的群众基础,形成具有西北特色的足球文化传统,虽然西安的高水平精英足球竞技发展时有起伏,近年来职业足球运动甚至跌入谷底,但西安居民足球竞技公共服务的需求依然旺盛,这从西安民间足球赛事规模的日益扩大得以生动体现。

经济社会的发展为公众多样化的竞技体育服务产品需求提供了可能,满足人们需求的方式也在不断提升,随着人们需求的不断满足,又会刺激产生进一步的需求,加之不同地域的需求特色,使得对竞技体育公共服务产品内容的需求日益多元,相关产品供给必将越来越丰富,进而形成良性循环。

三、竞技体育公共服务产品供给应充分尊重多样化的需求

当前,我国在竞技体育公共服务产品供给中不仅存在着需求表达机制缺失问题,还出现供给主体以"施舍者"的姿态进行供给,而且对公众多样化的需求关注不够,因而造成供需之间的脱节。主要体现在:

1. 提供的项目产品缺乏群众基础

有地方政府缺乏前期调研和基层考察,忽略了公众的需求表达,盲目开发或引进的运动项目(特别是高水平运动队)不符合当地体育爱好者的欣赏传统或偏好,缺乏群众基础,导致项目开展没有市场。

2. 对公众需求结构的变化反应迟钝

在公众对参与性、体验性较强的群众性竞技体育产品的需求越来越旺盛的情况下,依然有相当多的地区将供给重心甚至是绝大部分精力放在精英竞技体育产品供给上,对群众性竞技体育产品供给和公众需求变化的重视程度严重不足。

3. 社会公众需求表达机制未有效建立

党的十八届三中全会指出：要"建立群众评价和反馈机制，推动文化惠民项目与群众文化需求有效对接。"①因此，建立有效的诉求表达与反馈机制是实现竞技体育公共服务产品供给与多样化需求有效对接的关键措施之一，但目前该机制还未见雏形。

因此，要做到竞技体育公共服务产品的有效供给，必须认清需求日益多样化的现实，建立有效的需求表达机制。应进行充分调研，把握不同主体之间需求的差异性，尊重因地域等差异引致的需求传统的不同，跟踪反馈公众不断提升的需求层次，以多样化的、有针对性的、质量（层次）不断提升的供给来满足人民群众日益多元的竞技体育公共服务产品需求，丰富广大人民群众的体育文化生活。

第二节 竞技体育公共服务产品的供给主体多元化

竞技体育公共服务产品供给主体多元化是指政府根据竞技体育公共服务产品的类型和特点，以多样化的形式和手段，依托不同类型的组织来提供有效的供给。发展竞技体育是推动全民健身、增强民族凝聚力、展现国家形象的需要，竞技体育在公共体育服务体系中具有重要地位②。《体育事业发展"十二五"规划》指出："要发展健身休闲体育，开发体育竞赛和表演市场，创新群众性体育赛会办赛模式，改革完善运动竞赛体系，为群众提供更好、更多的竞技体育产品。"③竞技体育公共服务产品的供给过程中，政府的存在目的是创设和保护一个开放性的公共领域，对不同利益的竞争要求进行协调，提供满意的公共服务产品，实现公共利益的最大化。作为社会大众与公共利益的代表，政府无疑应该在竞技体育公共服务产品供给中居于主导地位。但随着我国社会结构转型和经济体制转轨，"举国体制"下单一竞技体育公共服务产品的政府供给形态已经无法满足人们多样化、生活化的体育需求，以及社会对现代体育多元价值和整体功能的期许。

一、竞技体育公共服务产品供给主体多元化的动力因素及表现

我国竞技体育公共服务产品供给主体多元化是一个动态过程。竞技体育

---

① 中共中央关于全面深化改革若干重大问题的决定[EB/OL].(2013-11-15)[2013-12-13].http://politic.people.com.cn/n/2013/1115/c1001-23559207.html.

② 刘鹏.全国体育发展战略研讨会上的致辞[R].体育工作情况,2013.

③ 体育事业发展"十二五"规划[EB/OL].(2011-04-01)[2012-04-23].http://www.sport.gov.cn/n16/n1077/n1467/n1843577/1843747.html.

公共服务产品供给模式是由一定的社会经济和文化发展水平,以及体育事业自身的发展规律决定的。我国竞技体育公共服务产品供给主体从单一到多元的发展,是对社会发展与变革、体育体制改革,以及人们对体育,尤其是竞技体育的需求日益多元所提出挑战的回应,也是我国全面深化改革中加快转变政府职能、创新社会治理体制,以及紧紧围绕使市场在资源配置中起决定性作用,深化经济体制改革的必然要求。

1. 需求日益多元:竞技体育公共服务产品供给主体多元化发展的迫切要求

改革开放和现代交通通讯的发达,以及电视和各种新媒体的出现,使得随着社会经济发展而在物质和精神文化生活方面日益丰富的人们,能够不断接触并接受包括体育在内的各个领域的新事物和新观念。在此过程中,人们对体育,特别是竞技体育价值功能的认识不断深入,对竞技体育公共服务产品需求日益多样化。近年来,我国居民消费正在由原有生存型转变为发展型和享受型,社会群体对于竞技体育公共服务产品的需求呈现多层次、多样性、数量激增、质量提升的特点,日益多样化的需求要求更富针对性的、专业化的、多元化的产品供给。单一的政府供给所提供的基本竞技体育公共服务产品已不能很好地满足群众的多样化需求。这就需要以多元化的供给主体来提供多元化的竞技体育公共服务产品(服务),来弥补"政府失灵"所带来的供给不足和供给偏差。

基于满足多样化需求的不同类型竞技体育公共服务产品的特点,以及政府、市场、社会所应担负的职责和公共产品供给机制,相应的竞技体育公共服务产品适合或应当由相应的主体进行供给。例如,承担着为国或者为地区争光任务的精英竞技体育产品和为基层群众提供的满足基本参与需求的群众性竞赛活动属于纯公共竞技体育产品,应主要由政府提供;职业类精英竞技体育产品、商业赛事,以及虽面向基层,但主要是为了满足不属于基本竞赛参与需求的享受型需求,并且存在一定经济运作行为的群众性业余体育竞赛活动,应主要由市场按照市场规律运作并供给;应鼓励各类体育社会组织参与供给非营利性质的基层群众性体育竞赛,鼓励各类志愿者组织参与各类竞技体育产品的生产过程,政府可通过购买公共竞技体育服务的方式,与各类社会组织形成双赢。因此,竞技体育公共服务产品日益多样化的需求,要求多元化的供给主体,通过多元化的手段和途径来进行满足,以提高供给的质量、层次性和针对性。

2. 全面深化改革:竞技体育公共服务产品供给主体多元化发展的政策背景

(1) 体育体制改革推动竞技体育公共服务产品供给主体多元化

十二届三中全会指出,改革的基本任务是"建立起具有中国特色的、充满生机的社会主义有计划商品经济体制。"①十四大报告更进一步提出："我国经济体制改革的目标是建立社会主义市场经济体制，以利于进一步解放和发展生产力。"②由此，市场在社会资源配置中的基础性作用被逐步确立。但是，由于奥运争光计划的实施和全运会成绩对地方体育政绩的影响，在全国掀起了删减投入大、金牌少的集体性项目的"歪风"，很多如足球、篮球等集体项目一度面临生存危机。在此背景下，结合体育体制改革，从1993年起，开始探索并进行了一些集体项目的职业化改革，其中以足球为突破口，在改革过程中的影响也最大。在职业化改革的带动下，越来越多的商业赛事在我国各地举办，越来越多的市场力量进入到竞技体育公共服务产品的供给中来。同时，随着社会管理体制改革，社会组织在我国社会治理中发挥着越来越大的作用。具有强烈官方色彩的运动项目协会除了根据政府意志，负责本项目各类竞赛的管理外，还通过市场化和社会化的运作方式，直接参与或支持举办各类职业、商业以及群众性体育赛事，在我国的竞技体育公共服务产品供给体系中的地位越来越重要。作为老百姓身边的组织，各类官方设立或提供支持的基层体育组织，以及由共同体育爱好的人们"自下而上"发起成立的各类自发性体育社会组织，也日益成为群众参与型竞技体育公共服务产品的重要供给主体。

进入新世纪以后，由于种种原因，体育体制改革稍显滞后。但随着十八届三中全会全面深化改革决策的提出和体育领域积累的种种必须解决的矛盾，大刀阔斧的体育体制改革已如箭在弦上。随着体育体制改革的进一步深入，体育社会组织和各类体育企业在竞技体育公共服务产品供给中将会发挥越来越重要、越来越积极的作用。

（2）全面深化改革为竞技体育公共服务产品供给主体多元化提供政策保障

党的十八大报告指出："要推动政府职能向创造良好发展环境、提供优质公共服务、维护社会公平正义转变。"③十八届三中全会的决定进一步强调："要紧紧围绕使市场在资源配置中起决定性作用深化经济体制改革""全面正确履行政府职能。进一步简政放权市场机制能有效调节的经济活动，一律取消审批。""要加强中央政府宏观调控职责和能力，加强地方政府公共服务、市场监管、社

---

① 党的十二届三中全会和经济体制改革的全面展开[EB/OL]. (2014-09-29)[2015-03-01]. http://www.gov.cn/test/2009-10/19/content_1443077.html.
② 江泽民在中国共产党第十四次全国代表大会上的报告[EB/OL]. (2008-07-04)[2011-02-01]. http://www.gov.cn/test/2008-07/04/content_1035850.html.
③ 胡锦涛在中国共产党第十八次全国代表大会上的报告[EB/OL]. (2012-11-17)[2014-05-06]. http://news.xinhuanet.com/18cpcnc/2012-11/17/c_113711665.html.

会管理、环境保护等职责。推广政府购买服务,凡属事务性管理服务,原则上都要引入竞争机制,通过合同、委托等方式向社会购买。加快事业单位分类改革,加大政府购买公共服务力度。""要激发社会组织活力……适合由社会组织提供的公共服务和解决的事项,交由社会组织承担。"①国务院总理李克强于2013年7月31日主持召开国务院常务会议,会议明确表示,要放开市场准入,释放改革红利,凡社会能办好的,尽可能交给社会力量承担,加快形成改善公共服务的合力,有效解决一些领域公共服务产品短缺、质量和效率不高等问题,使群众得到更多便利和实惠②。全面深化改革过程中,加快政府职能转变,创新社会治理体制等方面的政策导向,为加强竞技体育公共服务产品的市场和社会供给提供了政策依据,同时也为促进这些社会力量的供给提供了所需的支持手段:即通过大力支持、积极引导市场、社会组织,释放市场活力、激发社会参与力,为公众提供多样性、多层次、优质的竞技体育公共服务产品。

3. 多元主体供给具有的优势:竞技体育公共服务产品供给主体多元化发展的现实基础

人们对竞技体育公共服务产品多层次、多样性、差异化的需求,要求多元供给主体的参与。从公共产品的性质分析,竞技体育生产活动创造并提供公共服务和公共产品不仅包括纯公共服务产品,还有准公共服务产品或是混合公共服务产品;从受益主体分析,既可以是同一地域的人群,也可以是不同地区的社会群体,还可以是个别小团体。受益个体的差异化、层次化势必引起需求的多层次、多样性。单一型的政府供给模式,远远不能满足人们对竞技体育公共服务产品的多样化需求。应制定相应政策,进行市场准入,充分整合配置社会资源,鼓励社会力量参与,保障竞技体育公共服务产品供给主体多元化。

政府主体参与供给是因为政府是公共利益的代表,它有责任和义务参与公共服务。但是,由于经济条件约束、社会环境影响、资金来源限制,导致政府需要根据大多数人的需求通过政治决策选择所供给产品的类型、数量③。市场经济体制下,政府制定竞技体育的生产计划,投资并运行竞技体育生产活动,最后

---

① 中共中央关于全面深化改革若干重大问题的决定(2013年11月12日中国共产党第十八届中央委员会第三次全体会议通过)[EB/OL].(2013-11-17)[2014-06-09].http://news.xinhuanet.com/politics/2013-11/15/c_118164235.html.

② 李克强主持召开国务院常务会议研究推进政府向社会力量购买公共服务[EB/OL].(2013-07-31)[2014-12-12].http://www.gov.cn/ldhd/2013-07/31/content_2458851.html.

③ 王善迈.市场经济中的政府与市场[M].北京:北京师范大学出版社,2001.

产出竞技体育公共服务产品,在一系列的生产活动过程中,政府扮演的理性"经济人"的角色,在提供公共服务产品过程中势必会追求个人利益最大化,造成"权力寻租"的现象。如对一些具有私人物品特点的,理应由市场机制供给的竞技体育产品,由于行政力量的过度介入,使得市场不能有效发挥作用,如足球为世界杯出线而几次修改竞赛日程,假球、黑哨盛行等现象。

单单依靠公共财政支出,不仅造成政府巨大的财政压力,同时也无法有针对性的有效满足公众需求。政府供给"失灵"使市场企业、社会组织等相关社会力量参与竞技体育公共服务产品供给成为必需。在特定条件下,市场决定资源的配置,市场或是社会组织参与竞技体育公共服务产品的提供,会使供给效率更高、成本投入更少。相对政府而言,市场和社会组织更接近大众群体,更能准确把握人们的多样化需求;同时,市场和社会组织开展活动和业务相对灵活,供给手段和内容选择性较强,其参与竞技体育公共服务产品供给,不仅可以弥补政府供给不足和单一,而且可以满足大众群体不同层次、多样性的个体需求。政府、社会、市场等多方参与竞技体育公共服务产品的优势成为竞技体育公共服务产品供给主体多元化发展的现实基础。

二、竞技体育公共服务产品供给主体多元化发展中存在的问题

1. 政府组织在竞技体育公共服务产品供给主体多元化发展中存在的问题

公共服务是政府最基本的一项职能。同时,在现行的体育体制下,政府控制了大部分体育资源的配置,以及弥补可能的"市场失灵",主导我国竞技体育公共服务产品的供给。而在我国竞技体育公共服务产品供给实践中,政府一直居于主导地位,在改革开放之前,政府甚至是唯一的供给主体。政府主导下,我国精英竞技体育创造出举世瞩目的优异成果,部分运动项目的职业赛事市场初步形成,各种各样的高水平商业体育赛事较好地满足了广大体育迷的观赛需求。精英竞技体育的生产与实践,为公众提供了优质的公共服务产品,较好地满足与丰富了公众体育欣赏和其他精神方面的需求。近年来,政府对群众性竞赛活动的重视程度也在不断提升,在满足公民体育诉求,保障公民体育参与权利,实现我国竞技体育公共产品多方位、多层次、多样性供给方面发挥了重要作用。但政府在竞技体育公共服务产品供给发展中也存在着诸多问题。

(1)政府在群众性竞技体育公共服务产品供给方面存在一定的"缺位"

长期以来,基于"政绩"考量,政府集中大部分的人力、物力和财力,用于能够较快出"显性"政绩的精英竞技体育公共服务产品的供给。而对于需要长期投入才能出"政绩"的群众性竞技体育公共服务产品的供给,虽重视程度不断提升,但总体投入依然偏少。政府对老百姓身边体育赛事的供给力度还有待提升,这不仅体现在由基层政府部门(如街道办等)自上而下组织的群众性竞技体

育竞赛服务产品供给还不够丰富,更体现在对市场、社会参与群众性竞技体育公共服务产品供给的支持力度不够。

随着社会主义市场经济体制的建立和体育体制改革,以及社会管理体制改革,市场和社会开始越来越多的介入竞技体育公共服务产品的供给,但政府的支持力度明显不够。十八大报告指出,要"引导社会组织健康有序发展,充分发挥群众参与社会管理的基础作用"。近年来,自发性体育社会组织在举办能够极大满足群众体验式参与需求的业余体育赛事方面投入极大热情,这类组织提供的大众竞技体育服务产品,可以满足一定群体的体育健身、娱乐需求,这类组织在生产公共服务产品过程中更能体现民意、自主性较强。但政府对该类组织及其举办赛事的支持力度就明显不够,政府对基层自发性体育社会组织采取"有限放任"管理,即"睁一只眼、闭一只眼"态度,采取"不鼓励、不干涉、不取缔"策略[①],对这类组织和其他民间力量提供的面向基层公众的群众赛事发展缺乏有效监管和服务。前些年,有一项对西安城市业余赛事发展的相关调查显示,政府部门对城市业余体育赛事的支持,更多地表现在一种姿态上,少有实质性的支持[②]。

政府"缺位"还表现在对市场和社会参与供给缺乏整体战略规划和政策支持等方面,特别是政府向社会购买体育公共服务(包括竞技体育公共服务产品)的机制还未有效建立。政府对由市场和社会提供的赛事资源产品供给缺乏有效支持和整合,导致社会力量的优势不能得到充分发挥,造成了竞技体育资源短缺与利用率较低等诸多问题。

(2)政府对市场干预过多,出现一定程度的职能"越位"

十八届三中全会指出,必须"积极稳妥地从广度和深度上推进市场化改革,大幅度减少政府对资源的直接配置,推动市场对资源配置的决定性作用,加快实现效益最大化和效率最优化。政府的职责和作用主要是保持宏观经济稳定,加强和优化公共服务,保障公平竞争,加强市场监管,维护市场秩序,弥补市场失灵。"[③]但长期以来,在竞技体育公共服务产品供给过程中,政府大包大揽,将本应由政府、市场、社会混合参与供给的竞技体育服务产品集于一身,这导致了

---

① 张金桥.我国自发性体育社会组织的合法性及其发展中的政府职责[J].天津体育学院学报,2013,28(3):213-218.

② 张金桥,鲁文华,雷敏.西安城市业余体育赛事发展问题研究[J].中国体育科技,2011,47(3):126-136.

③ 积极稳妥推进市场化改革[EB/OL](2013-11-16)[2013-12-01].http://news.sina.com.cn/0/2013-11-16/142028728171.shtml.

一系列问题,如财政压力大、高成本、低效率,同时还会将社会上对某些竞技产品成绩期待的压力全部集中在政府身上,使得政府成为矛盾的集中点。例如,具有较好市场基础的中国足球在发展过程中,由于没有真正按照市场规律办事,政府或被认为其代表的足球运动管理中心(中国足协)对项目发展介入过深,因而不得不为足球发展中出现的各种问题背书。另外,职业赛事是一种具有正外部性的准公共服务产品,市场对这类产品的资源配置应起决定性作用,但是从某种意义上作为政府代表的、带有浓厚官方色彩的"协会"干预过多,市场作用被忽视甚至被打压,以至于职业联赛从某种程度上并不是真正的市场供给,而是一种"伪市场主体"参与的供给。

(3)政府的过度介入造成竞技体育公共服务产品供给主体相对单一

我国竞技体育公共服务产品供给实践中,政府主导是关键,要实现竞技体育公共服务产品有效供给,必须发挥政府作用,但政府介入应有度。长期以来,我国竞技体育公共服务产品供给中政府介入过多,导致了供给主体相对单一,政府承担绝大部分供给任务,甚至在计划经济时期,作为唯一的供给主体存在。计划经济体制下发展竞技体育,其本质就是政府集中我国有限的人、财、物等资源,实施有效组织,生产出具备较强国际竞争力的"为国争光"的竞技体育服务产品。这是历史的选择,契合了我国当时的社会、政治、经济发展状况,客观上极大地提高了我国竞技体育的水平和能力,提高了竞技体育公共服务产品供给的质量。直至当前,在"举国体制"仍然作为基本体育制度的情况下,我国政府在绝大多数情况仍然要扮演供给的主导角色。

随着社会结构的转型和市场经济体制的建立,中国进入一个新的历史时期,传统单一的大包大揽的政府供给模式,在运行过程中的弊端日渐显现出来,即脱离社会生产力的发展水平;高投入、高成本、低效率;服务叠加和无服务覆盖同时存在;产品供给不能满足差异化需求;服务出现非均等化发展态势等,这些现象不利于我国竞技体育公共服务产品的生产,更不利于其供给。现实呼吁更多的社会主体参与到供给实践中来,以弥补"单一性"政府供给的不足。

2. 市场组织在竞技体育公共服务产品供给主体多元化发展中存在的问题

市场组织和政府等公共部门不同,其基本特征是利用市场资源从事营利活动,追求利润最大化是市场组织的核心特质。这就决定了市场组织在参与竞技体育公共服务产品供给过程中不可避免的出现矛盾和问题。

(1)企业效益和公共目标之间存在矛盾

实现竞技体育公共服务产品供给主体多元化,主要是为了解决政府在生产和提供竞技体育公共服务产品时存在的众多问题,其目的是能够更好地实现公共目标和利益。但由于追求利润最大化是市场组织的本质属性,这决定了它投入竞技体育公共服务的方向只能是以获取利润大小作为其行为的基本依据。对于大多数群众性竞技体育公共服务产品，对于"冷门"的、但又有一定需求的精英性竞技体育公共服务产品，由于经济效益小或基本没有，除了企业形象宣传的考虑外，市场组织一般不愿或不会投入。市场组织的投入多选择热门的、具有一定市场基础的、利润收入可观或者能给企业带来宣传效应的精英竞技产品。在我国竞技体育公共服务产品供给实践中可以看到：部分市场主体，特别是为数不少的精英赛事产品的市场供给者，投资竞技赛事的真正目标并不在于所投资赛事的自身发展和公共服务目标的实现，而在于投资所带来的广告和其他效应。对于一些非常渴求精英竞技产品供给的不发达地区，由于赞助营销困难和其他原因，市场组织往往不愿进行供给。甚至在近几年，已发生了多起欠发达地区高水平职业球队"出走"的案例，这严重影响着竞技体育公共服务产品供给的社会公平。市场供给主体投资目的"不纯"，也使得其投资缺乏长远的规划，对公众切身体育需求的关注还远不够。

(2) 资本消费与投资回报之间存在矛盾

对政府来讲，竞技体育公共服务产品供给主体多元化意味着政府可以在公共财政之外，吸引社会资本进入竞技体育产品的供给领域，并改进产品的质量。但社会资本是逐利的，投资竞技体育公共服务，特别是精英竞技体育领域，一般需要大量的资金，且循环周期较长，投资回报率低。而投资竞技体育公共服务，并不能使社会资本总量增加，投资竞技体育公共服务，就意味着对其他较高回报率领域投资的减少。加之，政府对市场以公共利益名义进行的过度干预，进一步压榨着社会资本投资竞技体育公共服务的利润空间。因此，社会资本缺乏进入竞技体育公共服务产品供给领域的积极性。

3. 社会组织在竞技体育公共服务产品供给主体多元化发展中存在的问题

社会组织的参与，对于提升我国竞技体育公共服务产品供给的水平和效率具有重要作用。但在实践中，社会组织参与竞技体育公共服务产品供给的机制还存在着体制和制度上的问题。

(1) 多数具有法律合法性的体育社会组织独立性差

目前，我国大多数经过民政部门登记的具有合法地位的体育社会组织对政府有着很强的依附关系。很多体育社会组织名曰"非政府"或"民间"组织，实质上是官办或半官半民的性质。它们在管理体制、经费来源、组织职能、活动方式等方面过分依赖政府。在相当多的情况下，这些组织提供竞技体育公共服务产品的资金来源仍然是公共财政。另一方面，由于长期以来我国在体育类社团的登记管理中，坚持一区一会，即一个地区同一类体育社团只能有一家的政策，使得该类具有合法身份的体育社会组织缺乏竞争者。政府在购买该类组织参与竞技体育公共服务产品供给时,往往要付出较高的费用,并且供给质量还不能保证。较差的独立性,使得多数合法的体育社会组织在竞技体育公共服务产品供给中无法发挥有效作用。

(2)多数自发性体育社会组织缺乏法律合法身份

近年来,越来越多的自发性体育社会组织介入到群众性业余体育赛事产品的供给中,极大地丰富了竞技体育公共服务产品供给的种类。更由于其贴近基层民众,使得供给更有针对性,更能够满足公众多样化的需求。但应注意到,有大量的自发性体育社会组织并没有按照国家有关规定在民政部门登记注册,它们不具备社会组织的合法性[①]。因此,在活动开展方面有较大的局限性,他们组织的以面向基层群众竞技需要为主的竞赛活动在组织、管理方面比较分散,缺乏严格的政策法规约束。

4.竞技体育公共服务产品供给主体多元化的实现路径

基于以上分析,我国竞技体育公共服务产品供给主体多元化的实现路径是:完善政府主导机制,发挥市场决定作用,激发社会参与动力,构建多元供给主体的协调合作机制,健全供给主体多元化发展的方式支持、推行政府向社会力量购买竞技体育公共服务产品,为公众提供优质、多样的产品,满足群众多样化需求,如图8-1。

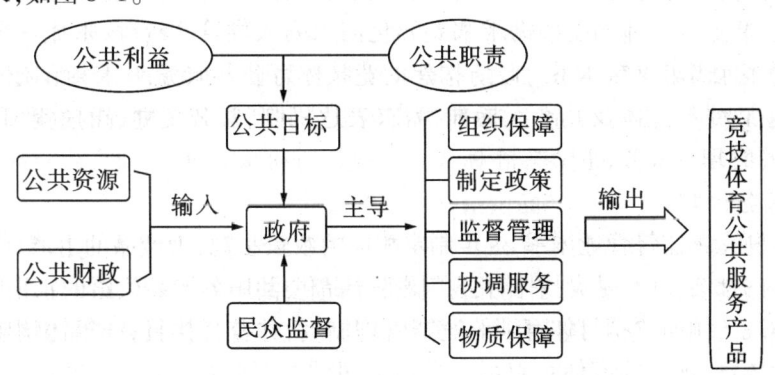

图8-1 政府主导竞技体育公共服务产品供给

(1)完善政府主导机制

在竞技体育公共服务产品供给过程中,政府应该充分发挥其主导作用,但必须完善其主导机制,减少对微观的供给活动的介入和管理,将重心放到组织保障、制定政策、监督管理、协调服务和物质保障上来。

---

① 张金桥,李丽,张鲲.我国竞技体育公共体育服务产品供给主体多元化研究[J].沈阳体育学院学报,2015,34(1):1-8.

①组织保障

强化完善竞技体育公共服务产品供给的组织保障体系,实现竞技体育公共服务产品的有效供给,是政府的一项重要职能。政府的组织保障体系应覆盖整个竞技体育公共服务产品供给的全过程,即竞技体育公共服务产品的生产、供应环节。在整个公共服务产品的供给实践中,不论哪个环节都离不开相应的组织部门来保障其正常运行。例如,高水平运动员在封闭式训练过程中,相关组织部门应发挥作用,保障训练的顺利进行;大型赛事的赛前宣传、人员培训、赛中安排、赛后控制,这一系列供给实践过程都需要相关组织管理部门发挥引导作用。国家体育总局竞技体育司、群众体育司等相关司局的职责规定显示,政府具有组织重大国际比赛的训练与参赛工作,指导组织协调国内综合性运动会的竞赛工作,指导协调全国体育大会的组织工作等职能。以国家体育总局为代表的国家(地区)政府部门应各司其职,发挥在竞技体育公共服务产品生产、供应两环节的组织管理作用,保障竞赛产品顺利产出的同时不断优化和提高产品质量。

②制定政策

构建合理、有效的竞技体育公共服务产品供给制度体系,保证政府、市场、社会多元化主体的有效参与。在满足大众基本竞技体育公共服务产品需求的基础上,将不同个体的超额需求和差异化需求列入供给系统中,形成一种金字塔式的多元需求供给体系。政府构建的竞技体育公共服务产品供给制度体系中应包含:供给主体及其准入标准、需求表达机制、宏观规划、投融资、政策法规、监督管理与服务、激励机制等。

③监督管理

不断完善监督管理体系,逐步制定相应的政策法规,为产品的生产、供应创造良好的社会环境,是竞技体育公共服务产品供给中政府发挥主导作用的一个重要体现。例如,"拟订体育训练竞赛管理制度,并监督执行;统筹协调监管全国职业体育"即为国家体育总局竞技体育司的主要职责之一。应完善政府监督管理体系,使政府、企业、各社会组织在必要的规章制度约束下,展开有序、公平、公开竞争,为公民提供优质的竞技体育公共服务产品。

④协调服务

竞技体育公共服务产品的供给是一个复杂的、系统的工程,往往需要协调政府、企业、社会组织和其他社会力量以及个人,形成一个多方协调供给态势。由于政府所握有的行政和社会资源,政府有责任也有能力在协调工作中起主导作用。一些大型公共赛事在举行时,会涉及交通管制、安全保卫、资金支持等一系列问题,赛事组织者自身往往缺乏能力,甚至没有权力解决。例如在安全保卫方面需要调动警力，必须由政府给予支持并出面协调，涉外竞赛活动的举行也需要政府相关外事部门进行协调服务，一些大型国际赛事的举行还需要以政府名义申报并组织实施。

⑤物质保障

主要体现政府要为竞技体育公共产品的供给提供场地设施和必要的配套服务。在我国公共体育设施供给实践中，政府一直发挥着主导作用，是绝大部分公共体育设施的提供者和大部分公共体育设施的生产者[①]。无论是为群众体育竞赛服务的老百姓身边的体育场地设施，还是为精英体育赛事服务的大中型体育场地设施的供给，政府都应肩负主要责任。赛事的顺利举行还需要水、电、交通等配套设施，这都需要以政府为主体进行协调、规划，甚至直接组织参与建设。

(2) 分类改革，逐步推进，率先将具有一定市场基础的竞技体育服务产品市场化

应放宽市场准入，鼓励一些市场基础较好的竞技体育服务项目率先进入市场，实现由市场进行资源配置，发挥市场的供给优势。现阶段，在全面深化改革的大背景下，体育领域必然会面临着重大变革，体育行业协会与主管部门脱离是总的发展趋势，将竞技体育公共服务产品供给引入市场竞争也是大势所趋。目前存在的问题是，一些涉及奥运争光计划和全运战略、能够满足公众爱国爱家乡情怀的优势竞技项目缺乏推向市场的基础，一旦推向市场将面临生存危机，极有可能导致运动成绩的大幅度下滑，极易在社会上造成负面影响，从而影响竞技体育公共服务产品在精神层面作用的发挥，甚至会影响社会稳定。对于这类项目，在改革的时候要慎重，不能不顾实际情况，进行"一刀切"式处理。结合我国竞技体育发展现状和国家、社会、公众对竞技体育的期待，采取分类改革、逐步推进方式是比较适宜的。可以率先将具有一定市场基础、竞技成绩不高的竞技体育服务产品，如足球、篮球等产品的供给市场化，将其交给市场，充分发挥市场在其资源配置中的决定性作用。如果能够放弃对行政力量的迷信，真正按照市场规律办事，这些率先推向市场的项目会有较为光明的发展前景，会为公众提供更为优质的竞技体育公共服务产品。

(3) 强化社会组织在竞技体育服务产品供给中的作用

十八届三中全会指出，要"激发社会组织活力。正确处理政府和社会关系，加快实施政社分开，推进社会组织明确权责、依法自治、发挥作用。适合由社会

---

① 张金桥，王健.我国公共体育设施供给实践的内在逻辑[J].北京体育大学学报，2013：36(8)：6-11.

组织提供和解决的公共服务事项,交由社会组织承担。支持和发展志愿服务组织。"因此,在今后的发展中,社会组织应成为竞技体育公共服务产品供给的一股重要力量。根据约翰·霍普金斯大学塞拉蒙教授的观点,社会"自治"组织应该具有6个基本特征:正规性、民间性、非营利性、自治性、志愿性和公益性。①体育社会组织的非营利性特征,导致它必须依赖政府部门政策扶持、企业以及个人的资金捐助等来维持组织的基本运作;公益性特征,决定体育社会组织的存在是为了弥补或辅助政府等公共组织向社会提供基本的和特殊的竞技体育公共服务产品;自治性特征,决定自发性体育社会组织必须具有较强的管理组织能力、资源配置能力,从而实现社会公共利益的最大化。为防止体育社会组织的供给"失灵",我们需要建立起政府的制度规范体系以及强大的公共舆论监督网,并通过政府购买,对其进行政策和资金支持,从而强化社会组织在竞技体育公共服务产品供给中的作用。

(4)构建多元供给主体的协调合作机制

基于竞技体育公共服务产品供给主体多元化的特征,政府、市场和社会形成了三种供给运行机制,分别是政府的强制供给机制、市场的竞争供给机制、社会的志愿供给机制。在多元供给机制中,政府的强制供给机制是关键和核心,是竞技体育公共服务产品多元化供给的主导;市场的竞争供给机制与其形成了竞争合作关系;志愿供给机制与其属于互补合作关系。三者之间存在着密切合作、分工明确、相互协调、共同作用的"伙伴关系",如图8-2。再加上公民个人

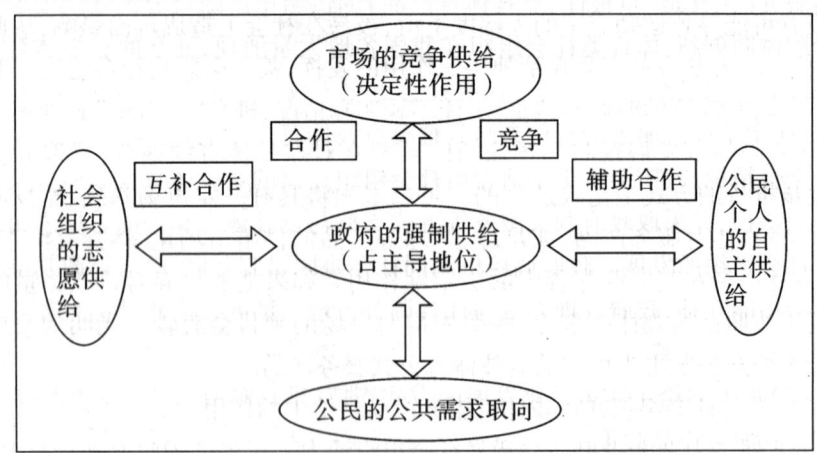

图 8-2 竞技体育公共服务产品供给主体多元化模式

---

① 王名,刘国翰,何建宇.中国社团改革:从政府选择到社会选择[M].北京:社会科学文献出版社,2001.

出于对竞技体育的热爱而进行的自主供给,构成了竞技体育公共服务供给主体多元化模式,实现竞技体育公共服务产品的有效供给。① 政府的强制供给

政府的强制供给主要体现在不断完善其主导机制的基础上,供给基本的竞技体育公共服务产品。以政府为主供给的竞技体育公共服务产品主要包括:属于纯公共服务的代表国家(地区)形象的"争光"类竞技体育服务产品和面向基层的纯公益性群众性竞技体育服务产品。

② 市场的竞争供给

市场的竞争供给主要体现在市场在职业或商业竞技体育准公共服务产品,以及具有一定市场运作基础的、面向基层的、发展享受型群众性竞技体育服务产品供给中的决定性作用,由市场来决定体育赛事资源的配置和供给的规模与方式,并展开竞争。随着政府职能转变和体育体制改革,将会有更多的原由政府强制供给的竞技产品交由市场去运作,市场也将更多地参与到代表国家(地区)形象的"争光"类竞技产品的生产中。同时,政府将加大向社会购买竞技体育公共服务的力度,并通过加强市场活动监管、提供政策支持等方式释放市场活力。未来,市场和政府在竞技体育公共服务产品供给方面形成竞争与合作关系将成为一种趋势。

③ 社会的志愿供给

社会的志愿供给主要体现在各类非营利社会组织参与到群众性竞技体育公共服务(尤其是"草根性"竞技体育产品)的供给中。随着公民社会发展和社会治理体制创新,体育类社会组织在我国各地大量涌现,社会的竞技体育公共服务产品志愿供给方兴未艾。这些社会组织不仅直接进行群众体育竞赛产品供给,还常常以志愿者的身份参与到精英竞技体育产品的生产中。根据十八届三中全会精神,政府会将更多适合由社会组织提供的竞技体育公共服务交由社会组织承担,并采取政府购买服务等方式支持与竞技体育相关的志愿者组织和其他社会组织的发展。政府调控机制同社会协同机制互联、政府行政功能同社会自治功能互补、政府管理力量与社会调节力量互动的政府和社会合作互补关系将逐步建立完善。

(5) 加大供给主体多元化发展的方式支持,推行政府向社会力量购买竞技体育公共服务产品政策

政府在选择公共服务的提供方式上应有所区别,有所侧重①。政府在主导竞技体育公共服务产品供给过程中,基于供给主体多元化发展的趋势,可依据

---

① 郑晓燕.中国公共服务供给主体多元化发展研究[M].上海:上海人民出版社,2012.

政府在不同类型竞技体育公共服务的提供中拥有的不同优势,决定基本的生产方式。对于竞技体育产品中的纯公共服务部分,可以由政府提供并直接生产,也可以由政府提供,但将其中的某些环节交由市场和社会组织去生产,对于这类产品,应免费供应或以极低的公益性价格供应;对于竞技体育产品中的准公共服务部分,可由政府提供,并以政府购买的形式外包给市场和社会组织,以实现政府的间接生产,也可由市场和社会组织提供并进行生产,对于这类产品,可以采取用者付费的方式提供,为了体现公共服务的公益性,避免因收费对弱势群体的影响,在实行收费的同时,可采用补助和补贴的方式对相关群体的消费进行补偿。实质上,在竞技体育公共服务产品供给中,政府的职责是确保服务产品以一种令人满意的方式提供和生产,而不一定是由自己亲自提供和生产。

在供给主体多元化发展的各种支持方式中,政府向社会力量购买竞技体育公共服务产品是今后一个时期的首要选择。2013年9月,《国务院办公厅关于政府向社会力量购买服务的指导意见》指出:"推行政府向社会力量购买服务是创新公共服务提供方式、加快服务业发展、引导有效需求的重要途径,对于深化社会领域改革,推动政府职能转变,整合利用社会资源,增强公众参与意识,激发经济社会活力,增加公共服务供给,提高公共服务水平和效率,都具有重要意义。"①政府无疑应该是竞技体育公共服务供给的主导力量,即主要的供给者,这是政府不可推卸的责任。在供给主体多元化的形势下,政府应该承担起应负的责任,通过购买市场和社会组织,尤其是公益性社会组织提供的竞技体育公共服务产品的方式为公众提供竞技体育公共服务产品和服务。一方面可以减少政府对竞技体育公共服务产品生产的直接参与或干预,一方面通过向社会力量购买服务,用资金投入的方式发挥政府的主导作用,同时激励社会力量的供给积极性,保障社会力量供给的健康和可持续发展。政府向社会力量购买竞技体育公共服务产品,首先要明确服务产品的种类、性质、内容、市场化程度,以及公众对产品的诉求。政府的购买形式是多样的,可以通过委托、承包、采购等方式购买竞技体育公共服务产品;政府应该做好监督管理工作,建立严格的监督评价机制,设立信息反馈渠道,做好信息统计数据;政府应该做好决策、引导工作,引导各个社会组织或是市场企业参与承接工作,并对其把关,做好优胜劣汰的筛选,为群众提供优质的竞技体育公共服务产品。李克强总理一贯主张,要厘清和理顺政府与市场、社会之间的关系。市场能办的,多放给市场。社会可以

---

① 国务院办公厅.国务院办公厅关于政府向社会力量购买服务的指导意见[EB/OL].(2013-09-26)[2014-10-23].http://www.gov.cn/zwgk/2013-09/30/content_2498186.htm.

做好的,就交给社会。政府管住、管好它应该管的事①。总之,多元化供给主体模式中,政府作为公共服务的主导力量,要处理好政府、市场、社会三者的关系,转变政府职能,搞活市场主体,通过向社会力量购买竞技体育公共服务产品,扶持社会力量,做好监督、引导工作,真正实现三翼齐飞,三力合一,为公众提供多方面、多层次的竞技体育公共产品服务。

(6)把握需求多样性,丰富竞技体育公共服务产品供给类型

把握消费需求的多样性与供给主体的多元化关系,实现供给-需求的均衡发展。首先,从竞技体育生产实践和供给的公共服务产品角度而言,服务产品的种类、质量和结构必须与社会群体差异性、多样化和层次化的需求相适应;其次,从供给的服务形式来看,政府需要不断创新服务方式,引导有效需求。"推行向社会力量购买服务是创新公共服务提供方式,引导有效需求的重要途径。"竞技体育公共服务产品的供给需要引入市场竞争机制,不断激发、鼓励社会力量的参与积极性,有效整合社会公共资源(尤其是竞技体育公共产品资源),提高服务效率、质量和水平,保障竞技体育服务产品供给主体多元化路径选择;再次,从供给主体角度而言,政府、市场、社会组织多元化的供给主体之间通过竞争、合作、互补的协调服务,激发了各主体的创新能力,尤其激发了市场主体对资源优化配置的活力,对创新产品、活动形式、丰富产品供给类型起到一定的带动作用;最后,从创新角度而言,不论是生产技术的创新、供给效率的优化、服务产品的创新,都在很大程度上创造和拉动社会对竞技体育公共服务产品的需求。

---

① 李克强. 推进购买公共服务大有深意[EB/OL]. (2013-08-02)[2014-06-07]. http://news.xinhuanetcom/politics/2013-08/02/c_116781540.htm.

第九章 竞技体育公共服务的制度建设与体系建设

第一节 竞技体育公共服务的制度建设

社会历史的实践经验证明,如果没有良好的系列制度为其提供保障,任何形式的发展均会走向未知的、无序的、不稳定的路径。为了能够使我国竞技体育公共服务健康、规范、有序地发展下去,让公众共享竞技体育大国带来的更好福利,建立竞技体育公共服务制度将会促使政府部门更好地明确目标、履行职责、完成任务,进而更好地满足社会公众的竞技体育公共服务需求,最终达到我国体育公共服务整体优化的目的。本部分研究首先对我国当前体育公共服务发展的理论基础和实践反馈进行梳理,将体育的普惠性、公民体育权利和公共服务享有等要件,确定为体育行政改革领域的规范性基础;然后对竞技体育公共服务的实施和配套进行分类整合,为竞技体育公共服务发展搭建一个合理顺畅的制度平台。

一、竞技体育公共服务制度建设的重要性

1. 国家公共服务体系建设的政策指引

公共服务是指由政府、公共组织和经过公共授权的组织提供的具有共同消费性质的公共物品和服务[1]。早在2002年国务院政府工作报告中已首次明确提出:"要切实加快政府职能转变并将其转移到经济调节、市场监管、社会管理和公共服务上来"[2],这意味着我国开始注重政府职能的公共服务角色。随后的每年政府工作报告中,均提及公共服务命题,如:"建设服务型政府""加快健全覆盖全民的公共服务体系""全面增强基本公共服务能力"等。2007年党的十

---

[1] MBA智库百科.公共服务[EB/OL].(2011-04-25)[2014-06-12].http://wiki.mbalib.com/wiki/公共服务.

[2] 2002年政府工作报告.[EB/OL].(2002-03-05)[2014-03-16].http://www.china.com.cn/policytxt/2008-03/19/content_13030355_8html.

七大报告中明确提出:"加快行政管理体制改革,建设服务型政府,健全政府职能体系、完善公共服务体系、推行电子政务、强化社会管理和公共服务"。这是首次在党的全国代表大会上对公共服务提出要求,表明党开始越来越关注公共服务在政府职能中的体现。2012年党的十八大报告中对此做了进一步要求:"深化行政体制改革,推动政府职能向创造良好发展环境、提供优质公共服务、维护社会公平正义转变"。2013年11月,中国共产党十八届三中全会在北京召开,最后形成了《中共中央关于全面深化改革若干重大问题的决定》,这份决议成为我国新形势下全面深化改革的纲领性文件,它提出:"要切实转变政府职能,深化行政体制改革,建设法治政府和服务型政府,政府要加强各类公共服务提供。加强中央政府的宏观调控职责和能力,加强地方政府公共服务、市场监管、社会管理、环境保护等职责"。上述系列文件均明确表明党中央和国务院已经开始注重并逐步实现由管治型政府向服务型政府的转变推进。

2. 体育事业发展转型改革的行业要求

2002年7月,中共中央、国务院在《关于进一步加强和改进新时期体育工作的意见》中提出:"坚持体育为人民服务、为社会主义现代化建设服务的方针,坚持普及与提高相结合,实现群众体育与竞技体育的协调发展和相互促进"。①尽管在意见中并未明确提及体育公共服务的字眼,但是"大力推进全民健身计划,构建多元化体育服务体系"的提出和系列规定均已前瞻性地表达了体育公共服务的发展内涵。2003年6月,《公共文化体育设施条例》颁布,对我国公共体育设施的规划和建设、使用和服务、管理和保护及法律责任做出了硬性规定,为我国大力推行体育公共服务需要的硬件设施提供了法制保障。体育行政部门顺应国家行政改革的大趋势,2005年,国家体育总局刘鹏局长在全国体育局长会议的讲话中多次提及"体育公共服务"。2006年7月,国家体育总局发布《体育事业"十一五"规划》,提出要进一步明确各类体育管理机构的性质和职能定位,强化体育行政部门加强宏观调控、制定发展规划、提供公共服务、完善制度规章、维护行业秩序的职能。2010年,《国务院办公厅关于加快发展体育产业的指导意见》中提出"要加强体育公共服务"。2011年11月发布的《体育事业"十二五"规划》,更加着重和频繁地提及体育公共服务,如"加强组织领导,强化政府公共体育服务职能"等。明确提出要加强和改进体育制度建设,抓紧时间制定促进公共体育服务的法规、规章和规范性文件。这些均表明:中央政府非常注

---

① 国家体育总局政法司.中共中央国务院关于进一步加强和改进新时期体育工作的意见[EB/OL].(2002-07-22)[2015-10-23]. http://www.sport.gov.cn/n16/n1092/n16849/127397.html.

重公共体育服务及其制度构建,且体育公共服务制度研究及制定中还存在一定缺陷,这些问题急需解决。

3. 突破竞技体育发展瓶颈的前提选择

从历史发展脉络看,我国竞技体育发展的社会历史背景与西方国家迥异,竞技体育在我国的发展程式是非常规的,它所实行的是赶超型发展战略。与西方竞技体育发展模式相比,我国是共时性矛盾运动过程,表现为竞技体育与社会经济、政治、文化间的种种冲突在较短时间内以很大强度同时发生。我国竞技体育目前处于转型期和改革期,呈现出"举国体制"为主导的市场经济条件下部分运动项目市场化、职业化的运行模式。1993年5月,原国家体委颁了《国家体育运动委员会关于深化体育改革的意见》及5个配套文件和10个应着力抓好的系列工作,掀开了我国体育体制改革的大幕。1994年中国足球职业联赛开启竞技体育职业化至今,体育管理体制改革和竞技体育职业化进程已历经二十余年,出现了体育产品利益多元化和体育公共服务主体多样化的局面。纵使国家层面对我国公共服务发展给予了一定政策扶持和法制保障,对竞技体育的发展模式进行了改革的尝试和探索,同时实践层面也有"谁是球王"系列民间竞技比赛和"2014加油中国梦幻世界杯全民足球赛"等全民参与的竞技运动赛事。而长期以来,我国高水平竞技体育被界定为可以名正言顺以公共财政来维持、运营和拓展的公共事业,只要能得到"取之于民,用之于民"的效果,就对得起供养它的人民和管理它的政府。然而,除去众多奥运金牌和世界冠军带来的民族自豪感外,社会公众并未充分感受到竞技体育带来生活幸福感和满意度的增加。这说明我国精英竞技体育发展模式并未与其公共服务行为和规范实现有效联动。

因此,我们需要一套比"单个"市场或"单个"国家更为全面丰富的制度设计框架。这一制度设计将是竞技体育公共服务整体运行体系的中间构件,上衔理论价值层面,下接具体选择层面,具有承上启下的作用。一方面能够让竞技体育公共服务的理论价值得以实现,另一方面则对竞技体育公共服务中的具体运作手段和操作流程提供指导,最终形成我国体育公共服务相对稳定的运行秩序和实施规范。

二、竞技体育公共服务制度建设的必要性

1. 竞技体育的公共性

(1) 竞技体育公共性的社会学分析

竞技体育的社会价值主要体现在教育价值、政治价值、经济价值和社会文化价值四大方面①，而这些社会价值的实现必须依赖于社会公众的广泛参与。

第一，从教育价值看，主要体现在三个方面：激发潜能，唤醒青少年的主体意识；为青少年构建五彩缤纷的情感世界；寓教于乐，社会学习游戏化。顾拜旦的《体育颂》中，如"体育，你就是培育人类的沃地！你通过最直接的途径，增强民族体质，矫正畸形躯体，防病患于未然，使运动员得到启迪；让后代长得茁壮有力，继往开来，夺取桂冠的荣誉……要求人们对过度行为引起警惕，告诉人们遵守规则……"等无不凸显着对竞技体育教育价值的认识。

第二，从政治价值看，我国在新中国成立至20世纪80年代期间，竞技体育的政治价值是非常明显的。在鼓舞民心方面，对于加强国人和海外侨胞对祖国的归属感具有积极作用，如20世纪80年代至今被人广为颂赞的"女排精神"，其精神内核就是鼓舞国人不畏强敌、奋力拼搏。在改善外交方面，它被看作是国际政治的先导和开展外交的前奏，如1971年中美两国乒乓球队互访赢得了"小球推动大球"的美誉。另外，竞技体育在维护社会稳定、减少青少年犯罪等方面亦起着不可估量的作用，有学者透过心理学和社会学两个维度，从复演论、精力过剩论、人格论、紧张理论和标签理论等层面对体育运动预防青少年犯罪做了探讨和分析，认为青少年参加竞技体育运动对于塑造其自信和自尊、消除过剩精力、增强耐挫折能力、增加社会联系和培养规则意识等方面起着积极作用②。

第三，从经济价值看，竞技体育作为体育娱乐和体育产业的重要部分，伴随着国际社会经济文化的优化发展和推陈出新，受益于奥林匹克运动的商业化运作及职业体育赛事的迅猛发展，其经济价值逐渐被人们所认可和追崇。在欧美发达国家，体育产业尤其是竞技体育产业甚至成为国民经济的支柱性产业，比如美国的四大职业体育联盟，英国、德国、西班牙、意大利等国的足球职业联赛等均为本国创造了可观的经济效益。

第四，从社会文化价值看，竞技体育与生俱来的文化特质和独有特征使其成为一种庄严肃穆的礼仪庆典文化、一种激发潜能的身体审美文化、一种公平竞争的社会道德文化、一种积极健康的情感宣泄文化。同时，它还有许多潜在的重要文化价值，如时刻捍卫赛场秩序的法治文化观念、不断追求卓越向上的创新文化理念以及脚踏实地刻苦训练的勤劳务实信念等，无一不在深刻地影响着人们的思想和行为，并更深层次影响着社会心理及民族精神。这些社会文化

---

① 卢元镇.体育社会学[M].北京:高等教育出版社,2006.
② 任娇娇,吕伟,张如甲.预防青少年犯罪的新思维:以体育运动为视角[J].武汉体育学院学报,2014,48(11):45—49.

价值方面的内涵对于正处深化改革时期、推进法治建设的国家和倡导健康生活、转变思想理念的国人无疑都是十分重要的。

(2) 竞技体育公共性的经济学分析

首先从我国竞技体育公共财政投入角度来看,竞技体育迅猛发展离不开国家制度政策的鼓励与提倡,更得益于国家公共财政的大力支持。对此,从国家体育总局2012年和2013年部门决算和2014年部门预算中对竞技体育发展(依据国家体育总局年度部门预决算得出对竞技体育的公共财政投入主要集中在体育竞赛、体育训练、体育场馆、体育交流与合作四个项目中)财政投入能得出比较清晰客观的认识。

表9-1 国家体育总局公共财政拨款支出2012年—2013年决算及2014预算之竞技体育投入情况

具体投入项目	2012年(万元)	2013年(万元)	2014年(万元)
207 文化体育与传媒	154,004.40	153,320.89	169,528.36
20703 体育	153,131.40	152,347.89	169,155.36
2070305 体育竞赛	20,324.82	12,648.70	14,031.78
2070306 体育训练	43,839.43	40,654.34	48,292.00
2070307 体育场馆	38,011.13	48,189.50	50,664.24
2070309 体育交流与合作	21,660.13	20,168.65	21,570.00
竞技体育投入占体育比率	80.9%	79.9%	79.5%

可以看出,在2012年、2013年和2014年我国公共财政拨款支出事项中,竞技体育投入占比均达到了80%左右,说明我国在文化体育与传媒项目中更多侧重投入竞技体育活动。从国家体育总局对2013年的部门决算得知:财政拨款收入较2012年决算增长了6.08%,主要原因是备战2014年索契冬奥会和2016年里约奥运会的相关投入增加①;而2014年部门预算的情况则显示:国家体育总局2014年财政拨款预算支出占年收入总额的56.16%,比2013年财政拨款执行数增加15,409.47万元,主要原因是备战2014年仁川亚运会和2016年里约奥运会的相关投入增加②。数据表明,国家对竞技体育活动的公共财政投入

---

① 国家体育总局经济司.国家体育总局2013年部门预算[EB/OL].(2013-06-14)[2015-09-24]. http://sportsgov.cn/n16/n1077/n1077/nl852105/5264772_6.html.

② 国家体育总局经济司.国家体育总局2014年部门预算[EB/OL].(2013-06-14)[2015-09-24]. http://stortsgov.cn/n16/n1077/n1077/nl852105/5264772_6.html.

主要用于提高我国高水平竞技体育训练和比赛成绩。卢元镇曾用市场经济视角来分析此问题,认为我国高水平竞技体育的项目设置、人才培养、未来出路及奖励制度等均未按市场取向办事;动用纳税人的税金用于少部分精英竞技体育的发展在理论和法律上均站不住脚;精英竞技体育的很多行为违背市场游戏规则①。据此观点,我国政府对精英竞技体育过多投入的现状需要做出调整,因为这一制度已经出现了合法性和合理性危机。补救办法就是转变理念,逐步推行竞技体育公共服务并加大对其公共财政投入。

其次从政府公共支出绩效评价角度来看。政府公共支出绩效评价主要是指对于政府为行使各项职能而使用国家财政进行公共支出的成本、产出及效果的经济性、效率性等进行客观、公正、全面的综合评价过程。目前,我国竞技体育已取得了瞩目成就,截至2012年伦敦奥运会,我国共获得夏季奥运会金牌201枚、奖牌474枚②,如此闪耀的成绩背后离不开国家公共财政的大量投入。所以,我国竞技体育公共支出绩效评价将是考量和反映我国竞技体育效益、效率和效果的重要指标。对此,张凤彪选取了我国25个省、自治区和直辖市作为样本,并运用结构方程模型从投入、产出和效果三方面对2002年至2011年我国竞技体育公共支出绩效进行了分析评价。结果显示:25个样本省市的公共支出绩效指标无一优秀和良好等级;竞技体育公共支出绩效指标与地区经济发展水平呈正相关,随着我国经济的发展,各地区的绩效指数出现了不同程度的改善③。该研究结果表明当前我国对于竞技体育的公共财政支出处于极为匮乏状态,但发展态势是朝着改善优化方向前行的。这就要求我国政府对竞技体育的投入和考核不应仅仅停留在"获得全国以上冠军数"的单一指标,需要多维度评价并关注竞技体育公共服务的发展。

2. 制度建设必要性的理论探讨

商贩追求更高的利润,消费者寻求更低的价格,工人要求更高的工资,正如单独个体为追求个人利益而努力一样,"利益集团理论"即是指由追求相同利益的个体所组成的群体为其共同利益而奋斗。该理论被不同学派经济学家所引

---

① 卢元镇.以时代精神考量中国竞技体育体制改革[J].体育与科学,2013,34(1):19-20.
② 鲍明晓,李元伟.转变我国竞技体育发展模式的对策研究[J].北京体育大学学报,2014,37(1):9-24.
③ 张凤彪.基于结构方程模型的竞技体育公共支出绩效评价研究:25个省、自治区、直辖市的实证分析[J].体育科学,2015,35(2):31-40.

用,他们认为利益集团会在必要时采取行动以增进他们的公共目标或集团目标①。"理性人"是经济学研究的基本假设前提,按照上述逻辑,个体理性经济人通过结成利益集团来追求和实现共同利益诉求。然而,奥尔森在其《集体行动的逻辑》一书中,从集团个体成员角度出发,运用成本—收益边际分析方法提出:"实际上,除非群体的人数很少,抑或存在强制性的或其他某些特殊手段以使个人遵循他们的共同利益而行事,否则理性的自利个体是不会采取行动来实现他们的共同(集团)利益"②,此论断被称作"零贡献命题"③。

由于理性个体无法完成集体行动任务,不能实现公共利益,这时就需要引入外部强制机制以实现个体和公共利益,那么制度的构建就成为应然之举。尽管诺斯等人基于制度变迁史研究,认为某一制度是不同利益集团之间博弈的结果,也有学者认为制度的创建有可能会导致事物发展过程中出现僵硬局面和应付心态。但根据我国竞技体育公共服务发展现状及一般的社会经验来看,任何社会秩序中的规范与事实均是互为条件且相互作用的,两者缺一不可。若体现在制度部分中的应然规范仅停留在纸面,或者发生在具体实践中的实然事实不受制度规则的指导,那么包含在其中的制度就不会有任何真正意义。因此,一个规范性制度的存在以及对该制度的严格遵守,乃是推行竞技体育公共服务法治化必须推崇且不可或缺的前提条件。

3. 制度建设必要性的现实依据

理论研究源于实践问题,其实竞技体育公共服务在我国早已生根,但理论指导和制度建设明显不足。一些职业竞技体育团队已经迈出公共服务步伐,如CBA浙江稠州男篮于2014年休赛时期举办的"走进民工子弟学校"和"送篮球下乡"等系列公益活动④,就得到了义乌城乡广大社会公众的一致好评,让广大体育爱好者近距离接触职业竞技篮球的同时,更为篮球运动的普及和推广起到了明显作用。然而,零星的职业竞技体育团队或个人进行的公益活动,无法有效解决我国竞技体育公共服务亟待规范的必要性以及如何规范的紧迫性等问题。

---

① 丁轩,王新新.利益集团理论:从政治学到经济学——利益集团理论述评[J].国外社会科学,2008(2):63-67.

② 奥尔森.集体行动的逻辑[M].陈郁,郭宇峰,李崇新,译.上海:上海人民出版社.1995.

③ 奥斯特罗姆.集体行动与社会规范的演进[J].王宇峰,译.经济社会体制比较,2012(5):1-13.

④ 论稠州银行男篮送篮球下乡与乡村篮球队过招.[EB/OL].(2014-04-29)[2015-06-28]. http://zjol.com.cn/system/2014/04/30/020000209.shtml.

近几年,"谁是球王"乒乓球、羽毛球民间争霸赛成为全民关注的热点,该赛事活动是由中央电视台体育频道和中国乒乓球协会、中国羽毛球协会共同主办,通过全国范围内组织全民参加的乒乓球、羽毛球选拔活动,分为海选、赛区球王争霸赛和总决赛三部分。其系列活动以群众基础较好、竞技成绩突出的运动项目为基础,以各行政区域民间球王的产生贯穿始终,该赛事不仅完美融合了体育产业和全民健身,更是竞技体育和群众体育的兼顾互益。如羽毛球比赛进入总决赛阶段,组委会将邀请国家队主教练以及林丹等国家队队员亲临现场助威。李永波教练在接受采访时表示,如果羽毛球草根计划延续下去,业余选手甚至有进入国家队参加国际比赛的可能[1]。

从以上实例能看出,我国竞技体育内部已经意识到"打破封闭,提供服务"的必要性并做出积极探索。然而,如若没有明文的制度性规定和规章的法制性措施对此进行基本的制度保障,那么CBA球队的"送篮球下乡"和"谁是球王"系列争霸赛等竞技体育公共服务活动可能出现无序状态或转瞬即逝。马克思主义的制度权威观认为,制度是产生于人们现实社会物质生产过程中的规范性要求,是由现实物质生产过程、社会利益分配关系及特定社会文化积淀共同制约的产物[2]。为保证有益于社会公众的服务行为有序规范地持续发展,必须建立以"新公共服务理论"为指导的竞技体育公共服务制度。

三、竞技体育公共服务制度建设的可行性

1.竞技体育公共服务制度建设的理论基础

(1)新公共行政学理论

1887年美国学者伍德罗·威尔逊的《行政学之研究》指出:"行政应与政治相互独立,尽管政治相比较行政而言具有宏观指引性,但不应该因此去操纵行政活动。"1887年至20世纪60年代,公共行政学处于传统公共行政学发展阶段,在前所未有的经济发展和动荡不安的社会环境中,各种社会问题层出不穷而政府组织机构却未很好消除,公共行政学出现了合法性危机。

在上述背景下,作为回应和解决社会公共问题的公共行政学,为了促进学科自身的发展,也在孕育着新变革、回应着新挑战。1968年公共行政学大师沃尔多倡导发起的明诺布鲁克会议在美国锡拉丘兹大学明诺布鲁克会议中心举行,这次会议被誉为新公共行政理论和学派诞生的标志。此后,该会议每隔20

---

[1] 李永波:若草根计划延续,业余选手有望进国家队[EB/OL].(2014-04-08)[2015-06-15].http://sports.cntv.cn/2014/04/08/ARTI1396916355170495.shtml.

[2] 李松玉.制度权威研究:制度规范与社会秩序[M].北京:社会科学文献出版社,2005.

年举办一次(1988年、2008年分别举办了第二次和第三次会议)。第一次会议参会者主要是一群政治学领域的青年学者,他们以一种理性的激进态度对公共行政学的研究范畴、适用的调查研究逻辑、相关性、社会公平等进行了广泛讨论,众学者以彻底反思和争辩的精神回顾并展望了公共行政学的发展历程。会议成果由会议组织者之一的弗兰克·马芮尼整理收录于《迈向新公共行政:明诺布鲁克观点》一书中。马芮尼将第一次明诺布鲁克会议的观点归纳为:主张入世的公共行政、采用后逻辑实证主义观点、适应动荡不安的环境、构建新型的组织形态、建立受益者导向的公共行政。1988年的第二次会议有将近一半的女性参会者,而第一次会议则仅有一名女性;规模人数由第一次的33人增加到68人。从会议议题来看,较第一次会议除了重述公平民主、人际关系、伦理等问题外,还将研讨主题拓展至宪政、法律及政策、经济和信息技术等领域,且对行为主义采取了承认其贡献的态度。依据弗雷德里克森教授的看法,尽管第二次会议提交的论文与议题之间的偏离已不明显,较之第一次会议也少了些争议,但其影响力亦有所减弱[1]。2008年的第三次会议分为两阶段召开,最后达成了三个共识:第一,新公共行政与新公共管理相结合的共识即如何兼顾效率与公平正义取得良好平衡的问题;第二,应更多关注全球化的重大议题;第三,应多进行一些国与国之间行政比较的议题[2]。

(2)新制度主义理论

新制度经济学发端于20世纪70年代,其"新"主要体现在运用边际分析方法推演具体制度的源起和演化、性质与功能及经济后果等。科斯认为,以往经济学家主要致力于模型化那只"看不见的手",所研究的东西是心目中的、而不是现实中的体系。所以,新制度经济学是以制度为研究对象,假定制度的选择是有成本的,以此考虑不同的制度安排对经济当事人行为的影响,这种影响具体表现为制度的激励效果和经济绩效。同时,政治学研究中出现了一股重要思潮——新制度主义政治学,美国学者詹姆斯·马奇和约翰·奥尔森是主要代表人物。他们认为制度是各种规则和组织化惯例相对持久的聚集,它嵌入在各种意义和手段结构中,这些意义和手段结构在面对个体人员更替时相对而言是稳定的,同时在面对个体特殊偏好和期待及不断变化的外部环境时又相对而言是灵活的。

综上,新制度主义理论内容主要体现为:制度是新制度主义分析方法的理

---

[1] 弗雷德里克森,宋敏.明诺布鲁克:反思与观察[J].行政论坛,2010,17(1):89-90.
[2] 宋敏.新公共行政学研究[D].济南:山东大学,2010.

论基石和逻辑起点,所以对制度内涵的发展完善便显得尤为重要。最初,新制度主义研究者将制度理解为一系列的规则、组织和规范等,旨在约束利益主体的相关行为,它为社会、组织及个人间的相互影响提供了一个框架,如此定义制度强调的是一种关系和约束模式。然而,伴随全球化带来的政治、经济及文化生活复杂多样化的加强,以及人文社科领域各学科的交叉渗透,导致制度的内涵逐渐由规则、组织和规范等扩增为观念、资本与规制等表现形式。其中,观念是影响政策发展和制度选择的决定性变量,是制度变迁的催化剂;当具备约束性质的制度表现为资本形式时,它减少了主体行为的不确定性以及降低了主体在支持私人的短期收益中的损失,体现为一个联系密切的群体或共同体中成员的兴趣偏好和一种基于良好信任和信用的信仰,所以遵守社会群体的规范就是使制度成为一种资本形式;规制是制度在全球化发展下治理层次的一种新形式,它是某一社会共同体或组织内成员共同遵守并对其皆有约束力的普遍规范。

(3)新公共服务理论

新公共服务理论是21世纪前后,由美国著名公共行政学家登哈特夫妇为代表的学者基于对新公共管理理论的争辩反思,尤其是针对新公共管理思想精髓之企业家政府理论缺陷的批判而建立起来的一套新的公共行政理论。该理论是基于公民权理论、社区与公民社会理论、组织人本主义与新公共行政理论以及后现代主义理论的融合强化,旨在建立一套关于公共行政在以公民为中心的治理系统中所扮演角色的理念。其理念核心有:①服务于公民,而非服务于顾客;②追求公共利益;③重视公民权胜过企业家精神;④思考须具有战略性,行动要体现民主性;⑤承认责任并不容易;⑥服务,而不是掌舵;⑦重视人,而不仅是重视生产率[①]。

2.竞技体育公共服务制度建设的基本原则

(1)公民需求原则

公共选择理论认为,"政治人"与"经济人"是一样的,从利己、理性的角度出发,追求自身利益最大化。最显著的体现便是各地普遍存在的部分政府官员利用公共资源,大肆创建所谓"提供人民便利"的"形象工程""政绩工程"等现象,这类工程大多与人民群众的公共选择存在偏差,并未能很好地为公众提供服务。

基于公民权理论的新公共服务理论对此有了纠错性认识,主要体现在其充

[①] 丹哈特 R,丹哈特 J,刘俊生,等.新公共服务:服务而非掌舵[J].中国行政管理.2002,(10):42-44.

分认识到政府服务的主体是公民而非顾客;旨在追求公共利益;重视公民权胜过企业家精神、推动公众参与机制的建立,使之达到政府与公民之间的双向互动;并在具体提供服务的行动过程中,要以民主促民生,使公共服务制度从制定到执行、监督均有民主的机制和程序①。故此,在构建我国竞技体育公共服务制度体系时需要始终贯穿的主线是:基于公民需求导向;通过广泛的民情调查了解现有情况;举办交流会、听证会听取公民选择;征求公民意见使其参与其中;给予公民充分的监督权,实施效果需由公民肯定等。这些以需求促供给的功利主义措施并非老生常谈,它们实际上是对公共服务理性认识的切实行动和现实动因。

(2)供需结合原则

充分考虑公民需求导向的同时,竞技体育能为其提供多少公共服务,应该承担多大责任,是我们在思考竞技体育公共服务制度构建时不可回避的关键问题。责任总是和能力挂钩的,我国现阶段竞技体育能够为社会公众提供多少公共服务,能够提供什么样的公共服务,这些均基于其自身能力。

2008年以前,无论国家法规政策抑或国家体育总局规章制度均未明确提出提供公共服务。如《中华人民共和国体育法》第24条写道:"国家促进竞技体育发展,鼓励运动员提高体育运动技术水平,在体育竞赛中创造优异成绩,为国家争取荣誉。"而在《中共中央国务院关于进一步加强和改进新时期体育工作的意见》中提到"全面实施竞技体育发展战略,进一步提升我国竞技运动水平……发挥竞技体育的多元功能。"尽管仍将竞技体育的主要目标定位为争金夺银,但是"发挥竞技体育的多元功能"亦表明国家高层已经开始关注竞技体育多元价值。随着国家政府职能改革的大力推进及我国公共体育服务理论和实践的深入开展,2013年10月,由国家体育总局、国家发改委、财政部等八部委联合制定的《关于加强大型体育场馆运营管理改革创新,提高公共服务水平的意见》(以下简称"大型体育场馆意见")旨在挖掘我国竞技体育资源的公共服务功能、改革创新体育场馆的运营管理方式,推动全民健身落到实处。突出"充分发挥大型体育场馆主体功能……开展群众喜闻乐见、丰富多彩的竞赛、表演、健身等活动"②。能够看出,绝大多数大型体育场馆作为各级政府建造用于举办大型竞技

---

① 陈国权,张岚.从政府供给到公共需求:公共服务的导向问题研究[J].人民论坛,2010(2):32-33.

② 国家体育总局经济司.关于加强大型体育场馆运营管理改革创新,提高公共服务水平的意见[EB/OL].(2013-11-04)[2014-11-03].http://www.sport.gov.cn/n16/n33208/n33.

体育赛事的体育建筑,目前处于一种有能力而实际上并未很好地承担体育公共服务责任的状态。这些场馆之所以会出现服务能力不强、持续发展动力不足等问题,只因赛后运营效果不佳、利用水平不高。因此,2014年国家体育总局和财政部又联合出台了《关于推进大型体育场馆免费低收费开放的通知》,对体育部门所属大型体育场馆的开放范围、开放时间、受惠对象、服务种类、开放职责及保障和落实做了硬性规定,如大型体育场馆每年应免费向公众提供以下基本体育公共服务:①举办公益性体育赛事活动不少于4次;②举办体育讲座、展览等不少于4次;③开展体育健身技能等培训不少于1000人次;④进行国民体质测试不少于3000人次[①]。

通过解读上述文件,可以发现我国竞技体育在物质设施层面是完全有能力来提供公共服务的,当前国家体育管理部门也在通过颁布实施这些惠民制度来规范确认其责任。然而,对于我国竞技体育还能提供其他什么形式公共服务、产出什么类型的服务产品,科学论证其供给能力并做好广泛的需求调查是必备前提。

(3)以人为本原则

通过我国现有公共行政学相关理论研究,可以总结出以人为本是公共服务的本质特征,因为它体现了我国服务型政府的理念要义,也是推行公共服务活动的总原则,同时还是政府管理的合法性要求及公共行政的必然性选择。

竞技的本性是游戏,异化的竞技运动却过于追求夺标获利,淡化了育人属性。有学者曾提出国家竞技运动的三个发展阶段,即生存型竞技—发展型竞技—享受型竞技,"生存型竞技"以夺标、获利为目的;"发展型竞技"指通过运动促进人全面发展的竞技;"享受型竞技"是指竞技运动参与者能享受运动带来的愉悦感和自豪感,并制造幸福的竞技最高状态。现实情况表明:我国竞技体育目前正处在由"生存型竞技"向"发展型竞技"过渡的阶段。为促使我国竞技体育持续健康发展,"以人为本"理念下的竞技体育公共服务制度不可或缺。

目前,体育公共服务非均等化问题比较突出,主要表现在缺乏体现基本公共服务均等化的制度安排以及足够的机会和公共体育运动设施场地。再者是在传统的三级训练网里,有运动天赋的青少年在层层选拔中每上一个台阶就会远离公共教育一步。在制度框架下,人文与科学融合,使得专业竞技运动员能够将身体、心理和社会的综合素质得以提高,而社会公众也能从中分享高水平竞技服务的指导,进而更好地享受竞技体育带来的幸福感。"分享运动"观念旨

---

① 国家体育总局,财政部.关于推进大型体育场馆免费低收费开放的通知[EB/OL]. (2014-01-28)[2015-03-27]. http://jkw.mof.gov.cn/zhengwuxinxi/zhengcefabu/201401/t201401128_1040378.html.

在使我国尽可能多的社会公众不仅在精神层面分享精英运动员夺冠的喜悦,更能让他们获得基本的参与竞技运动机会。① 因此,在以人为本前提下结合供需实际提供制度化的竞技体育公共服务,是促使竞技体育公共服务均等化发展,强化公民公平、法制、正义等价值取向,使社会成员均等享受竞技体育成果的必然选择。

3. 竞技体育公共服务制度建设的现实意义

(1) 保障公民基本人权

保障基本人权是公共服务的价值基础,也是科学发展观中以人为本理念的具体贯彻。公共服务是政府或其他组织等提供主体为实现对人的关怀而提供的社会救济、社会保障和社会福利,这些均是国家应当予以提供和保证的基本权利。公民参与体育活动是一项基本人权,这是国际公约和宪章所明文规定的,如1966年被联合国大会通过的《经济、社会和文化权利国际公约》中第12条规定:"本公约缔约各国承认人人有权享有能达到的最高的体质和心理健康的标准",体育运动尤其是竞技体育运动是促进人的身心全面、和谐发展得很好途径,被实践证明也是可以舒缓身心压力的有效手段。我国于2001年加入该公约,意味着对相关条款的完全认同。

在我国,提及竞技体育,人们一般首先想到的是"更高、更快、更强","更高、更快、更强"确实是竞技体育精神的一种体现,但并非它的全部。在顾拜旦倡导的五大奥林匹克价值观中,并没有对"更高、更快、更强"的夺标主义过度追求,也无意通过竞技满足国家与民族的诉求。该价值观精髓在于:竞技体育应关心每一个体在参与其中时获得的自我提升,寓意直指人权的保障和实现。按照上述理解,竞技体育的真谛并非成堆的奖牌,而是关注每一个体的身心健康。因此,唯有将竞技体育和群众体育融合起来,淡化金牌和功利主义、弱化夺标主义诉求,竞技体育方能体现其应有之义。

(2) 分享竞技运动平台

胡小明教授曾在分析我国体育制度规范不足的基础上,透过体育人类学运动资源普惠论视角,于2010年提出"分享运动"理念,并采用马克思主义关于人的全面发展学说和科学发展观进行检验,从社会进步的潮流和机制肯定了该理念的学理性和实际应用价值,认为它指向的可持续发展目标是引导中国体育事业走向维系社会公平的基本公共服务均等化。该理念认为"分享运动"是"健康第一"面向实际工作层面且能够有效链接现实中每个人实施行为的理念,是科

---

① 胡小明.体育发展新理念:"分享运动"的人文价值观与青少儿体育发展路径[J].体育学刊,2011,18(1):8-13.

学发展观指导下的体育人文观念。此外,坚持以提供公共体育产品为杠杆,通过促进广泛的运动参与以实现公共服务均等化,使更多的人通过获得运动体验来提高自身身体运动能力,从而实现增进大众体质与健康水平的体育发展目标[①]。

"分享运动"可被看作是实现体育公共服务的人文诉求,作为衡量体育发展的价值维度,尽管人文诉求是体育发展的核心价值,但却总是被忽略。为此,"分享运动"理念就需要寻求一个具有承载能力的制度平台,这正好与竞技体育公共服务的制度建设不谋而合。在现实生活中,有很多人非常热爱体育运动、了解规则、追踪热点却极少亲自参与体育运动。倡导"分享运动"理念,构建竞技体育公共服务制度平台,就是让社会公众不仅追崇极少数运动精英的表演,而且在力所能及和条件允许的前提下获得基本的参赛机会和体验,让更多的体育爱好者勇于追求心中的体育梦、冠军梦,并用自身榜样的力量去带动健康快乐的积极生活理念、去影响周边更多人参与到体育运动中来,最终达到生态和谐的"分享运动"氛围。

(3)推动体育产业发展

体育对国家和公民的作用不仅在于为国争光、为民谋福,还应凸显其为国增利、为民谋益的功能。在欧美发达国家,体育产业已成为与其他支柱产业并驾齐驱的产业分支,为国家经济增长和社会财富积累做出了巨大贡献。反观我国改革开放三十多年来,虽然体育产业有了不同程度发展,但终究未能实现重大突破;尽管已成为世界最大的体育用品制造国,然而体育产业增加值占 GDP 比例仅为 0.6%,远低于发达国家 1%~3% 的水平。加上体育产业体系发展的不均衡,导致体育健身休闲业和体育竞赛表演业等核心体育产业出现"有心无力、有劲难使"的困局,严重制约了体育产业的发展势头。追根溯源,其根本问题和主要矛盾即处于金字塔中下层的广大非精英体育人群的需求和呼声未能得到有效回应。对此,可以从体育管理人员的理念重塑和体育发展方式的制度构建两方面做出一些调整和转变,适时推出竞技体育公共服务制度规范将是有力保障。

体育产业发展要想获得新的动力,就需要整个社会群体的体育参与。竞技体育公共服务制度建设旨在扩大竞技体育受益人群、增加群众体育健身人数,进而增强公民体育消费意识、提高人均体育消费支出。更多人参与竞技体育,对各种体育产品以及服务的要求才会不断延伸,体育产业的发展空间才会不断

---

① 胡小明.分享运动:体育事业可持续发展的路径[J].体育科学,2010,30(11):3-8.

扩大,竞技体育公共服务制度的出台和推行,必将为我国体育产业的长远发展奠定坚实基础。

四、竞技体育公共服务制度建设的系统性

1. 我国竞技体育公共服务基本制度建设

(1) 组织与管理制度

制度构建的基础性工作是组织与管理。在新制度主义看来,现代政治、经济、社会等系统中主要的行动者并非个人而是各类组织机构,这些组织机构及其行为规范的制度体系发挥着支配性作用。

① 组织机构设立及人员构成

新公共行政学支持建立一种取代传统官僚组织的新型组织机构,这种新型组织机构需要具备的要素特征有分权化、分散化、对抗性、责任的扩大以及受益者参与等。在我国,当前能够作为公共服务主体的组织和个人主要包括国家机关、政党、行业协会、社会团体、非政府和非营利性质的社会公益组织、基层自治组织,以及公民、法人和其他组织。伴随着世界竞技体育的发展和我国对竞技体育管理模式的不断完善,我国竞技体育呈现出参与人数增多、组织类型多样化的特征。有学者将我国竞技体育的基本组织类型分为职业竞技体育、专业竞技体育和业余竞技体育,并认为它们互相作用、相互联系,共同影响着我国体育公共服务的发展①。据此,我国竞技体育公共服务组织的设定也可依照这三种基本组织类型进行。

国家体育总局是我国体育管理的最高行政机构,其下设有13个总局机关、43个直属单位以及各省市区体育局。在总局机关中,作为13个总局机关之一的竞技体育司,其主要职责是负责拟定竞技体育发展规划草案和体育训练竞赛管理制度,负责组织和指导国内外竞技训练和参赛工作等。直属单位中以篮球运动管理中心为例,它的主要职责是指导、促进篮球运动的发展,组建国家队参加各级国际比赛,后备人才培养、竞赛管理与组织以及社会篮球开展等。各省市区体育局则是在国家体育工作方针、政策下对组织开展本区域内的体育管理工作。以陕西省体育局为例,其主要职责有七项,在竞技体育方面主要是统筹规划竞技体育发展;积极组织举办本省综合性运动会、参加全国综合性运动会等。

从当今世界各国实践情况看,体育社团是为发展体育运动而形成的数量众多、面向基层的重要社会团体。在欧美国家,它们主要是由俱乐部、协会、联盟

---

① 张鲲,刘翱翔,王春燕.我国竞技体育基本组织类型及其对体育公共服务的影响[J].四川体育科学,2014(6):5-7.

等自下而上发起的。而在我国,它的形成模式主要是由上而下、依靠行政推动来建立。另外需要提及的还有一些自下而上组建的群众体育社团(如大学生体育协会、老年人体育协会等)、行业体协(如火车头体协、煤矿体协、前卫体协等)以及大量民间体育组织的自发形成,该类组织的迅速发展使得我国体育协会组织更加健全和完善,但仍要清醒地认识到,行政型协会和事业型协会需要尽快实体化,以不断满足群众体育参与需求和行政体制改革要求。

我国的竞技体育行政部门和大部分竞技体育类社会团体更加侧重于国家队、专业队等精英竞技体育活动,对于公众的竞技体育需求和公共服务往往不够重视。然而,伴随国民经济发展和人民对体育休闲娱乐尤其是竞技赛事的关注,日趋增强的参与需求和尚未跟进的赛事供给则构成了当前客观存在的供需矛盾。这就迫使我国现存的竞技体育类组织和人员转变自身理念,在国家大力推行简政放权的转型期,更新理念、调整目标、加强服务,力求在不增加机构和人员的情况下尽可能满足公众的竞技体育公共服务需求。

②组织目标设定及活动开展

目标的设定往往体现在价值的追求上,在此,可以引入"公共价值"管理理论对其进行论证。20世纪末,依托网络治理模式的时代背景和建立在对新公共服务理论发展基础上的公共价值管理理论,是兴起于新公共管理理论之后一种新的公共行政学范式,它极力主张公共管理者应该创造公共价值。该理论旨在要求公共管理者更具战略思维并重新审视管理过程中的政治;主张公共管理者应该创造公共价值、优化政府职能;不断拓展服务路径、构建协商网络和服务递送网络;加强政府的合法性管理、以使民主和效率的矛盾得以解决。据此,有学者将此总结为,公共价值是指由公共偏好决定的,相对公民主观满足感而言的价值体,它由更好的服务、结果、公平、合法性、发展和以信任为组成部分的社会资本等要素构成,通过由政治家、政府官员和社会群体共同参与的社会与政治互动等民主程序而得到确认。① 公共价值管理理论不止于传统公共行政中"确保规则和合适的程序被遵循"和新公共管理中"追求经济和效率,帮助定义和实现既定的绩效目标"这些追求。② 它强调的是在公民集体偏好形成过程中,公共管理者作为探索者而非领导者,与公民及其他组织一起致力于寻求、确定和创造公共价值。

竞技体育公共服务是为了最大限度满足公众的竞技体育需求,这既包括参

---

① 吴春梅,翟军亮.公共价值管理理论中的政府职能创新与启示[J].行政论坛,2014(1):13-17.

② 何艳玲.公共价值管理:一个新的公共行政学范式[J].政治学研究,2009(6):62-68.

赛需求也包括观赛需求。为实现此价值追求,竞技体育公共服务组织的目标应设定为国家体育行政管理者联合其他社会组织及公民一起创造以竞技体育为核心、以竞争向上为特征、以健康参与为方式的体育公共服务。组织目标设定后,如何将目标转化为实践则需要一系列组织活动:a.充分挖掘利用竞技体育场馆资源;b.增加政府对竞技体育公共服务的财政投入,在此基础上拓宽其他融资渠道;c.使高水平竞技运动员或教练员融入基层社区的活动常态化;d.条件许可的市县及基层乡镇区应每年至少举办一次大规模的、群众基础好的竞技运动赛事;e.鼓励创办民间体育联赛;f.待民间体育联赛发展到一定规模后,可考虑推广商业化的竞技体育保险品种。

③管理思想的明确定位

　　构建竞技体育公共服务管理制度,需要明确管理思想。在管理过程中,不可回避的一个重要因素便是"人",这个"人"包括管理者和被管理者。梅奥在霍桑实验中首次提出了"社会人假设"的说法,他认为人并非唯利是图的经济人,在物质生存需求之外还有社会需求和心理需求,于是社会组织就必须在这两个方面满足成员的愿望。马斯洛在1943年提出的"人类需求五层次"理论,从生理需求—安全需求—社会需求—尊重需求—自我实现需求进行了细述。随后道格拉斯·麦格雷戈在1960年所著的《企业中人的方面》一书中提出了人性假设与管理方式理论即"X理论和Y理论",其中,X理论认为人是"实利人",工作的动机仅是为了获得经济报酬,因此管理的唯一激励办法就是增加经济报酬、同时重视惩罚,麦格雷戈对此持批评态度并认为其导致的结果是员工的敌视和反抗;Y理论认为人是"自动人",把人视为一个有机系统,认为激励的办法是扩大员工的工作范围,将员工工作安排得富有意义、有挑战性且在完成工作之后能引起自豪。据此,麦格雷戈认为唯有启发内动力、施行自我控制和自我指导,方能在条件适当的境况下实现组织目标与个人需要融合发展的最理想状态①。此后,又有学者从人的动机、目标、过程等方面提出了不同的理论假设。

　　总体来说,这些已有管理理论成果,大多是从人积极的一面出发,通过创造健全的组织机构,进而最大限度地发挥人的潜质,达到优良管理的目标。实质上,上述管理理论所彰显的是一种人本主义管理思想,这一管理思想强调人的内驱力,并关注个人价值层面的实现。这一管理思想主要体现在管理章程的制定和推行实施上,所以承担竞技体育公共服务的相关组织机构便要在其部门职

---

① 麦格雷戈.企业中的人[J].中国人才,2002(10):29-30.

责和管理章程中有所体现,并依此行事。

(2)生产与供给制度

①服务产品及其生产机制

我国竞技体育公共服务的组织与管理制度成形后,服务的生产与供给将是紧随其后需解决的问题,其中包含竞技体育公共服务产品如何分类?由谁生产?怎么生产?向谁供给?如何供给?……等要素。竞技体育公共服务是政府体育机构和承担竞技体育训练比赛的组织或个体,通过直接提供和间接购买各种物质形态或非物质形态的竞技体育公共产品,营造公平、安全的竞赛环境,使更多的人直接或间接的参与竞技运动对抗,以公众需求偏好为导向、以促进参与者身心和社会行为健康发展为目标的竞技体育公共服务活动的总称。竞技体育公共产品主要包括物质形态产品,如用于开展竞技体育活动的场馆、设施、体育用品等;以及非物质形态产品,如竞赛活动的组织与开展、高水平竞技体育赛事表演等。

我国竞技体育公共服务的生产主体主要由政府部门、行业协会、体育社会组织等构成。基于政府部门和行业协会地位的权威性和独一性,当它们选择成为竞技体育公共服务的生产主体时,无须经过繁杂的确认程序。比如,2012年国家体育总局颁布的《优秀运动员全民健身志愿服务实施办法》旨在将我国优秀竞技运动员充分调动起来积极参与到全民健身志愿服务中去,并以部门规章形式将此形成长效化机制。随后,作为具体办事机构的国家体育总局人力资源开发中心,在2013年积极组织多种项目的36名奥运冠军或知名运动员参与志愿服务中,直接服务对象近8万人[①]。此外,从国外经验和国内其他行业的有益经验来看,推行政府向社会组织购买服务是创新公共服务提供方式、加快服务业发展、引导有效需求的重要途径。而当生产主体是社会组织或个人时,鉴于该类主体的市场化和多元性,则必须经过一定程序的遴选,以保证产品质量、服务过程、服务效果的监督评价。

②探索新型供给模式

当前,服务供给主体和方式呈多样化态势,基本形成了政府主导和社会参与的公共服务供给模式。然而与广大人民群众日益增长的体育服务需求相比,竞技体育公共服务仍存在供给缺失、规模不足、质量不高和常态化不够等突出问题。在公共财政体系中,建立竞技体育公共服务的购买制度,对促进竞技体育公共服务供给水平和社会非营利组织的发展均是十分必要的。为此,迫切需

---

① 佳宜.优秀运动员深入基层服务百姓[N].中国体育报,2014-04-22(04).

要政府部门和社会组织同心协力,跟进竞技体育公共服务的制度建设,创新竞技体育公共服务供给模式。2013年9月26日,国务院办公厅发布了《关于政府向社会力量购买服务的指导意见》,从国家政策层面对政府购买社会组织服务做出了原则性规定。具体到竞技体育公共服务领域该如何实施,尤其是在政府选择社会力量以及进行决策方面如何落实,仍需在实践中不断探索。

现有国内外实践表明,拓宽公共财政提供公共服务的途径,政府通过契约合同形式向社会力量购买服务,对于提升公共服务的质量和效率具有促进作用。20世纪70年代以来,欧美发达国家就围绕公共服务供给展开了一系列以"购买服务"为主要措施的改革,现已形成一套颇有成效的供给模式。伴随着我国政府职能转变和改革推进,国家和部分区域进行了诸多积极探索:先后有2006年《北京市海淀区关于政府购买公共服务的指导意见》、广东省财政厅发布的《2012年省级政府向社会组织购买服务项目目录》、国务院办公厅2013年发布的《关于政府向社会力量购买服务的指导意见》等。在体育行业内部,2013年12月31日国家体育总局与江苏省政府达成《建设公共体育服务体系示范区合作协议》,在全国率先开启了江苏常州武进区实施省部合作共建的崭新模式。

③示范活动的案例分析

依托上述《合作协议》,常州市体育局积极组织规划向社会组织购买公共体育服务,于2014年4月初公布了政府购买公共体育服务的22个项目①。

表9-2　江苏省常州市购买公共体育服务项目分类

大类	项目
群体赛事类(12项)	常州市业余篮球、业余排球、业余足球、业余乒乓球、业余网球、业余自行车、门球、健身秧歌、舞龙舞狮、体育舞蹈、跆拳道大众、航空模型比赛
健身活动类(6项)	常州市全民健身徒步大会、环太湖自行车千人骑行活动、太极拳(剑)展示活动、健身气功交流展示活动、老年人柔力球(健身球操)展示活动、健身腰鼓展示活动
业务培训类(2项)	基层体育管理服务人员培训、二级社会体育指导员晋级技能培训
管理服务类(1项)	全民健身活动站点器材管理维护服务
设施建设类(1项)	全民健身活动站点更新(新建)健身器材

竞技体育公共服务产品的选择作为我国竞技体育公共服务制度构建的核

---

① 陈新荣,贾海红.常州公布政府购买公共体育服务22项目[N].中国体育报,2014-04-24.

心环节之一,决定了公民能否以最大热情和迫切愿望参与到具体的竞技体育公共服务中来,因而供给产品的选择过程和选择结果是产品有效供给的重要因素。表9-2中的22个项目公布之后,除了业务培训类和全民健身站点等4个项目按规定进行政府采购外,其余18个全民竞技健身赛事全部由具备资质条件的社会组织来承接。具体的程序是购买主体和承接主体签订合同→购买主体支付50%费用作为启动资金—开展活动—项目完成—专家评估—付清余款—服务结束[①]。此项活动可以视为政府购买竞技体育公共服务进行的积极探索,为我国竞技体育公共服务生产供给模式提供了创新性示范。在此过程中我们需要明确的是,既要防止政府对公共服务一手包揽,也要防止推行公共服务市场化中的偏离公共价值现象。所以在竞技体育公共服务供给时,实施以合同外包、竞标等公私合作伙伴式联合提供竞技体育公共服务的具体供给措施,将是我国竞技体育公共服务在当前政府深化改革、创新体制机制情况下能够采用的合理选择。

(3)职责与分工制度

任何一项制度的价值均在于实施,这也是其权威性所在的关键,而制度的实施则需要对该制度运行所依托的"职责与分工"进行规制。竞技体育公共服务组织的使命决定其职责与分工,创设竞技体育公共服务制度平台旨在让更多的公民通过直接或间接地方式参与竞技体育,促进个人身心和社会整体氛围的健康和谐发展。

从国家体育总局层面看,竞技体育公共服务运作实际上需要竞体司和群体司等多部门联合,为此有必要建立竞技体育公共服务司际联席会议制度。竞体司应明确高水平竞技运动员服务群体竞赛等要求,群体司则主要对年度竞技体育公共服务活动做好宏观规划。尽管不增设机构,但仍有必要专门将竞技体育公共服务事项列入部门具体工作人员职责范围内,以达到各部门积极沟通、各司其职、协同配合的效果。从各省市县及乡镇区层面看,除了积极配合上级组织的活动外,还应结合当地经济发展、群众基础等条件努力创设更多的竞技体育公共服务。各级体育行政部门需在年度预算或总结体育公共服务开展情况时,去糟取精,增加对公众参与度高的竞技体育公共服务的投入。

归根结底,职责与分工制度的构建是为了提高执行力。十八大之后,我党开展了一系列反腐斗争,揪出了大批的"老虎""苍蝇"。然而,这并不能说明执政党和国家的制度不够健全,更不能说空白,关键是执行不到位,缺乏制度应有

---

① 陈新荣,马奔.政府购买公共体育服务:江苏常州签下全国"首单"[N].扬子晚报,2014-07-11.

的严肃性和约束力。因此,为避免职责分工制度出现"纸老虎""稻草人"式虚假,应当立足于明确执行主体、明晰责任范围、严格责任追究。

2. 我国竞技体育公共服务配套制度建设

(1)公民参与制度

公共行政学中的公共价值管理理论蕴含着丰富的民主意蕴,主要有实现民主含义的回归、民主内容的发展、平衡民主和效率的矛盾、使民主更具可操作性等[1]。本课题研究着重依托该理论,对竞技体育公共服务中的公民参与制度构建做出尝试。公共价值管理理论认为,公众偏好是公共价值的中心,要想实现公共价值,必须满足较多公众的偏好。为此,建立"公民参与制定—公民参与活动—公民参与监督—公民参与评议"的公民参与制度将会使竞技体育公共服务朝向公众满意的良性局面发展。

构建公民参与制度并非易事,它将是摆在公共管理者面前的拓展公民参与的极大挑战。不过,传统方法与新技术的结合或许是不错的选择:传统方法主要包括投票、听证、市民评判委员会等;新技术则主要指通过互联网、手机终端等媒介来实现,以此来成功拓展公众表达需求的渠道,进而达到公民有效参与的目的。在此需要指出的是,构建公民参与制度并非否定或削弱公共管理部门尤其是政府的主体作用。实际上,公共价值管理理论主张公共部门在与公众的互动中拓展公众参与,同时引导公众偏好的形成[2]。毕竟在我国这样一个历来推崇"以静养生"的国家,快速转变人们对竞技体育的观念还是比较困难的。但是,公众认知往往会随着政治家或成功人士对特定问题的关注而逐渐提升,这点在当前我国对足球运动的关注以及公众对足球参与的与日俱增即能够得到验证。

(2)差别多样制度

差别多样制度的构建是基于我国现实国情即我国长期处于社会主义初级阶段而考虑的,亦是由我国社会主义政治、经济、文化的差别多样化特色所决定的。中国是一个经济社会文化发展不平衡的大国,任何制度的效用评判或运行监控,均会受到该制度所依赖社会环境的限制,竞技体育公共服务制度的推行同样不例外。在我国,竞技体育所包含的运动项目不仅有广为流传的奥运项目,还囊括了深受各地群众喜爱的民族民间传统体育活动。如端午节龙舟竞赛、内蒙古那达慕大会中的"男儿三项"——摔跤、骑马、射箭等。这些具有鲜明民族民间特色的竞技体育项目虽然在别国甚至我国的其他地域都很少见,但基

---

[1] 尹文嘉. 公共价值管理理论及其民主意蕴[J]. 学术论坛,2009(10):65-68.
[2] 尹文嘉. 公共价值管理:西方公共管理发展的新动向[J]. 天府新论,2009(6):91-95.

于民族民间传统体育项目传承创新的考虑,当地政府应将此类竞技体育项目纳入公共服务范围,以制度化的形式使它们得到保护和发展。另外,从体育休闲旅游产业发展角度来看,这些民族民间传统竞技体育类赛事能够很好地起到吸引客流、参与体验、健康快乐的绿色健康游效果,进而也能反馈当地竞技体育公共服务投入,实现相互促进、共同发展的目标。

当然,就算是已有统一规则标准和参赛办法的奥运会竞技项目,在不同地域也可能因气候、经济、社会、文化等因素而呈现出不同的竞技体育公共服务氛围。如北京、上海、广州等地可能会较之其他省份有更浓厚的竞技体育参与氛围,进而形成从政府部门、社会组织到个人不同层次的主办方以及多种赛事类型;而在经济社会发展条件相对落后的地区则可能主要依靠政府部门来完成,且竞技赛事类型比较单一。这些客观因素是不同地区在落实竞技体育公共服务制度时必须认真考虑的,各级地方政府可结合本地区实际情况制定适合本地特点的相关制度。如前面提到的江苏常州,在国家体育总局和江苏省政府签订共建公共体育服务体系示范区协议后,于2014年7月在全省率先出台了《公共体育服务体系建设三年行动方案》;北京市体育局在2015年3月16日制定了《北京市全民健身条例(修改草案)》,其中第18条便修改为"本市各级人民政府应当定期举办本行政区域的群众体育比赛活动"等。这些都是地方政府在遵循本地实际发展情况下探索竞技体育公共服务制度建设方面的有效措施。

(3)监督评价制度

本课题关注政府向社会组织购买竞技体育公共服务的生产供给制度设计,与这一制度相对应的是监督评价制度。政府购买公共服务,绝不能让其成为新形势下腐败的温床,必须在购买的同时加强监管督导。为此,事前监管、事中事后督导的监督评价制度就显得十分必要。目前我国相关部门尤其是地方政府在探索政府购买公共服务的过程中,由于财政预算管理及监督评价机制不到位,常发生违规、垄断、暗箱操作、逆向选择等现象,部分公共服务项目的购买回扣竟高达40%。这一问题与政府购买公共服务的决策初衷即打破垄断供给局面、提高公共服务质量、降低暗箱操作与腐败等是完全背离的[1]。

为此,建立一套监督评价管理流程显得尤为迫切。在竞技体育公共服务活动中,服务的广泛性和流通性涉及诸多公众利益,单靠政府管理者的监督难免鞭长莫及。所以,创设多元化主体不仅可以提供完整公开的服务反馈信息,而且能成为我国竞技体育公共服务活动重要的纠错评价体系。"阳光是最好的杀

---

[1] 朱昌俊.谨防购买公共服务成为腐败的温床[EB/OL].(2014-07-04)[2015-08-09].http://www.cssn.cn/jjx/jjx_gd/201407/t20140704_1241294.shtml.

菌剂",在政府监管部门的主控下,利用适当的新闻监督、广泛的受众评价,加之第三方评议体系,努力杜绝那些不透明、不合理现象。该多元化监督评价主体可由政府管理部门、新闻媒体、竞技体育公共服务使用者、第三方中介机构等共同组成。因为竞技体育公共服务的参与主体众多且属性不一,本课题研究建议采用焊接式监督评价流程。这些主体可以看作是焊接中的材料,看似不同、实则相通,他们对竞技体育公共服务的价值目标和预期受益是焊接式监督评价时的原子和分子。如此也能保证当任何一个环节出现监督不力或评价不公时,其他焊接点均可联合论证并协商决定最后的结果,力求产生阳光监督、公正评价的效果。有监督就会有评价,评价可分为质性评价和量性评价,均需要一定的评价指标。鉴于竞技体育项目开展形式、竞赛规则、参与人数等硬性指标,竞技体育公共服务监督评价指标不尽相同,主要根据活动组织方性质、具体的活动开展形式、活动开展情况、服务使用者反馈情况等分别确定。

第二节 竞技体育公共服务的体系建设

伴随经济体制转轨、社会结构转型,我国政府机构多次改革,力求实现从机构、人员的精简到政府职能转型的蜕变。近年来,越来越多的国家开始注重提升公共服务水平,明确将其作为衡量一个国家或地区经济发展水平和政治文化程度的标志,并将构建基本公共服务体系、推动基本公共服务均等化当作经济社会转型的内在要求、政府工作的重要任务。公共服务体系是现代社会全面、协调和可持续发展的基础,我国政府也在力求建设惠及全民的基本公共服务体系,其宗旨是为广大人民群众服务。

2008年前后,围绕北京奥运会的举办,我国提出"科技奥运、人文奥运、绿色奥运"三大理念,国家在大力发展竞技体育、让运动健将为国争光的同时也提出"全民健身与奥运同行",大力发展群众体育、学校体育的主旋律,来满足公众对体育健身的各方面需求,这是我国从体育大国迈向体育强国的战略转折。之后,国家政策方针也从之前狠抓竞技体育、彰显国家地位与实力,转向竞技体育、群众体育两手抓,两者均衡协调的发展理念,并不断加大了对体育公共服务相关要素的投入。竞技体育公共服务的根本宗旨是让竞技体育惠及全民,其出发点和归宿是强化竞技体育的本位功能和提升竞技体育的公共服务能力,尽可能提供数量多、质量高的竞技体育产品和服务,来满足社会公众对体育的精神需求与物质需求。然而,我国体育公共服务事业发展还整体落后于竞技体育发展水平,公共体育产品和服务还存在诸多问题:公共体育产品和服务总量不足、公益性差、优质产品缺位、公平性不足、供给的持续性不足及随意性过大、区域及城乡、阶层差异明显等特点,尤其在我国农村地区、老少边穷地区、弱势群体的体育公共服务发展严重滞后,这与竞技体育的发展形成了鲜明的反差,均严重制约着体育公共服务普遍惠民目标的实现。

竞技体育公共服务的发展程度取决于公众的服务需求,在紧紧围绕公共服务宗旨前提下,构建为人民服务的竞技体育公共服务体系,不仅可以实现竞技体育的社会功能最大化,还可为构建和谐社会、推广公共服务、丰富基本公共服务发展思路提供有益参考。同时,竞技体育公共服务体系要在公共文化服务体系指引下进行构建,它应面向社会公众和基层,以满足公众需求为根本宗旨。本课题在新公共服务理论、新公共治理理论和公共物品供给理论引领下,从管理学、社会学、体育学、经济学等学科视域出发,根据竞技体育公共服务的自身特点,找到政府、市场、社会三元主体参与竞技体育公共服务的切合点,尝试构建符合我国国情的竞技体育公共服务体系模式。此外,竞技体育公共服务体系作为公共服务体系的组成部分,在推动政府转型即由"管制型"政府逐步走向"服务型"政府进程中发挥重要作用。

一、竞技体育公共服务体系建设的理论基础

1. 竞技体育的本质属性

改革开放以来,我国体育事业取得了全面进步。尤其竞技体育的发展向世界昭示了一个充满活力的体育大国正在快速崛起,并且正向体育强国迈进。然而从我国体育事业整体发展趋势看,还存在不平衡、不协调的现象,诸如竞技体育和学校体育、群众体育之间发展不同步,竞技体育与体育公共服务发展存在严重失衡等。这样,从竞技体育的社会属性出发,明晰竞技体育公共服务的社会价值就显得尤为重要。

(1) 体制论

竞技体育在很大程度上代表了国家的荣誉和地位,是向全世界展示国家形象的重要窗口,是人民群众寄托爱国热情的表现。新中国成立之初,百废待兴,在计划经济条件下,为了迅速发展竞技体育,采用了举国体制即举全国之力发展竞技体育的模式。政府从财力、物力、人力上给予充分保障,为竞技体育迅速崛起发挥了重要作用,极大地彰显了竞技体育的公共性。改革开放以后,随着我国经济飞速发展,国家开始积极鼓励部分体育事业走职业化道路,衍生出专业竞技体育、职业竞技体育、业余竞技体育三种竞技体育形态和组织类型。由国家主要管理与实施的专业竞技体育的特殊化、走向市场管理的职业竞技体育的市场化、社会群众发展业余竞技体育的普遍化都是竞技体育在当今社会的发展方式。不同历史时期的不同体制决定着竞技体育发展,它不仅得益于举国体制发展模式,同样依赖于市场经济发展。

(2) 文化论

60多年来,竞技体育肩负国家和民族的光荣使命,成为满足全国人民的体育精神文化需求寄托,其不仅极具观赏性,也带动了人们参与竞技体育,亲身感受体育魅力。同时,在现今大部分学校体育教育中,也以开展竞技体育项目为主,成为竞技体育文化需求的主要阵地。随着社会发展,竞技体育也形成了自身的礼仪庆典文化,并与国家民族的文化庆典活动同在。竞技体育活动的开展决定了它与人民群众的密切关联,时刻与公众的视觉欣赏需求等相联系;竞技体育的出现与社会道德同行,运动员的道德行为影响着人们的道德观念、竞技体育本身所传扬的体育精神、体育原则、体育观念也在潜移默化地规范着公众的行为选择;竞技体育表演的传播影响着人们的思想意识,刺激着公众对健康美、形体美、服饰美等的认同,提升着人类的情感文化。竞技体育的各种社会文化要素都决定了其具有公共性,也必然影响着竞技体育公共服务的公共性。

(3) 功能论

竞技体育功能表现在诸多方面:健身娱乐、政治经济和文化教育等。首先,竞技体育在产生之初是以健身娱乐为目的的游戏项目,因而它具有极强的健身娱乐功能。竞技体育是挑战人类身体极限的运动,激发人类潜能,能够彰显人类本色;第二,运动员参与比赛,不仅代表的是个人,更是国与国、地区与地区的竞争与交流,所以它在很大程度上可以促进国家和地区间政治文化互通;第三,高规格竞技体育赛事的举办,在体现人们追求更高、更快、更强远大目标的同时,更是为举办国家或地区带来一系列巨大的经济效益;第四,竞技体育是现行体育教育的主要内容,体育教育在教授运动技能的同时,也在传播竞技体育的精神文化,竞技体育从内而外展现其多样社会功能。

(4) 目的论

竞技体育所承载的体育活动本身就是一种产品,因其自身特点和作用不同,形成了职业竞技体育、专业竞技体育、业余竞技体育等不同的竞技体育形态。职业竞技体育也就是商业化的竞技体育,尽管它是以追求竞技、票房价值、商业牟利为目的,但其发展动力仍是以满足公众的竞技体育需求为根源;专业竞技体育是在执行国家所赋予的任务,我国"奥运争光类"竞技体育活动就是一种政府行为,能够彰显国际地位、满足政治需求;业余竞技体育是体育爱好者利用业余时间参加的自发的、非专业的、群众性的、不以其作为谋生方式为前提的竞技体育活动。业余竞技体育的产生正是源于公众对体育的自发需求。政府下的专业竞技体育、市场下的职业竞技体育、社会下的业余竞技体育都是基于公众对竞技体育的各类需求应运而生的。

总之,竞技体育的社会属性决定了竞技体育的产生与发展皆与公众的体育需求密切关联。体制、功能、价值、目的等要素都决定了竞技体育具有参与和提供竞技体育公共服务的特性。

2. 竞技体育公共服务体系的解构

（1）竞技体育公共服务体系的内涵

体系是指一定范围内或同类的事物按照一定的秩序和内部联系组合而成的整体。体系是由多个子系统组成，子系统是体系不可分割的一部分，各子系统之间既相互关联又具有相对的独立性。竞技体育公共服务体系是在对竞技体育公共服务充分体认的基础上，面对竞技体育公共服务开展不足所提出的理论体系构建，来具体说明怎么做的问题，它必须在政府提供与主导下建立，由政府、市场、社会共同参与，以期形成满足人民群众的竞技体育需求、保障公众体育权利的体育机构和服务的总和。

（2）竞技体育公共服务体系的特征

①系统性特征

竞技体育公共服务体系是一个复杂的系统，需要涵括供给、需求、保障、支持等内容并使其有机结合，系统内部各要素相互联系、统一又彼此独立。各要素之间作为独立的系统存在，分别代表了各类事物的特性，各系统之间又相互联系，在有序地排列组合后，共同构成竞技体育公共服务体系的有机统一整体。

②公共性特征

竞技体育公共服务体系具有为实现公众公共利益的特征，使得竞技体育公共服务体系实现社会效益；竞技体育公共服务体系的服务对象具有公共性，任何人不分种族、性别、年龄等要素差异，都可以享受国家所提供的竞技体育基本公共服务。同时，竞技体育公共服务产品或服务的资源构成也具有一定程度的公有特征。

③科学性特征

竞技体育公共服务体系的构建要基于我国当前的基本国情，结合不同区域、不同项目、不同需求的政治、经济、文化等要素体系，根据不同区域、不同项目的体育发展现状，在充分调查了解社会公众对竞技体育公共服务的不同需求前提下，进行科学构建，而不能通过简单的主观臆断或政治经济标杆来盲目考量。

④创新性特征

竞技体育公共服务体系构建不是单向政府行为，而是在对公众竞技体育需求及时体察后创立的自上而下的"任务主导机制"与自下而上的"利益反馈机制"间的上下联动。竞技体育公共服务体系构建要打破以往的管理型政府机制，转向服务型政府机制；从以往政府包揽供给的局面向政府、市场、社会、个人之间协同供给转变。

(3)竞技体育公共服务体系的要素

竞技体育公共服务体系建设,必须本着深入落实科学发展观的态度,把为人民服务、保护人民利益、尊重人民的首创精神放在重要位置,实现人民共享发展成果。本书将竞技体育公共服务体系建设的理论框架分为服务体系与支持保障体系两大模块,其中服务体系具体包括指导服务、信息服务、组织服务、设施服务、活动服务。指导服务是软实力、信息服务是传播渠道、组织服务是组织纽带、设施服务是物质载体、活动服务是核心;支持保障体系是竞技体育公共服务外部环境的重要保证,包括管理制度、法规制度、绩效评估、监督评价。竞技体育公共服务的服务体系与监督体系相互影响、相互作用,共同推进竞技体育公共服务发展。

二、竞技体育公共服务体系建设的实践可能

1. 服务体系

(1)组织服务

组织服务是竞技体育公共服务体系的基本要素,也是连接政府组织、市场组织、非营利组织、社会团体组织以及个人的纽带,是管理者和组织者与服务对象的重要沟通渠道。主要包括公共服务的责任主体、服务机构和人员队伍等。

①量的需求——增加基层组织数量

任何事物在转变过程中都是由量的积累逐步实现质的飞跃。因此,要增加基层竞技体育组织数量,加强自发性群众竞技体育组织的管理能力。以我国当前基层体育发展较好的上海为例:2006年,上海市体育局就开始鼓励各区、县积极举办具有当地特色的体育赛事,实现因地制宜、创新特色地域项目,并提出"一区一品"特色赛事口号,追求政府主导,市场、社会参与,共同合作的体育赛事运行模式,至2009年已有15个区级品牌赛事。这种基于当地民俗形成的特色项目更加切合公众的体育需求,有效激发了体育市场需求和民众参与热情,充实了基层竞技体育赛事,促进了基层竞技体育组织建设。

②质的要求——明晰内部组织职能

我国正处于全面建设小康社会的关键时期,应力求做好社会事业有序发展和满足人民群众公益服务需求。然而,一些公共服务组织单位仍存在定位不清、政事不分、机制不健全、监管薄弱等问题,竞技体育公共服务作为公共服务的子系统,上述问题不可避免。政府是组织服务部门的最高指挥官,代表着最广大人民的利益,它的强制性能够保障其有能力组织与提供竞技体育公共服务;市场组织、社会团体、非营利组织以及个人是竞技体育公共服务传播的重要机构,它们如何提供竞技体育公共服务、如何配置竞技体育公共服务资源等都

是在遵循政府的宏观指导下,根据各自目的与现实条件来满足社会公众的竞技体育公共服务需求。竞技体育作为竞技体育公共服务的基础要素,其组织内部目标是否明确、组织成员之间是否协作、相应制度规范是否完善、组织运行是否有相应物质基础、组织与大环境是否相互融合,都影响和制约着竞技体育公共服务发展。

(2)信息服务

信息服务是一个系统传播过程,它包括信息的收集、分析、发布等环节,随着时代发展、科技进步与计算机普及,网络媒体急速改变了人们的信息生产、传播和储存方式。信息服务成为竞技体育公共服务的重要渠道,可以采用电视媒体手段,并结合报纸刊物、广播、现场转播等手段来实现。

体育信息是网络信息的重要内容,其主体部分的体育竞赛传播不仅包含竞技体育活动本身,还有竞技体育文化、制度的传播。我们要加强竞技体育服务信息化建设,建立以政府为主、体育企业和第三方辅助的多元供给主体对其进行传播与推广,构建信息服务平台,为公众提供便利的竞技体育信息服务。

目前,多数人都选取电视及互联网等传媒关注竞赛动态,也有通过网络新闻、广播获取最新赛事动态,或采用时效性相对滞后的报纸刊物来了解赛事进展,少部分有经济实力和业余时间的人群会亲临比赛现场。如北京奥运会举办期间,全球范围内的体育爱好者均可通过电视和网络媒体观看赛事动态,通过广播听取赛事新闻,还能够通过报纸刊物了解赛事结果,也可与他人交流得知赛事结果等。

我们要充分利用各种信息传播媒介,培养与强化公众形成良好的竞技体育生活方式,鼓励竞技体育公共服务供给主体依据公众对竞技体育信息的切实需要来搭建信息发布平台,使公众更加迅速地了解和掌握竞技体育公共服务信息,为公众参与竞技体育提供便利,满足各类竞技体育需求,逐渐完善竞技体育公共服务体系。

(3)设施服务

设施服务是竞技体育公共服务的物质载体,它的建设与管理不仅影响着竞技体育成绩的获取,也影响着社会公众对竞技体育公共服务的享有程度。在推广竞技体育公共服务过程中,既要注重场馆、器材、设施的数量建设,还要考虑质量保证。

①加强竞技体育公共设施建设

竞技体育发展推动了我国体育场地、设施、器材建设。以2008年北京奥运会为例,奥运会举办期间共有竞赛场馆37个,承担28个竞赛项目。其中北京地区竞赛场馆31个(新建场馆12个、改扩建场馆11个、临建场馆8个),国家体育场和国家游泳馆还成为标志性建筑。为了保证奥运会成功举办,北京不仅完善了城市的基础设施,包括兴建奥运村等,而且在城市形象建设、环境保护等方面也做出巨大努力。但与此同时,根据全国第六次体育场地普查数据显示,截至 2013 年 12 月 31 日,全国共有体育场地 169.46 万个。其中室内体育场地 16.91 万个,室外体育场地 152.55 万个,平均每万人拥有体育场地 12.45 个,人均场地数量与发达国家相比还有较大差距。

②加强竞技体育公共设施管理

根据产权属性划分,目前我国体育设施可分为公共体育设施、单位体育设施和商业性体育设施。加强竞技体育公共设施管理,是实现为社会公众提供多元化、多层次服务的必要条件。在这些场地中,有可以承办国际性体育赛事的大型体育场馆,这些体育场馆有的已经外包给私人进行经营、有的半开放半封闭、分时间段收取场馆费用,实现利益创收用于场馆维护等。还有一些年代久远的场馆,由于设备没有及时维修更新,已经被淘汰,这些都是体育场馆管理中不可回避的现实问题。因此,可以按照体育设施规模进行大、中、小规模分类管理;可以按照场馆的综合性和单项性进行分项管理;也可以按照体育场馆所在地区的省、市、区、县进行分级管理;单位体育设施可按体育场馆所在部门、企业、学校等职能机关进行各部门类别下的专有管理;商业性体育设施可采取政府主导、市场负责的双元机制管理。

(4) 指导服务

①培育体育意识

体育发展是人们自觉活动的结果,人是体育发展中起决定性作用的主体,体育的初步发展建立在一定的物质生活条件基础上,人们有了充裕的闲暇时间才能稳定发展。尽管体育发展需要一定的场地、器械、设施、技术等,但若没有公众的参与,体育也终将成为无源之水。随着生产方式的改变,人们有了较多闲暇时间,并不断凸显着对健康的诉求,这为体育的发展提供了良好的前提条件,体育公共服务才有存在必要。然而,当前体育参与主体的结构变化也日趋明显:老年人群体参加体育锻炼人数最多;中青年人群由于工作压力大等原因,致使参与体育锻炼不足;学生人群在校虽有体育课程,但由于学习压力和时间挤占,不仅课余时间或节假日被学业补习班填充,课内体育教学也无法正常开展。只有人们自愿参与到体育活动当中,政府面向公众的"送体育"活动、体育场地、体育设施、体育器械等才会体现应有价值,竞技体育公共服务才有提供的必要,这就要求政府等竞技体育公共服务提供主体做好公众体育意识的积极培育。

②规范技术指导

目前,我国的竞技体育活动指导缺乏相应的体育专业指导人员和切实可行的指导员制度。在体育指导人员配置率较高的北京、上海等地,多数居住单元都没有足够的体育人员对群众体育活动进行指导,在发展相对缓慢的其他地区,体育指导人员更是严重不足,并缺乏群众健身咨询渠道和体育公共服务平台等。竞技体育公共服务的指导服务主体有优秀运动员、教练员、科研人员、竞技体育服务志愿者等,它们是竞技体育公共服务的重要技术人才,在现实生活中,竞技体育公共服务的指导服务却是一个薄弱环节。国家针对全民健身开展,围绕社区体育活动考核了一批批社会体育指导员,与之相比,竞技体育公共服务却没有针对性的区域指导服务人员配置。国外成熟的体育志愿者制度在体育公共服务中有力地保障了运动技术方法和竞赛规则的推广,在社区竞技体育活动指导中发挥了重要作用,然而我国的体育志愿者却难以发挥其功效。近年来,国家体育总局也在尝试选派优秀教练员赴西部地区开展支援工作、优秀运动员对港澳地区民众进行技术指导服务等形式的各种努力,但依然没有形成规范化、常态化的技术指导氛围。

(5)活动服务

体育活动是竞技体育公共服务体系的核心,信息服务、指导服务、设施服务、组织服务都需要活动服务来体现,活动服务是其他服务内容的表达载体。

①竞技体育活动项目推广

竞技体育比赛在运作过程中是多方受益的:对参与者而言,它能够有效激发运动兴趣;对投资者而言,它能够让投资者盈利,扩充场地维护费用,实现自主经营;对观赏者而言,能够提供视觉与精神的享受;对赞助商而言,它能够帮助推广其企业形象。这种良好的比赛模式也应该迁移到各县,乃至各镇、各村落,通过网格化形式普及到最基层,真正让更广泛的社会公众群体参与进来。竞技体育活动的形式多样:有国际级的奥运会、世界杯、单项锦标赛等;有国家级的全运会、单项运动会;此外,还有省级的省运会、单项运动会、市级的市运会、单项运动会、县级的县运会乃至学校里的校运会等;各类体育竞赛都能够为社会公众提供一场场视觉盛宴。竞技体育公共服务推广还可通过优秀运动员做公益等活动形式来实现,可以让体育明星走进校园、走进社区、走进村落。如优秀运动员志愿服务全民健身活动:优秀运动员(奥运冠军杨凌、冯坤、邢傲伟等)为癌症患者及癌症防治研究进行的募捐义跑活动、优秀运动员(奥运冠军杨威、肖钦、女子体操名将杨云等)走进边防主题活动、优秀运动员(奥运冠军陈一冰、杨凌等)走进西藏登山大会主题活动等。

②竞技体育活动产品推广

竞技体育产品包括相关设施、器材、服装等,它们是竞技体育的外围产品,产品大多数是由营利性组织来提供。这些产品推广活动的开展,能够促进其他行业介入,共同带动经济发展,满足公众对竞技体育外围产品的需求,实现竞技体育公共服务物质设施材料的普及。而竞技体育作品则包含动态的影视作品、书刊作品、静态的文物作品等。竞技体育影视作品种类数量繁多,如表达田径文化的《体育皇后》、足球文化的《二对一》、篮球文化的《女篮五号》、排球文化的《排球之花》、乒乓球文化的《五虎将》、游泳文化的《旗鱼》等;书刊作品有《图说世界杯》《单车圣经》等;静态的文物作品多陈列在博物馆里,上述竞技体育作品均是各个历史时期竞技体育的文化缩影,并作为传承竞技体育的文化载体而深受社会公众欢迎。

2. 保障与支持体系

(1) 体制机制

新中国刚成立之时,在一穷二白的情况下,为了发展竞技体育,我们开始实行举国体制,其中最重要的就是优质社会资源以及制度政策的全方位支撑。改革开放以来,竞技体育在我国特有"举国体制"辅助下,短短30多年时间里,获得了超越发展,走过了专业化竞技体育到职业化竞技体育直至二者并行的特色发展道路。历史经验表明:竞技体育的快速发展有赖于市场经济下专业竞技体育的举国化、职业竞技体育的市场化、业余竞技体育的普遍化。那么,对于竞技体育公共服务发展也要求我们实现多元化融合,从问题的根本入手,实行管理体制改革。当前,政府对体育公共事业发展的管理,依然采用政府为主体的管理方式,政府既是体育公共服务的提供者,又是体育公共服务的管理者,这种管理与运行方式没有把所有体育资源整合起来为体育公共事业服务,造成公共服务效率低下,服务竞争缺失等现象。政府应尽快改变这种管理方式与运行机制,活化市场资源和社会资源,建设反馈机制,优化体育公共服务发展结构。

(2) 法律法规

法律法规是竞技体育公共服务的法制保障。1995年国家颁布实施的《中华人民共和国体育法》标志着我国体育事业发展开始纳入了法制化轨道,进入了"依法治体"新阶段。《体育法》从宏观方面确定了竞技体育、社会体育、学校体育、社会团体各自的责任与义务,但是内容相对宽泛,没有针对具体事务进行细化与明确,缺乏具体要求和实施细则。同年颁布的《奥运争光计划》和《全民健身计划纲要》,表明国家对竞技体育和群众体育事业的具体化治理也走上了法制轨道。随着时间推移、经济发展和社会进步,国家对全民健身事业更为注重。借2008年奥运东风,把《全民健身计划纲要》升格为《全民健身条例》,分阶段、分年限地具体针对群众事业做出详尽规划。然而截至目前,竞技体育公共服务开展却没有法律法规可循,只能从其他宏观政策中看到竞技体育公共服务要素的点滴表述。因此,亟须加强竞技体育公共服务领域的立法工作,制定、修改及整合有关竞技体育公共服务的法律法规,为竞技体育公共服务的发展做好法制保障。

(3) 绩效评估

绩效评估是竞技体育公共服务过程及结果的评价体系,而多维度、科学化的评价是对服务效益进行总结和反馈的重要环节。竞技体育公共服务的绩效评估按供给主体分为:政府的绩效评估(财政拨款、法规政策、制度管理、组织管理、人员配备、活动评价、场地与设施提供、信息传播、文化宣传、受众满意度等);对市场组织的绩效评估(政府资金补助运用、组织自身人财物配备、运行管理模式、运行管理过程、受众满意度等);对社会组织的绩效评估(志愿活动情况、社会集资情况、政府资金补助、社会组织效益、受众满意度等)。

(4) 监督评价

监督评价是竞技体育公共服务的保障和考核标尺。监督评价是衡量该服务是否让公众享有体育基本权利和满足公众体育需求的重要依据。虽然竞技体育公共服务自发实践于社会公众的事例早已有之,但正式把竞技体育公共服务确定为体育公共服务的组成部分却是近两年才刚刚出现。竞技体育公共服务想要持续健康发展,离不开大众、媒体和其他社会组织对其进行的监督与评价。这种系统化、多角度的监督评价,可以帮助竞技体育公共服务进一步明确其优点和不足,从而扬长避短、为民服务。此外,竞技体育公共服务的监督评价必须建立在科学化基础上,结合绩效评估,让公众对竞技体育场地与设施、经费投入、政策支持、人员配备、项目推广、文化宣传等公共服务实施过程和效果进行广泛监督,继而搭建公众意见反馈平台,最终形成公众意见的反馈路径。

3. 竞技体育公共服务的实施流程

按照竞技体育公共服务的服务特征,可以将竞技体育公共服务分为竞技体育基本公共服务(竞技体育纯公共服务)和竞技体育准公共服务。不同类型竞技体育公共服务下所提供的服务体系5大模块内容也就各有侧重。

(1) 竞技体育基本公共服务

竞技体育具有公共产品属性,是满足人民群众精神文化生活的特殊活动。竞技体育公共服务可划分为具有纯公共产品性质的服务和准公共产品性质的服务。我国特殊的管理体制决定了竞技体育公共服务的来源是国家和政府为主,非政府组织为辅。如举国体制下的高水平竞技体育,在客观上向全社会提供了一种精神文化产品,为社会公众所共同享有,属于竞技体育基本公共服务。竞技体育基本公共服务的根本目的是为了满足公众的竞技体育公共服务需求,因而可从需求角度将竞技体育基本公共服务划分为观赏型、参与型、实物型,这三类服务均需一定的支持和保障来保证其正常开展。具体实施中可以通过竞技体育公共服务保障和支持体系中的四部分来保证两种类型服务的开展。开展观赏型服务时,可分为竞赛表演和开放式训练两种服务;开展参与型服务时,可分为健身性活动、娱乐性活动、竞技性活动和休闲性活动;开展实物型服务时,可分为场地设施、运动服装、影视杂志等。上述每种服务类型中活动的开展都体现了竞技体育基本公共服务的组织服务、设施服务、指导服务、活动服务、信息服务五方面内容(如图9-1所示)。

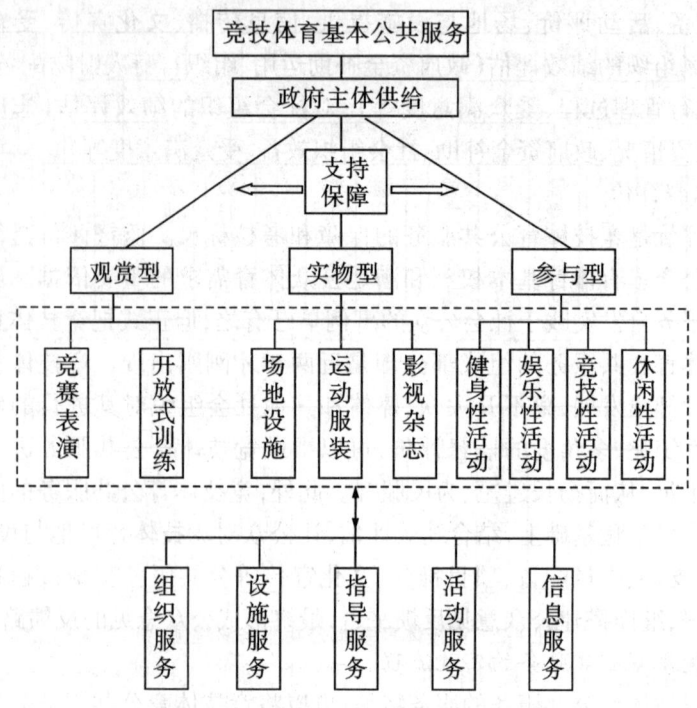

图9-1 竞技体育准公共服务流程图

例如北京奥运会的举办,客观上增加了更多基层竞技体育组织的数量、为社会公众提供了各项竞赛信息、建设了如鸟巢和水立方等众多大型体育场馆、建立了"志愿中国、人文奥运"网络大讲堂为群众提供理论指导、开展了"大学生青春奥运行动"等众多相关活动。

(2)竞技体育准公共服务

因为市场组织与社会组织能够更充分利用市场与社会资源提供竞技体育准公共服务,竞技体育准公共服务即在政府主导下,通过市场和社会参与来完成供给,继而满足公众的竞技体育准公共服务需求。竞技体育准公共服务按供给类型可以分为市场型准公共服务和社会型准公共服务,同时通过管理体制、法规制度、绩效评估,监督评价四方面为竞技体育准公共服务的实现提供支持保障(如图9-2所示)。

第九章 竞技体育公共服务的制度建设与体系建设 | 153

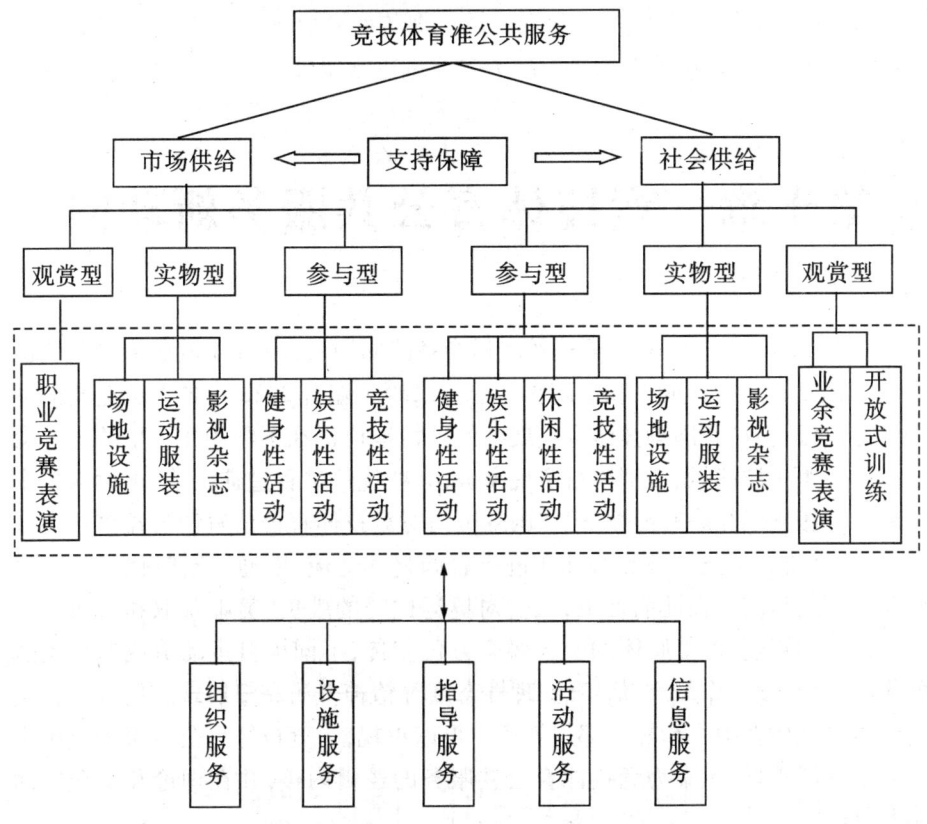

图 9-2 竞技体育基本公共服务流程图

在市场组织供给的竞技体育准公共服务中,按照竞技体育准公共服务供给产品形式,可分为观赏型、实物型和参与型。例如观赏型的竞技体育公共服务产品有各类职业化的竞赛表演、开放式训练等技能展示活动以及相关图书音像产品,均起到丰富公众业余生活、满足其精神文化需要的作用。另外,参与型竞技体育准公共服务主要包括娱乐性活动、竞技性活动、健身性活动,公众可根据自身条件和兴趣选择适合自己的方式参与到体育中来。实物型竞技体育准公共服务,可分为场地设施、运动服装、影视杂志等。社会组织供给的准竞技体育公共服务参照市场组织供给准竞技体育公共服务的类别,也可分为观赏型、实物型和参与型。需要强调的是,两者最大区别在于政府所承担的比重和范围。

总之,无论市场型准公共服务还是社会型准公共服务活动的开展,其过程均涉及竞技体育赛事组织、相关信息传播、竞赛设施和场馆建设、竞技技能指导、体育活动普及等,任何一场赛事的举行,大到奥运会、世界杯这种世界性体育盛会,小到社区或学校运动会,民间竞技体育赛事都会在一定范围内引起体育热潮,激发更多的社会公众群体参与到体育活动中。

第十章　竞技体育公共服务新动向

　　从 2012 年起进入第 31 届里约奥运会备战周期后,2016 年就成为检验我国竞技体育发展的最新成果和最高水平的分水岭。随着 2022 年冬季奥运会的成功申办,奥运会在我国竞技体育发展中的独特地位仍在不断固化。里约奥运会的竞赛过程一波三折,个别项目实现突破,有些优势项目遭遇困境,虽然从整个结果而言相比以往略有滑坡,但在国际国内对竞技体育价值解读日益多样的基础上,几乎所有竞技体育要素都在进行着调整和适应,以迎合新时代竞技体育文化的不断积淀。在此前提下,人们对奥运比赛的胜负、奖牌获取和分布有了明显的认知变迁,加上媒体的全天候全方位宣传,不同项目运动员或运动团队的拼搏气质、顽强作风、自信坦然、理性态度等精神气质完整展现。这些体育文化和精神气质在中央精神和部门规章中得以重视,为竞技体育公共服务提供了丰富的新鲜素材,积聚为竞技体育公共服务的逻辑内核,并在理论和实践层面不断完善。

第一节　领导讲话对竞技体育及其公共服务发展的理论指导

　　一、认识论上:没有得到金牌,收获的团结、自信、超越等也是强大的正能量,同样值得尊敬和表扬——竞技体育"金牌论"的全新解读

　　2016 年 8 月 25 日,习近平主席在会见第 31 届奥运会中国体育代表团时强调,我国体育健儿在里约奥运会上的出色表现,生动诠释了奥林匹克精神和中华体育精神,为祖国争了光,为民族争了气,为奥运增了辉,为人生添了彩。激发了全国人民的爱国热情和全世界中华儿女的民族自豪感,增强了中华民族的凝聚力、向心力、自信心,是中国精神的一个重要体现。阐释了道路自信、理论自信、制度自信、文化自信。中国女排不畏强手、英勇顽强,打出了风格、打出了水平,时隔 12 年再夺奥运金牌,充分展现了女排精神,展示了强大正能量,展示了"人生能有几回搏"的奋斗精神,全国人民都很振奋。我们不以胜负论英雄,同时英雄就要敢于争先、敢于争第一。在奥运会这样高水平的竞争场合,争第一、拿金牌奖牌很不容易,拿到金牌奖牌的,值得尊敬和表扬。同时,只要勇于

战胜自我、超越自我,即使没有拿到金牌奖牌,同样值得尊敬和表扬。这次拿了金牌奖牌的队伍和运动员,都是好样的。这次没拿到金牌奖牌,但在比赛中做了最好的自己的队伍和运动员,也都是好样的。

二、方法论上:除了展现实力弘扬精神,新时期竞技体育更应为健康中国建设寻求路径、探索方法、展示智慧——竞技体育"时代论"的完整诠释

习近平指出,体育是社会发展和人类进步的重要标志,是综合国力和国家软实力的重要体现,里约奥运会显示,当前国际竞技体育水平越来越高,竞争更加激烈。实践证明,只有不断加强对新思维、新潮流、新规则的认识、研判,不断强化理念、方法创新,不断提高管理水平,才能够有效应对、占得先机。体育赛场如此,经济社会发展也是如此。加快推进体育改革创新步伐,更新体育理念,借鉴国外有益经验,更好发挥举国体制在攀登顶峰中的重要作用,更好发挥群众性体育在厚植体育基础中的重要作用,为我国体育事业发展注入新的活力和动力。在全世界面前,中国体育用中国路径、中国方法和中国答案,讲述了美好的中国故事,展示着卓越的中国智慧。我们要以竞技体育成绩有力带动群众体育发展,充分认识体育对提高人民健康水平的积极意义,落实全民健身国家战略,普及全民健身运动,促进健康中国建设。

三、本体论上:创新、争先等精神为实现"两个一百年"奋斗目标和中华民族伟大复兴的中国梦增添强大力量——竞技体育"精神论"的价值延伸

习近平强调,我们已经进入全面建成小康社会奋斗目标的冲刺阶段,取得的成就是前所未有的。同时,也要时刻准备应对重大挑战、抵御重大风险、克服重大阻力、解决重大矛盾。伟大的事业需要伟大的中国精神,伟大的征程需要伟大的中国力量。以中国女排、中国乒乓球队、中国跳水队为代表的体育健儿,奋勇拼搏,敢于争先,他们展现出的拼搏精神和爱国主义、集体主义精神,是民族精神和时代精神的具体体现。拼搏精神是全党、全国各族人民团结奋斗的强大精神力量。实现"两个一百年"奋斗目标、实现中华民族伟大复兴的中国梦,就需要这样的精神,要在全社会广泛宣传我国体育健儿在奥运会赛场上展现的拼搏精神,使之转化为全党全国各族人民团结奋斗的强大精神力量。

第二节 体育行政部门规章对竞技体育及其公共服务发展的新规定

2016年7月,国家体育总局印发《竞技体育"十三五"规划》的通知,在对"十二五"期间留存"竞技体育举国体制需要不断创新完善"等问题持续关注的

前提下,依旧重视奥林匹克运动在社会发展中的重要作用,直面"十三五"时期我国竞技体育发展面临的严峻挑战,考量国际竞技体育的快速发展对我国竞技体育发展质量与管理水平提出的新要求,以及经济、体育的全球化、一体化,人们日益增长的体育需求对竞技体育发展提出更高的要求。应该及时更新理念,开阔视野,动员和利用各种力量,切实解决突出问题,重视竞技体育的各种服务功能,进行竞技体育资源调整,提升竞技体育文化内涵,通过一系列服务活动弘扬和传播竞技体育精神,鼓舞激励民众,使竞技体育全面、协调、可持续发展。

一、指导思想和发展目标

实现2020年面全面建成小康社会的奋斗目标和中国民族伟大复兴的中国梦,赋予竞技体育工作前所未有的历史使命和时代责任,社会经济发展新常态将为竞技体育的改革和发展提供重要机遇,科学技术的不断创新将为竞技体育提供重要动力,筹办2022年北京冬奥会等国际大赛将不断提升我国体育的"软实力"和国际影响力,要充分发挥竞技体育在打造健康中国、推动经济转型升级、增强国家凝聚力和文化竞争力等方面的独特作用和综合功能,加快体育强国建设。

以建设健康中国和体育强国为目标,以服务全面建成小康社会、满足人民群众体育需求为出发点;以创新、协调、绿色、开放、共享的理念发展竞技体育,遵循竞技体育发展规律,坚持中国特色竞技体育发展道路;坚持实施奥运战略;坚持行业正风肃纪;以创新驱动为关键,以优化结构为重点,以人才强体为支撑,以促进人的全面发展为核心,充分发挥竞技体育的综合功能;改革创新,依法治体,科学规划,统筹兼顾,突出重点,努力实现我国竞技体育的全面、协调、可持续发展,为全面建成小康社会、实现中华民族伟大复兴的中国梦做出新贡献。在管理体制和运行机制上,坚持改革创新,有效转变竞技体育发展方式,进一步提高我国竞技体育的发展质量和效益。

二、主要任务和主要措施

改革创新,转变竞技体育发展方式,提高发展质量和效益。树立正确政绩观,充分认识和发挥竞技体育多元功能和综合社会价值。坚持和完善竞技体育举国体制,逐步形成国家办与社会办相结合的竞技体育管理体制和评估体系。加强对竞技体育发展理论、组织管理等方面的研究和经验总结,使创新成为竞技体育发展的强大驱动力。进一步转变职能,深化单项体育协会改革,管办分离,提高公共服务能力。加强对群众性和商业性赛事与活动的服务监管,完善国内综合性运动会和单项比赛的竞赛组织与管理办法,发挥竞赛的杠杆作用,调动社会资源参与办赛积极性,建设品牌赛事,实现社会效益与经济效益融合统一,促进体育产业发展,丰富人民群众精神文化生活。

深化竞赛改革,利用竞赛杠杆,进一步发挥竞技体育的综合功能和价值。坚持精简、节俭办赛,进一步深化全运会、冬运会、青运会改革,完善办赛方式和组织管理办法,在竞赛规模、项目设置、竞赛编排、运动员注册交流、计分办法、管理手段和监督措施等方面完善调整,充分发挥综合性运动会的社会功能与作用,扩大竞技体育的社会影响,促进群众体育和体育产业的发展。坚持依法治体,转变职能,创新竞技体育发展机制。坚持依法治体,加强政策研究,利用政策杠杆调整区域间竞技体育发展格局,使大城市、东部发达地区和中、西部及少数民族地区在管理、科研、保障、人才、区位等方面的特色和优势有机结合,提高竞技体育资源配置的整体效益。加强励志教育,弘扬中华体育精神,丰富体育文化。充分发挥体育在构建和谐社会中的特殊作用,通过开展奥运冠军、世界冠军志愿服务等一系列活动,鼓舞和激励人民群众,促进全社会形成奋发进取、团结友爱、共同进步、公平正义的氛围,丰富体育文化,为全面建成小康社会做出贡献。

第三节　新时期竞技体育公共服务的实践发展

2016年里约奥运后,根据惯常安排,在国家、省(市、区)级体育局统一组织策划下,国家级(省、市)代表队分别组团,结合港澳地区、社区、学校的不同情况,总结过往经验,实施了形式灵活、内容多样的"冠军走基层"活动。有的在大众传播媒介和商业赞助推动下,与娱乐相结合,出现多种文艺搭台体育唱戏的节目推送,这样一类凝结了高水平竞技体育运动员教练员训练比赛成果,以无差别的社会公众为对象,借助公益的场合条件开展的弘扬中华体育精神、宣传顽强拼搏意志、丰富体育文化的服务活动,成为新时期竞技体育公共服务活动的主要形态。

一、活动组织

1. 团队统一安排

以中国女排为例,奥运夺冠后,以团队形式密集参加了2016年8月至11月的多项公开宣传活动,如8月底9月初国家体育总局组织的中国代表团奥运冠军港澳行活动,女排队员和主教练进学校、访社区、做慈善、献爱心。9月初开学季,全国大、中、小学校,不约而同地把"女排精神"写入校长寄语,郎平马不停蹄地参加了北京师范大学、广东广雅中学、上海逸夫小学的开学礼、见面会、指导课,参加2016年中央电视台中秋文艺晚会,面向世界分享女排精神,通过各种活动把女排的魅力、气质带给公众,受到社会各阶层的热烈欢迎。

2. 新闻媒体报道

在此期间，新华社、人民日报、北京青年报、澳门日报、钱江晚报、新闻晨报、信息时报、中国经济网、网易体育、体育蓝皮书等媒体，利用平面、电子、网络、新媒体等不同形式，对中国奥运团队进行了密切追踪报道。看似个人的言语和行为，被媒体放大、传播，强化了竞技体育公共服务活动的社会效应，尤其是实时互动新媒体的介入，为众多无法亲临现场的社会公众提供了鲜活的体验。体育人士的专业解读，通过自媒体、公众号等媒介手段推广，创造了前所未有的信息发布密度，相关组织机构、社会团体、市场主体均对媒体参与的积极后果给予高度重视。多种媒体形式为不同组织方提高曝光率、积累活动记录素材、收集大众反馈创造了最大便捷，这也成为竞技体育公共服务活动能够持续、广泛开展的外在动力。

3. 商业赞助推动

在中国代表团主赞助商李宁公司的参与下，带动不同赞助层次，如阿迪达斯、安踏等运动品牌，恒大、远望等地产品牌，商业性青少年体育俱乐部等也积极参与。并利用在纪录片制作、纪念品设计、宣传物品印制发放等方面得天独厚的优势，地产、保险等门类赞助商促进竞技体育与社区、健康、养生、公益等要素结合，不同运动品牌则利用各自商业LOGO、企业文化与广大体育爱好者一起，借助公共服务平台，宣传体育理念、彰显励志内涵。

4. 体育节目制作

电视台邀请竞技体育运动员、教练员参加体育电视访谈节目、休闲娱乐节目、互动点评节目、形象展示节目制作，以体育凝聚人心，用体育阐释人生。一类是中央一台《开讲了》、中央五台的《体育人间》等相关专题和新闻报道，另一类是签约艺人和体育明星，通过自主设计或版权引入而拍摄的，如浙江卫视《中国星跳跃》《奔跑吧，兄弟！》《绿茵继承者》《来吧！冠军》，江苏卫视《星跳水立方》，湖南卫视《爸爸去哪儿》《超级艺体能》，天津卫视《冰雪奇迹》《星球者联盟》，北京卫视《舞动中国心》等真人秀节目。利用艺术和体育核心要素的有效结合，展示了不同运动项目的魅力，扩大了竞技体育受众面，尤其是紧密结合冬奥会背景设计的相关节目，生动展现了竞技体育的本质和内涵，引领全民健身新潮流。

二、活动形式

1. 冠军进校园

如由体彩中心和体育局联合，以"公益体彩、快乐操场、科学健身"为主旨，集中了武术、体操、田径、球类等项目冠军运动员或知名教练和退役运动员，分时段、阶段对本省行政区域内各地级市下辖的中小学生进行技能表演、示范教学、物品捐赠和知识讲解的"冠军进校园"活动。

2. 冠军进社区

2016年里约奥运前,在女排备战的浙江省宁波市北仑基地,主教练郎平作为"形象大使",在训练间隙参加了由当地某公司赞助、以居住小区命名的志愿者服务组织活动,走进社区,走近居民,宣传公益。"奥运冠军基层行"活动中,多位获得过奥运冠军、亚洲冠军、全国冠军的运动员走进社区,表演体育技能、训练示范讲解,提供"全民健身志愿服务"。

3. 冠军访港澳

近年来,每届奥运会结束后,国家体育总局都会例行组织"奥运冠军港澳行"。2016年,跳水、羽毛球、乒乓球、射击、举重、游泳、田径等代表团成员和女排队员一道,参观社会服务设施、扶助残障人士、进行体育技能示范、参与游戏娱乐,展示了新时期国家体育亲民新形象。

三、活动内容

"全民健身志愿服务活动"自2010年开展至今,组织了大批奥运冠军、亚洲冠军、全国冠军到体育欠发达地区去,发挥优秀运动员的引领和示范作用,传播全民健身理念,普及科学健身知识,使人民群众享受体育健身带来的健康和快乐。

1. 项目表演和技能指导

以陕西省"冠军进校园"为例,全国武术冠军、散打冠军、链球冠军、跳远冠军为同学们展示了各自的看家本领,武术套路队员们展示了棍术、剑术、南刀、南拳等精彩项目。其他项目冠军纷纷和同学们现场亲密互动,亲自教授运动秘诀,同时就中考体育必考项目实心球、跳远等对同学们进行了专业示范讲解。此外,还充分利用清晨课前时间,对附近小区或广场的太极、广场舞健身人群进行义务技能指导。

2. 示范教学和师资培训

武术展示、乒乓球互动、中考体育测试项目指导等环节频频收到大家的掌声与喝彩。世界冠军、十运会武术散打冠军向大家教授武术中的抱拳礼、拳法、腿法等基本动作,学生们模仿动作,认真比划,感受世界冠军的手把手指导。通过与冠军的亲密接触,以及体育技能的现场讲解,激发孩子们积极主动地参加体育锻炼,提高身体素质。此外,还通过和体育教师的交流沟通,利用科学方法,传授教学训练经验。

3. 物资捐赠和物品发放

陕西省2016年"公益体彩快乐操场"活动在汉中、安康、商洛三市开展,共15所贫困中小学,展开期间,每所学校受赠价值2万元,共计30万元的体育器材,器材包括乒乓球台、乒乓球拍、天梯、足球训练杆、足球、跳绳等 19 个种类。此外,冠军基层行团队还免费为学校师生和社区居民发放《科学健身知识 300 问》手册等科普宣传资料。

4. 经验分享和知识宣传

通过体育项目表演互动等形式,队员与同学们分享了自己如何通过刻苦训练与不懈坚持最终取得优异成绩的经验,为青少年锻炼提供了新模式,也给封闭环境中训练的运动员创造一个推广项目、发现人才的机会。同时,为了让学生们更好地了解体育文化,设置了体育知识展板,内容覆盖红色体育、竞技体育、全民健身等丰富内容,并邀请专业解说员现场讲解。在国民体质检测车上,体科所为不少学校职工和学生进行了骨密度等多项体质监测及科学健身指导。

四、反思

1. 公共服务品牌不响,目的不一行动不畅

当前,"冠军基层行""公益体彩快乐操场""全民健身志愿服务"等活动形式,都是基于体育的公共产品属性而衍生出来的不同称谓、不同内容的体育公共服务活动。虽然活动组织都有竞技体育管理部门、运动员、教练员、竞技体育运动项目和器材装备等竞技体育要素,但在国家体育总局行政管理的整体架构下,各省(市、区)在具体工作执行过程中体现了不同特点。不同地方、不同领域开展情况不一,甚至开展目的都有所差异,有些地方甚至开始实行"冠军校园行",担负起为备战全运而发现、储备人才的使命。总之,"竞技体育"牌子很响、"竞技体育公共服务"旗帜不亮的现状,也在一定程度上制约了丰富多样的竞技体育服务产品和作品下行的延伸路径。

2. 形式单调多年未变,内容创新迫在眉睫

武术、球类、体操等技能表演,加上体育知识宣传展板,附带捐献体育器材,这仍是当前公共服务的几种基本形式。比如以"全民健身志愿服务"为名称的活动中,通过分享冠军们的体育故事、观看各竞技体育项目冠军表演的体育运动传递快乐,以竞技体育运动员和教练员的义务指导、免费培训、捐赠体育器材等行动,回报体育彩票和体彩彩民对体育事业的支持。服务进行过程中或结束后,受赠方或接收方也通常会以组织一定形式的表演、回赠锦旗的方式表示答谢。从很多媒体报道文字和图片的描述中可以看到,这种公共服务内容和形式"同质化"的问题相当普遍。在"互联网+"的多媒体信息时代,新兴竞技体育项目层出不穷,受众表达形式多样,结合不同地域、不同对象、不同层次分别设计竞技体育公共服务形式和内容应该尽快提上议事日程。

3. 蜻蜓点水浅尝辄止,老少边穷翘首期盼

以《2015××省"冠军进校园"系列活动走进 11 市 1 区惠及数万名中小学

生》这篇新闻稿为例进行分析:第一,活动时间为每年 11 月开始,在随后两个月的时间内集中开展进行,加入了青少年健身知识科普;第二,结合体彩公益活动,加大了对学校资助的力度,捐赠的体育器材种类、数量比往年都有了进一步的提升;第三,活动逐步从市区学校走进区县校园,项目普及已达六项,其中在两天的时间里,冠军运动员们走进两个县、乡镇的两所中学,向师生们传授体育技能;第四,四天覆盖了某个地级市的四所中小学,一天一校、四天一市,以行政区划分单位,按比例、层次、学段接受这种活动设计安排。由于每校一天,所有服务内容只过一遍,就无从考究活动的质量和后续的效果;由于时间所限,而且要在有限的时间里完成多个预定项目内容,因此活动不太可能选择路途较远、条件不便的地域。这种集中时段撒网服务看似覆盖面较广,但活动地点的一过性决定了竞技体育公共服务实际效益根本无从反馈。

4. 市场主体逐利为先,人才制度冲突不断

从社会公益角度看,体彩冠名万人健步走、城墙马拉松赛、竞彩足球赛等各类体育赛事,资助特困伤病运动员……体育彩票在为体育事业和各项公益事业提供有力的资金支持,参与竞技体育公共服务活动,培养社会公众的健康理念和健身意识,传播竞技体育文化和精神。通过正面形象传播,竞技体育运动员和教练员的真实生活被观众熟知,他们的形象更加立体真实。但随着体育娱乐化发展,以竞技体育运动员尤其是明星运动员的隐私、绯闻为炒作起点,继而利用点击率、关注度谋利为终极目标的商业体育娱乐节目甚嚣尘上。如果利用体育娱乐化来引导群众健身、推广竞技体育,就要在"专业"和"娱乐"做到更好的平衡,但娱乐化的体育被称为体育明星的"短期饭票",这对运动员和竞技体育都是一种伤害,诸如在录制和播放期间发生的运动员训练时间冲突、个人赞助和团体包装广告收益矛盾等负面新闻,通过媒体放大后给竞技体育形象带来不良影响,体育究竟是"内核"还是"卖点"的问题尚未得到解决。

第十一章 发展对策

我国早期政府单一模式下的体育公共服务供给方式已经不能满足社会公众对竞技体育公共服务的多元需求，对于竞技体育公共服务的供给，我们要创新性地形成政府主导、市场参与、社会合作的竞技体育公共服务产品多元供给格局。同时，竞技体育公共服务的体系构建是一个系统工程，要遵从竞技体育公共服务满足公众需求、为人民服务的宗旨，做好服务体系、支持与保障体系。服务体系是竞技体育公共服务所提供的主要内容要素，包含活动服务、指导服务、组织服务、信息服务、设施服务；支持、保障体系是竞技体育公共服务外部环境的重要保证，主要包括管理制度、法规制度、绩效评估、监督评价。竞技体育公共服务的服务体系与监督体系相互影响、相互作用，共同促进竞技体育公共服务发展。此外，还要明确竞技体育公共服务是政府工作的重要内容，鼓励竞技体育公共服务管理机制改革、创新竞技体育公共服务的制度建设、加强竞技体育公共服务发展的资源投入、结合地域特征推广竞技体育公共服务，最终实现我国竞技体育公共服务与体育基本形态的协同发展。

第一节 树立"以人为本"服务理念，实现竞技体育公共服务社会化

一、树立"以人为本"的竞技体育公共服务理念

新公共服务理论认为，政府应该认识到利用基于共同价值的领导来帮助公民表达和满足他们共同利益的重要性，而不是过多地依赖管制，政府应该整合公众表达的公共利益，帮助公民实现公共利益。公共服务理论倡导"以人为本"的价值取向，以公共利益为目标的服务理念，民主参与的行为方式。体育行政部门也必须树立"以人为本"的理念，实现从管理型政府向服务型政府的职能转变，从控制导向到服务导向转变，树立"服务导向"的新理念，以人民满意度作为政府的施政目标和考量，以充分回应民众体育公共需求作为政府主要职责。体育行政部门坚持以人为本的体育，以统筹兼顾、制定政策、提供保障、规范服务等作为主要职责，通过构建完善的竞技体育公共服务体系，来保障人民群众"人人享有基本体育公共服务"，把体育作为基础性的民生工程，作为人文关怀的重

要体现和社会进步的重要尺度。使体育发展惠及公民,并具有公平均等性、公益性、多样性、便利性和普及性的特征,"以人为本"是体育公共服务体系建设应坚持的基本价值理念,围绕实现人民群众的体育权益开展多方面富有成效的工作是政府体育公共服务的目标和任务。

二、加快政府职能转移,实现竞技体育公共服务社会化

我国基本公共服务供给不足的一个重要原因是缺乏社会协同,特别是公众参与不充分,以及社会资源不能被充分动员和广泛利用。在体育公共服务社会化建设中,政府应根据竞技体育公共服务的不同类型特点,除发挥政府的主导作用之外,必须加大政府职能转移力度,拓宽丰富竞技体育公共服务供给的渠道,培育提供主体,以弥补政府在竞技体育公共服务的缺陷,是目前推进城市体育公共服务社会化关键所在。而对于那些可以由社会体育组织提供的体育公共服务,政府应下放权力,实现竞技体育公共服务主体多元化,加快体育公共服务社会化步伐。尤其在体育公共服务体系建设中,以切实转变政府职能为突破口,真正实现体育公共服务社会化是一条重要途径。加快政府职能转移是实现竞技体育公共服务社会化的必然要求,也是社会自身在社会服务和社会管理作用方面的回归。体育行政部门要深化体制改革,在传统的全能型政府模式下,导致了政府提供的体育公共产品与公民多元化体育需求存在很大差距。因此,按照公共服务理论要求,针对当前我国政府职能中存在的越位、缺位和错位问题,应尽快明确政府职能定位,合理界定政府在竞技体育公共服务建设中的职能范围,加快职能转移、使公民和社会组织成为独立的自治主体。

第二节 转变竞技体育发展方式,实行体制机制改革

政府作为竞技体育公共服务供给的主要主体,对竞技体育公共服务负有最终责任。政府在竞技体育公共服务供给中,不仅仅是决策者,还是组织安排者、直接提供者、监督者。政府对竞技体育公共服务的重视,是竞技体育公共服务开展与实施的必备要素,是竞技体育公共服务发展的加速器。

一、转变管理对策和思维,构建竞技体育公共服务目标机制

实现管理对策及管理思维转变,从坚持自己的工作岗位、坚守固有文化阵地的被动型,转向按需要送文化的主动服务型。重新建立竞技体育目标评价体系,把竞技体育与公共服务捆绑,建立服务档案,制定服务计划,对各级政府政绩考核加入"竞技体育公共服务"项目,把考评结果用于对优秀的政府、市场、社会体育组织进行扶持资助的重要指标。制定科学、合理、有效的竞技体育发展目标评价机制,突破传统的单一"金牌论"评价标准,切实改变浓厚的"金牌政绩

观",充分利用目标评价机制这一"指挥棒"对我国竞技体育公共服务发展进行前提控制。

二、明确政府主体责任,构建竞技体育公共服务诉求表达机制

明确竞技体育公共服务的范围以及政府、市场、社会承担的责任,及时与民沟通,充分了解公众的竞技体育公共服务需求,做到政府与公众上下联动。实现产品供给对策、组织服务对策和服务路径转变,构建面向政府、市场、社会的服务诉求表达机制。如社区居民可通过社区向政府文化组织或民间体育文化组织表达;学生群体可通过学校,向教育局(厅)表达,教育局(厅)再与体育局或社会组织沟通;企事业单位员工可通过工会组织,向政府组织、社会组织、市场表达;还可按农村(城市)属性依行政区域或人群性质进行划分。

三、借鉴举国体制精华,构建竞技体育公共服务监管评价机制

新中国成立以来,举国体制的保障机制、服务机制、支持机制从制度保障、人才保障、财力保障、发展理念、价值构成等方面体现着竞技体育的公共性。诸如优秀运动队(员)下基层、组织联谊竞赛等,无不彰显着竞技体育的亲民传统。竞技体育公共服务不单为公众提供参与体育活动所需要的基本条件和物质保障,还要通过各种途径来吸引、鼓励公众参与竞技体育。从对政府、市场、社会的服务监管出发,进行服务效果和服务质量的多元化评价,结合城乡二元特征和区域文化特征、人群特征和不同组织环境实施分层推进。使社会公众都享有政府为之直接或间接提供的公益性或准公益性体育服务的权利,不应以其贫富、职业等为差异缘由而排斥。

四、利用制度刚性特征,创新竞技体育公共服务制度建设

在 2006 年和 2011 年的体育事业"十一五""十二五"规划中明确提出在做好体育管理机构性质与职能定位、制度规章完善工作的基础上,构建能够保障我国公民享有基本体育权利的刚性制度体系。尤其突出基本制度中组织与管理制度、生产与供给制度、职责与分工制度建设;配套制度中公民参与制度、差别多样制度、监督评价制度建设,使社会公众充分分享竞技体育运动项目平台。组织优秀竞技体育人才下基层活动,这种活动切忌"运动式"发展,应该建立长效机制:第一,下基层人员的相关待遇问题(包括名和利);第二,应该建立包村包点等长期帮扶的机制;第三,要对下基层活动的成效进行跟踪考察;第四,志愿者义务的下基层活动也应得到鼓励提倡。

第三节　鼓励多种体育组织开展竞技体育赛事活动

随着经济体制改革和社会发展,我国出现了专业竞技体育、职业竞技体育、

业余竞技体育组织共同提供竞技体育公共服务,也就是政府、市场、社会的三元供给主体提供竞技体育公共服务。这种管理方式与运行机制,活化市场资源、社会资源,建设反馈机制,优化竞技体育公共服务的发展。竞技体育公共服务有利于竞技体育的社会化和市场化发展,应鼓励我国竞技体育公共服务组织朝着多元化、多层次的方向改革,创新既有管理机制。

一、做好公众观赛等基本服务配套工作,对政府购买进行全程监控

公众观赛的基本配套服务方面,为公众提供便利的观赛条件和舒适的观赛环境,包括部门配合、交通疏导、安全保障、卫生服务、餐饮服务、住宿服务等。政府部门应该向公众提供基本的竞技体育公共服务,比如条件的保障、一定的技术指导和活动的组织等。但与全民健身不同,竞技体育的发展趋势会融入相对更多的市场元素,市场将在竞技体育发展中逐步起到决定性作用。取消商业性赛事的审批,搞活竞赛市场,为竞技体育市场提供公平的竞争环境,为公众提供更为丰富多彩的高质量竞技体育产品,是政府做好竞技体育公共服务的一个重要着力点。政府购买竞技体育公共服务方面,应明确购买的领域、购买的程序、购买的方式等。目前购买的领域主要应是:技术指导、群众赛事的组织、群众赛事活动场地服务等。购买应纳入政府招标范畴,向社会公布政府购买事项,由有意愿且符合竞标资格的企业或社会力量竞标,最后确定中标单位。政府购买应做好后续的监督和验收工作。

二、规范竞技体育组织公益职能,使其具体运作制度化、常态化

对于专业体育组织,可在教练员和运动员中开展公共服务教育,提高其公共服务意识,从信息、指导、活动、组织、设施等方面入手,实施赛前服务、赛中服务、赛后服务。在赛前公开训练过程,发布训练信息(可以公开的),赛中做好信息发布,对于举国体制下的专业队赛事可以提供必要的免费场次,赛后应该做好"三下乡"活动,就像"同一首歌"一样,可以"冠军之路"等为主题巡回服务,实现送、种、育相结合。当前,由六部委(政府)联合推进在全国范围开展的青少年校园足球活动,就是正在实现竞技体育公共服务。对于职业体育组织,俱乐部在与职业运动员签订合同时,可将运动员的社会责任尤其是在休赛期参加公益活动等事项写入合同内容,促使优秀运动员能够定期参加基层健身指导、球迷嘉年华等公共服务。对于业余体育组织,应给予现在广泛存在的"草根"体育社会组织及其举办的"草根"赛事活动以支持,不仅为他们创造宽松的政策环境,还要利用政府手中掌握的体育资源,对参加"草根"赛事的裁判员、教练员等队伍建设提供帮助和便利。

第四节　加大竞技体育公共服务投入,注意项目特征和地域差异性

在具体实践中,国外发达国家的竞技体育公共服务也有很多表现形式,对我国当前竞技体育公共服务发展具有一定参考价值。由于这些国家都有着成熟的市场经济体制,公共服务领域中除了一些关乎民生、民族重大利益的资源是由政府主导提供外,大多是发挥市场作用,走商业化运作,以公益性质来进行公共服务。这些竞技体育公共服务虽然有明显的商业色彩,但却是免费提供给公众的,有影响的例子很多:如美国的 NBA、欧洲的职业足球已经探索出一套较为成熟的公益化体育产业实施路径;还有如在巴西足球世界杯期间,德国为了满足公众观赛需求,部分大型体育场馆免费开放,不仅有大屏幕可供球迷观赏,还免费提供啤酒和沙发让球迷消遣。

一、丰富竞技体育公共服务资源配置手段,扩大竞技体育公共服务受益公众范围,实现均等发展

第一,财政资金配备方面,财政资金是一切活动的必备经济支持,竞技体育公共服务的发展需要财政资源做后盾保证。新中国成立以来,我国体育公共服务建设的资金主要来源于国家的财政拨款,随着市场经济改革深化、体育事业发展布局逐渐延伸,我国用于体育公共服务发展的资金渠道也形成了多元化格局,政府也在积极鼓励各类社会团体、协会组织等广筹资金发展体育公共服务。第二,物质资源配备方面,2008 年北京奥运会的举办,进一步刺激了社会公众对体育资源的需求,体育设施器材供不应求现象日益加剧。面对体育场地数量、体育器材不足等情况,政府要在原有场地设施基础上,依托农村、城市、城乡结合的地区特征,有计划、有步骤地新建体育场馆或健身路径,满足各地区公众对体育物质资源的需求,尽可能实现政府对竞技体育公共产品配置均等化。第三,人力资源配备方面,竞技体育的超前发展,是国家引入各类人才共同对竞技体育发展起作用的结果。竞技体育公共服务发展,也要配备相应的人才,帮助公众观赏和参与竞技体育活动,切实做到为民服务。对于国家掌控的专业竞技体育,可在运动员和教练员训练之余,深入社会基层,免费为公众做竞技体育活动指导;对于职业竞技体育和业余竞技体育,国家要鼓励两者的相关人员进行义务体育指导,使更广泛的社会公众切实感受到竞技体育公共服务的好处。

二、以生活区域级差为标准,结合区域特征细化竞技体育公共服务质量维度,实现重点发展

竞技体育的服务性决定了竞技体育公共服务以人为本、为民服务的特性;竞技体育的普适性决定了竞技体育公共服务推广的是全民皆可接受与共享的公共服务;竞技体育的均等性决定了竞技体育公共服务供给虽达不到绝对平

均,但能实现相对均等。根据现有研究对居民生活区域划分标准,将我国分为城市、农村、城乡结合三类。依竞技体育本身特点和资源分布密度,竞技体育公共服务推广模式不能全国统一,便相应分为城市体育公共服务、农村体育公共服务、城乡结合地区体育公共服务。三者相较,城市竞技体育基本公共服务的数量积累应是最多的,因此城市竞技体育公共服务就应注重"质"的提升,开拓享受型和发展型竞技体育公共服务。农村的基本公共服务虽呈逐年增长及完善趋势,但诸如关乎人民健康的医疗公共服务等领域还处于初始发展阶段,纯粹的竞技体育公共服务产品数量甚少。因此,农村体育公共服务应关注全民健身路径等基本服务实施,首先进行竞技体育公共服务"量"的积累,发展竞技体育基本公共服务。城乡结合地区兼有城市和农村公共服务特征,因而既要注重"量"的发展,又要注重"质"的推广。总之,不论哪个层级区域,竞技体育公共服务都要注重"量"和"质",只是针对不同区域,竞技体育公共服务应因地制宜,在"质"和"量"上有所侧重。

三、依项目所在地域的社会化及影响力程度,进行竞技体育运动项目地理信息分层,实现特色发展

按我国地理环境特征,可从地理位置、自然人文特点划分为4大地理分区:北方、南方、西北、青藏。在南方地区,水资源较发达,竞技体育公共服务可依托水利资源,鼓励各省区积极发展水上项目,着重加强水上项目技能指导、信息推广和政策制定。在北方地区,尤其是东北气温偏低,可鼓励发展诸如滑雪、滑冰、冰壶、冰球等冰雪项目,着重加强冰雪项目技能指导、项目规划和鼓励政策等。在西北地区,可以鼓励发展一些受环境影响不大的竞技体育项目推广,从而推进竞技体育公共服务开展。在青藏地区,要依托高原地理环境,发展赛马、摔跤、柔道、散打等竞技体育项目。结合四大地域的地理分层和项目分布,竞技体育组织应鼓励队员、教练员分区域、分项目对各省市进行竞技体育指导,如建立"一队一县"等服务通道,多进行竞技体育活动进社区、下乡村的技术指导,推进竞技体育公共服务的亲民活动。另外,竞技体育公共服务运行要充分考虑公众所处地理、物候等现实环境,普及竞技体育项目同时,关照运动项目的多元化特征及当地遗留传统民族民间项目。结合本地特色推广项目更简便易行,让人们在竞技体育活动中,积极且有趣味性地完成各种心理体验,继而主动参与体育锻炼,最终成为体育人口的稳定群体。

四、搭建竞技体育公共服务与体育基本形态的交互平台,点线面结合,实现协同发展

将竞技体育与学校体育、群众体育相互融合,找到竞技体育公共服务与学

校体育、群众体育的切合点,实现我国竞技体育公共服务带动学校体育、群众体育发展。学校是进行体育教育和更快速、更便捷、更普遍地发展竞技体育公共服务的重要场所,2005年"北京2008"中小学奥林匹克教育计划启动,把奥林匹克教育纳入体育教学,将学生一贯的观看奥运转变为参与奥运,实现增强学生体质、培养学生体育习惯、陶冶学生情操等目的。竞技体育公共服务融入学校体育,可从课内外体育项目选择及学校体育竞赛着手。在体育项目选择中,学校要因地制宜,结合学校体育场地器材情况,开展足、篮、排大球体育活动,辅助开展羽毛球、乒乓球等项目。学校体育竞赛中,应通过运动会平台向学生传导竞技体育技战术、体育规则等信息,有条件的学校还可开展其他类型和层次的体育竞赛。此外,各类体育组织也助力竞技体育服务,开展了体育明星进校园、西部地区青少年体育助训、革命老区体校助训等活动。同时,竞技体育公共服务资源对群众体育发展也可提供有效支持。结合各地项目特色,政府出面安排体育教练入社区和进单位,指导体育活动实施、提供竞技体育信息。还有,竞技体育发展的先决条件决定了完善的公共基础设施是竞技体育公共服务发展的必要条件之一。尤以2008年奥运会举办前后最为突出,奥运会后,之前为满足办赛需要而兴建的大批体育场馆、器械等,随即用于群众体育健身活动中,并以提供体育信息、体育指导、体育设施、体育活动为平台进行功能设定,分块渗透融合为社会公众提供竞技体育公共服务。

第五节 强化竞技体育服务供给

竞技体育服务是人民群众精神文化生活的需要,发展竞技体育是增强民族凝聚力、展示国家形象的需要。通过拓展政府主导的竞技体育基础性产品、作品和活动等"纯公共服务"发展路径,倡导竞技体育个人与团队的基层活动,兼顾带动老少边穷,进一步满足公众的竞技体育公共服务需求,推进我国竞技体育公共服务的发展。

一、竞技体育产品

从我国社会体制和体育体制等方面来看,我国竞技体育的组织类型基本由三个方面构成:职业竞技体育、专业竞技体育和业余竞技体育。它们分别从不同角度提供含自身特征的竞技体育产品。依托不同竞技体育的性质划分,将竞技体育产品可分为三类:职业竞技体育产品、专业竞技体育产品和业余竞技体育产品。职业竞技体育产品以市场提供为主,专业竞技体育产品以政府提供为主,业余竞技体育产品以社会提供为主。在政府、市场、社会协同参与竞技体育公共服务产品的供给过程中,由于专业竞技体育体制(专业队)特有的组织保障体系,在其发展过程中,所花费的大量人力、物力和财力,主要由政府提供,因此,专业竞技体育提供了更多的基本公共服务产品。对于职业竞技体育,市场采用鼓励、引导俱乐部、运动员肩负社会公共服务的责任,提供更多的准公共服务产品。当然,也可以采用政府购买职业竞技体育产品的方式使其进入基本公共服务产品①。

二、竞技体育作品

竞技体育作品主要是以学术类、文学类和艺术类作品的形式呈现给公众,让人们享受竞技体育精神文化成果,使得人们对竞技体育更加有信心。首先,竞技体育学术类作品主要是指科学研究成果,可以重点以某一位竞技体育明星以及相关赛事为切入点,分析其取得成功的轨迹,这些作品中记载了竞技体育明星为国家做出的巨大贡献,为人们带来的精神食粮。其次,竞技体育文学类作品包括一些关于竞技体育明星的文学报道和人物报道,例如以某一位竞技体育明星的成长经历为线索而出的自传(《林丹自传》),这对于人们更好地了解自己所崇拜的竞技体育明星成长的艰辛历程提供了参考,以他们的拼搏奋斗精神鼓舞自己。最后,竞技体育艺术类作品涵盖了具有艺术特征的作品,例如照片、电影、影视作品。它主要以竞技体育明星为对象,结合竞技体育赛事采集到表现"更高、更快、更强"精神的特写镜头,然后以艺术化的夸张手段表达出来。竞技体育作品以三种不同的形式呈现给公众,带给他们强大的震撼力,对竞技体育的内涵进行深刻领悟。因此,应大力促进竞技体育基础性作品的良性发展,以适应人民群众对竞技体育作品的多元化需求;加强政策引导,加大支持力度,强化竞技体育作品的供给,形成有利于我国竞技体育快速发展的内在环境;继而鼓励社会资本投资经营竞技体育作品的呈现,建立投资主体多元化、投资渠道多样化的竞技体育作品生产投融资机制,有效扩大竞技体育作品的生产规模,提高市场化水平。

三、竞技体育活动

竞技赛事是竞技体育活动的重要表现形式之一,它在提升国家形象、增强凝聚力、促进对外交流、拉动经济增长和提升竞争力等方面发挥着巨大作用。竞技体育活动主要包括赛前训练、赛中和赛后训练和恢复过程。赛前训练主要是指公开训练过程,让人们了解到他们的训练流程,培养他们的兴趣爱好,体验到更多的竞技体育公共服务内容。赛中就是整个比赛进行的时空范畴,在大众传播媒介的作用下,人们能分享到竞技体育成果,感受到竞技体育的强大震撼力,对我国竞技体育的长远发展更有信心。赛后训练和恢复包括在比赛之后,

---

① 卢文云.论竞技体育服务产品的政府供给[J].山东体育学院学报,2007,23(4):25-28.

一些竞技体育明星利用比赛和训练间隙，以个人或团队名义参与的公益性活动，例如，奥运会结束后中国体育代表团到全国各地进行的一些亲民公益活动等，其都是在从事公共服务，而且能从不同层面满足全社会公众的竞技体育公共服务需求。国家体育总局局长刘鹏说过，在竞技体育赛事的改革上，办赛方式要由单一的比赛改为赛、展、论、游相结合的模式。"赛"是比赛；"展"是展览、展示，包括成就展览、全民健身科学方法展示、优秀社会体育指导员的技能展示等；"论"是科学讲座、科学论坛，包括全民健身科学知识的讲座、论坛等；"游"是与体育产业结合起来，开展体育旅游。因此，积极举办各种有影响力的竞技体育活动，以"赛、展、论、游"相结合的形式呈现出来，满足人民群众多样性的体育需求，推动竞技体育公共服务的发展。

第六节 创建多层次竞技体育公共服务领域

一、打造竞技体育特色文化

在科技的迅猛发展下，竞技体育借助大众传媒的平台已逐步发展，然而竞技体育特色文化的发展却相对滞后。由此，打造竞技体育特色文化成为当前的首要任务。竞技体育特色文化包括两方面：一是项目文化，例如：篮球文化、足球文化等。它针对的是竞技体育的偏爱人群，即球迷群体。由此，广泛开展竞技体育的项目文化，满足不同阶层群众的多样性需求，丰富竞技体育文化的内涵，为项目文化的推广创造条件。二是衍生文化，例如摄影文化、影视文化、服饰文化、歌曲文化等。将竞技体育以摄影文化的形式表现出来，搭建摄影展，抓住一些竞技体育明星的运动特写镜头，充分展现竞技体育中"更高、更快、更强"的拼搏精神，给人们带来精神上的鼓舞和士气上的震撼，让他们在衍生文化中感受竞技体育的强大震撼力。以竞技体育文化和影视文化相结合构造竞技体育影视文化，以一位竞技体育人才为主角，描绘其成长、奋斗的艰辛过程，拉近与追星族的距离，让人们从竞技体育影视文化中感受强大的竞技体育精神。曾在我国获得过"百花奖"的最佳影视作品《女篮五号》，它以一位女篮运动员的成长经历为切入点，揭示了我国竞技体育运动员积极、健康、向上的竞技体育精神。服饰文化更多的是以人们喜欢、崇拜的竞技体育明星为载体，承载了竞技体育运动员的目标与追求，精神与力量，以服饰文化的形式展现竞技体育的精神风貌。歌曲文化的渗透需要在竞技体育运动员的成长进程中进行，在竞技体育运动的背后流露着国人对运动员的称赞与欢呼，让人们感受到我国竞技体育运动的强大震撼力，了解每一位竞技体育运动员背后的故事。通过衍生文化的发展，充实我国的文化市场，丰富文化多样性，以竞技体育的衍生文化满足大众的多样性需求，丰富公共文化体系的内容。因此，打造竞技体育特色文化，积极采用大众传播媒介手段,注重竞技体育文化传承与创新,播撒持续发展火种,丰富完善服务内容[①]。

二、创建多层次竞技体育服务领域

基于社会分层理论和我国社会发展的不均衡性,决定了需求的多样性。由此需要引进新型服务产品以满足人们多样性的竞技体育服务需求,提高竞技体育场地设施的服务效率,设计与推广适应型项目产品,联动其他社会公共服务,构建多层次竞技体育服务领域。由于竞技体育是文化的一种形式,依据马斯洛的需求分层理论,可以将文化进行分层,构建多层次的文化领域来满足多层次的文化需求。体育公共服务分为提供纯公共产品的公共服务和提供准公共产品的公共服务两种,即纯公共服务和准公共服务。鉴于竞技体育公共服务是体育公共服务的重要组成部分,由此认为竞技体育公共服务也包括纯公共服务和准公共服务两类。纯公共服务又叫基本公共服务,是不需要付费的,它是由政府向全体社会成员提供的平等的、无差别的公共服务,例如:公交车、义务教育;准公共服务是需要付费的,它既能满足公共需要,又能满足个人需要,例如:出租车、高等教育。因此,构建多层次竞技体育服务领域,需要根据实际情况进行地域的层次划分,例如在贫困地区,政府需要提供基本公共服务来满足他们的基本需求,使他们得到精神上的享受和满足,感受到竞技体育的强大震撼力。职业竞技体育、专业竞技体育和业余竞技体育,是竞技体育可持续发展的三大支柱,三者完美的结合促进了我国竞技体育的可持续发展。因此,应加强实施职业竞技体育、专业竞技体育和业余竞技体育服务的宣传普及与培训,依不同目的和对象来满足健身、休闲娱乐、提高竞技能力等多样性服务需求,构建多层次服务领域,为竞技体育公共服务的发展创造条件。

第七节 完善竞技体育公共服务体系,加强政府购买力度

一、构建竞技体育公共服务体系

基于竞技体育公共服务体系是体育公共服务体系的下位概念,及其在体育公共服务供给过程中发挥的重要作用。竞技体育公共服务体系主要是指由竞技体育公共服务范围、资源配置方式、管理运行手段、供给模式以及评估条件等构成的整体性的体系。它是为满足人民日益增长的竞技体育健身需要而提供竞技体育服务产品和行为建立起来的竞技体育公共服务体系,以多元化的供给

---

① 李玲,沈洪钧,薛俊.谨防我国竞技体育文化的迷失[J].惠州学院学报(自然科学版),2010,30(6):104-109.

方式来满足人民群众的竞技体育公共服务需求,完善竞技体育环境,推动竞技体育事业的发展。

竞技体育公共服务体系主要包括五方面:1.指导服务,通过引进高水平的竞技体育技能人才,进行社区竞技体育指导,满足公众的需求。例如足球明星贝克汉姆,让他走进社区,走进群众,对人们进行指导,更好地满足公众的竞技体育公共服务需求。2.信息服务,利用体育报、书刊等出版物,使人们分享到竞技体育成果,得到精神上的慰藉,感受竞技体育的魅力。3.活动服务,比赛是活动的一种形式,通过组织篮球赛、文化三下乡等进行活动服务,激发人们对竞技体育的热情,能够亲身体验竞技体育公共服务带来的益处。4.设施服务,主要是指竞技体育场馆的建设和闲置场馆的利用。从总体上看,我国的竞技体育基础设施数量少、档次低的问题还比较突出,与人民群众日益增长的健身需求和竞技体育的需要相比还存在较大差距。因此,需要抓好竞技体育基础设施建设,为群众提供满意的竞技体育设施服务;新规划的竞技体育场馆的建设,既要充分考虑现实需要,又要避免重复建设;场馆开放、利用不够与群众健身锻炼场地不足情况同时存在,要出台相应的机制和办法,引导管理单位延长场馆开放时间、规范收费标准、引进演出和比赛,既可避免资源闲置浪费,又可满足市民健身和锻炼的需求,同时还要充分利用一些闲置的竞技体育场馆,向公众开放。5.组织服务,由于组织保障体系不健全,需要构建多层次的组织保障机构。从政府部门间的职能合作、政府与社会组织的职能互补、政府与市场组织的职能互益这三方面,创新竞技体育公共服务组织体系[①];坚持用整体的、系统的观点和方法来推进竞技体育改革发展,发挥竞技体育整体功能;推动各级政府认真履行竞技体育公共服务职能,以建设和利用好基层竞技体育公共设施、大力发挥基层组织作用,让全社会人民享有竞技体育公共服务。

二、加强政府购买竞技体育公共服务的力度

通过政府购买体育公共服务的概念,可以衍生出政府购买竞技体育公共服务的相关定义:政府购买竞技体育公共服务,即政府竞技体育公共服务外包,主要是指政府在向社会提供竞技体育公共服务的过程中,与各类社会竞技体育服务机构签订契约,由社会竞技体育服务机构向社会提供竞技体育公共服务,而政府支付其相应资金的模式。在这种模式下,全社会公民都能够平等地享有竞技体育公共服务。政府购买竞技体育公共服务是为了降低服务的成本,提高服务的质量和效率,优化资源配置,更好地完成社会职能。例如,职业竞技体育比

[①] 卢映川,万鹏飞.创新公共服务的组织与管理[M].北京:人民出版社,2007.

赛中的职业篮球赛和职业足球赛,政府通过支付一定的资金来购买比赛的上座率,然后将门票免费发放给公众,使得普通百姓能够感受到竞技体育公共服务的好处,以及政府在竞技体育公共服务中所发挥的购买作用,将准公共服务转化为基本公共服务。通过扩大竞技体育参与型赛事挖掘,延伸全方位服务岛链,政府购买竞技体育参与型赛事公共服务的供给,来满足全社会人民的竞技体育公共服务需求。拓宽竞技体育观赏型形象展示平台,不再局限于部分人,而是为大众服务,同时从各个角度补充竞技体育公共服务的多样化类型来满足人们的多样化需求。

基于竞技体育的精神激励、个性宣扬、团队协作、人格塑造、过程体验、感官刺激、规则约束等内在要素禀赋,其对社会公众的价值功能已被公认,竞技体育已成为公众文化生活的重要组成部分。竞技体育是一种文化现象,公共文化服务是公共服务的重要领域,竞技体育与公共服务存在着不可分割的内在联系。体育公共服务作为公共服务的重要种类,无论发展规模还是发展质量都明显滞后;竞技体育成效显著,发展超前,但其作为实现体育公共服务的有效路径,公共服务手段不足、空间狭小的现状亟须改善。当然,竞技体育公共服务不仅是体育公共服务的重要组成部分,还是公共服务的重要内容。竞技体育的形式与内容、手段与方法完全可以对体育公共服务发展起到积极的推动作用。同时,面对社会公众对竞技体育及公共服务的旺盛需求,竞技体育在发展过程中具有向社会提供公共服务的功能和作用、责任和义务。可尝试以竞技体育产品和服务为媒介,以竞技体育产品制造、作品创造、活动组织为主要手段,政府、市场、社会、个人等多元主体参与,确保公众的根本权益和底线需求,构建起涵盖基本型、发展型、享受型的竞技体育公共服务多元化体系。因此,需要加快竞技体育公共服务的理论建设,丰富竞技体育公共服务的内涵、调整竞技体育公共服务的策略、优化竞技体育公共服务的路径,最终促进竞技体育事业和公共服务事业发展面貌的整体提升。

第十二章　研究结论

随着政府职能转变,我国政府逐步由"管制型"政府向"服务型"政府过渡,国家逐步加大了对各个领域的公共服务投入,体育公共服务发展也越来越受到各级政府的重视。改革开放以来,竞技体育在我国特有"举国体制"辅助下,在短短30多年时间里,取得了超越性发展。历史表明:竞技体育的快速发展有赖于专业竞技体育的举国化、职业竞技体育的市场化、业余竞技体育的普及化。但是,我国体育公共服务的发展却没有跟上竞技体育发展的步伐,与竞技体育的发展形成了鲜明的反差对比。竞技体育的社会功能、文化价值、目的意义、体制依赖等属性共同决定了竞技体育具有基本公共性,将竞技体育纳入体育公共服务系统已经具备了理论与实践可能。

一、我国竞技体育的超前发展得益于举国体制,但竞技体育的公共服务职能仍未得到有效发挥

竞技体育相比其他体育形态是超前发展的,这得益于公共财政的投入、制度政策的倾斜、人员的全面配备、体育文化的广泛普及等,竞技体育与历史国情的紧密相依,是促使其飞速发展的根本性因素。现在,竞技体育的本体功能已经极大地被发挥,竞技体育本身的话语特征使其能够不受地区、民族、人种、语言的限制,相比学校体育和群众体育更易于推广。然而竞技体育的公共服务职能还没有与之本体功能协调发展,那么如何发挥竞技体育公共服务职能即是当前政府工作要思考与实施的重要内容。

二、竞技体育是推动全民健身、增强民族凝聚力、展示国家形象的重要手段,也是体育公共服务的重要组成部分

竞技体育是体育事业的重要板块和人民群众精神文化生活的重要需求,是群众体育发展、大众健身普及的先驱力量,更是体育产业的发展支柱。在紧紧围绕公共服务为人民服务、惠及全民的宗旨前提下,寻求竞技体育带动体育公共服务的发展模式,充分发挥竞技体育作为体育公共服务排头兵、先锋队的作用,继而加大竞技体育文化宣扬力度,不断向公共服务靠拢,才能真正为社会公众服务、健全体育公共服务体系、引领体育事业的整体良性健康发展。

三、竞技体育完备的文化资源和组织类型,可以为竞技体育公共服务提供成熟的产品形态和组织模式

我国竞技体育发展累积的丰富资源,对体育公共服务发展影响深远,是推动体育公共服务发展的巨大动力。我国竞技体育各个基本组织类型有着自身的特点和作用,不同的基本组织类型和体育公共服务之间有着各自的连接纽带。充分利用竞技体育的文化资源和组织类型,可以实现竞技体育社会功能的最大化,开发引领我国其他体育形态发展的全新模式,使竞技体育和体育公共服务协调共进,为构建和谐社会、推进公共服务产生合力,实现体育公共服务的可持续发展。

四、正视竞技体育公共服务现有理论和实践困境,明确竞技体育公共服务理论和实践发展重点

当前,竞技体育公共服务存在的主要问题有:第一,竞技体育公共服务的理论缺失;第二,竞技体育公共服务的制度(政府、社会、市场)缺失;第三,竞技体育公共服务的管理(政府、社会、市场)缺失;第四,竞技体育公共服务的组织(政府、社会、市场)缺失;第五,竞技体育公共服务的评价(政府、社会、市场)缺失;第六,竞技体育公共服务的实践(政府、社会、市场)缺失——设施服务、信息服务、指导服务、表演服务(赛前、赛中、赛后)、活动服务、组织服务、政策服务等。

五、竞技体育的社会需求多样化前提下,政府主导多元主体介入,完善竞技体育公共服务产品供给

公众的竞技体育参与程度不断提高,对竞技体育量和质两方面都有极其迫切的需求,竞技体育成为体育生活方式的重要内容,竞技体育的生活化、大众化、常态化特征日益明显。可在政府主导下,市场和社会主体积极参与,利用好现有竞技体育资源,合理开发其在体育公共服务中的潜能,优化竞技体育的过剩资源,充分实现竞技体育资源在体育公共服务中的应有价值,以满足社会公众的健身、休闲、娱乐等需求。这是我国竞技体育事业发展过程中不可回避的重点和难点,也是实现公民体育权利的重要表现。

六、坚持并不断完善举国体制,以竞技体育公共服务产品供需为主线,创设现实可行的发展路径

在公共财政和公共事业视角下,从竞技体育的供给和需求出发,以竞技体育服务产品的多元提供主体,服务功能的多样社会价值和服务需求的多重满足方式为依据,继承和发扬我国竞技体育的优良传统。坚持和完善竞技体育举国体制,坚定不移地深化改革,大力发展精英竞技体育的同时,加大群众性竞技体育投入。从强化竞技体育服务供给、打造竞技体育特色文化、创建多层次竞技

体育服务领域、建立合作与竞争机制、构建竞技体育公共服务体系、加强政府对竞技体育公共服务的购买力度等路径入手,走出一条具有中国特色的竞技体育公共服务发展道路。

七、完善竞技体育公共服务制度建设和体系建设,形成竞技体育公共服务发展的前提保障和实践保障

竞技体育公共服务是我国体育公共服务事业的重要组成部分,它的落实到位能够促进我国体育公共服务事业全局的发展。尽管我国竞技体育发展超前,但在竞技体育公共服务发展中还存在着一些困惑:第一,竞技体育公共服务制度和体系建设是否适宜;第二,竞技体育公共服务组织结构是否单一;第三,各主体组织职能是否明晰;第四,竞技体育公共服务法律法规建设是否全面;第五,制度法规的执行是否规范;第六,服务实施流程是否僵化;第七,制度与体系间的监督评价与反馈机制是否衔接;这些都是制度建设和体系建设过程中要解决的重要问题。

参考文献

[1] 唐铁汉,袁曙宏.公共服务创新[M].北京:国家行政学院出版社,2007.

[2] 周爱光.从体育公共服务的概念审视政府的地位和作用[J].体育科学,2012,32(5):64-70.

[3] 易剑东.中国体育公共服务研究[J].体育学刊,2012,19(2):1-10.

[4] 卢文云.论竞技体育服务产品的政府供给[J].山东体育学院学报,2007,23(4):24-28.

[5] 汤际澜.国外公共体育服务均等化的理论研究与实践经验[J].西安体育学院学报,2012,29(6):641-646.

[6] 周涛,张凤华,苏振南.美英日城市社区体育公共服务建设经验及其对我国的启示[J].体育与科学,2012,33(4):69-74.

[7] 刘玉.发达国家体育公共服务社会大改革经验及启示[J].成都体育学院学报,2011,28(3):1-5.

[8] 王志威.英国社区体育发展研究[J].北京体育大学学报,2012,35(1):16-21,79.

[9] 汤际澜.英国公共服务改革和体育政策变迁[J].南京体育学院学报(社会科学版),2010,24(2):43-47.

[10] 孙金蓉.日本大宗体育的发展状况及其振兴政策的研究[J].武汉体育学院学报,2003,37(6):14-16.

[11] 刘钰劼,张祺.我国体育公共服务体系的构建路径探析[J].商业文化,2011(10):375-376.

[12] 丁煌.西方公共行政管理理论精要[M].北京:中国人民大学出版社,2005.

[13] 登哈特 J,登哈特 R.新公共服务:服务,而不是掌舵[M].丁煌,译.方兴,丁煌,校.北京:中国人民大学出版社,2010.

[14] 陈树文,郭文臣,喻剑利.公共管理学[M].大连:大连理工大学出版社,2004.

[15] 尹江.新公共服务理论视角下的农村公共物品供给路径探讨[J].商界论坛,2013(3):268.

[16] 刘明生.公共服务背景下城市社会体育组织发展模式研究:以上海市为例[D].上海:上海体育学,2010.

[17] 王春婷.政府购买公共服务绩效与其影响因素的实证研究:基于深圳市与南京市的调查分析[D].武汉:华中师范大学,2012.

[18] 詹兴永,刘玉.体育公共服务供给的历史演进[J].沈阳体育学院学报,2013,32(2):14-18.

[19] 颜天民.竞技体育的意义:价值理论研究探微[M].北京:北京体育大学出版社,2003.

[20] 周西宽,唐思宗.运动学[M].成都:四川教育出版社,1990.

[21] 田麦久.运动训练学[M].北京:人民体育出版社,2000.

[22] 国家体育总局.改革开放30年的中国体育[M].北京:人民体育出版社,2008.

[23] 田麦久."竞技体育强国"论析[J].北京体育大学学报,2008,31(11):1441-1444.

[24] 樊炳有,高军.体育公共服务:内涵、目标及运行机制[M].北京:人民体育出版社,2010.

[25] 宋澎.职工体育是构建和谐社会的重要抓手[N].工人日报,2005-12-09(8).

[26] 第六次全国体育场地普查数据公报[N].中国体育报,2014-12-26(9).

[27] 全民健身计划(2011-2015年)[EB/OL].(2011-02-15)[2015-06-30].http://www.sport.gov.cn/.

[28] 国家体育总局.拼搏历程辉煌成就:新中国体育60年[M].北京:人民出版社,2009.

[29] 陈丽霞,杨陶.论竞技体育与体育公共服务的联动发展[J].四川体育科学,2015(1):1-4.

[30] 毛少莹.公共文化服务概论[M].北京:北京师范大学出版社,2014.

[31] 胡锦涛.坚定不移沿着中国特色社会主义道路前进为全面建成小康社会而奋斗[M].北京:人民出版社,2012.

[32] 卢存.浅论竞技体育的地位和作用[J].广西中医学院学报,2000,17(1):90-91.

[33] 徐伟宏.再论竞技体育价值功能[J].科技创业月刊,2012(7):

167-168.

[34] 中共中央国务院关于进一步加强和改进新时期体育工作的意见[N]. 人民日报,2002-08-22(8).

[35] 梁雪珍.对21世纪体育教学改革的几点思考[J].广州体育学院学报, 2002,22(5):96-98.

[36] 降兴华.竞技体育的教育价值解读:以常春藤盟校竞技体育为例[D]. 太原:山西大学,2013.

[37] 宋继新.竞技教育学新论[M].北京:人民出版社,2011.

[38] 肖莲花,金育强.中国社会体育指导员的现状及对策研究[J].体育文化导刊,2006,32(7):7-10.

[39] 王旭东.体育健身原理与方法[M].北京:北京体育大学出版社,2008.

[40] 张鲲,刘翱翔,王春燕.我国竞技体育基本组织类型及其对体育公共服务的影响[J].四川体育科学,2014(6):5-7.

[41] 肖林鹏,李宗浩,杨晓晨.我国公共体育服务体系概念开发及其结构探讨[J].天津体育学院学报,2007,22(6):472-475.

[42] 卢文云.论竞技体育服务产品的社会供给[J].首都体育学院学报, 2009,21(1):15-17,27.

[43] 王才兴.构建完善的体育公共服务体系[J].体育科研,2008,29(2):1-13.

[44] 茅技峰,王伯华.我国竞技体育资源配置理论与实践研究[J].安徽体育科技,2008,29(1):1-3.

[45] 李同彦,赵云宏.试论竞技体育资源开发[J].成都体育学院学报, 2009,35(6):14-15.

[46] 任海."竞技运动"还是"精英运动"?:对我国"竞技运动"概念的质疑[J].南京体育学院学报(社会科学版),2011,25(6):1-6.

[47] 范冬云.我国体育公共服务研究中几个问题的探讨[J].成都体育学院学报,2010,36(2):6-8.

[48] 刘艳丽,苗大培.社会资本与社区体育公共服务[J].体育学刊,2005, 12(3):126-128.

[49] 闫健,刘青.公共体育管理概论[M].北京:北京体育大学出版社,2005.

[50] 肖林鹏,李宗浩,杨晓晨.公共体育服务概念及其理论分析[J].天津体育学院学报,2007,22(2):97-101.

[51] 何斌.中国职业篮球竞赛市场需求的研究[J].体育科学,2007,27

(8):86-95.

[52] 王景波,梁殿乙.试论我国职业足球联赛比赛质量的改进[J].山东体育学院学报,2006,22(5):88-90.

[53] 唐峰.中国足球管理体制改革的理论研究[D].北京:北京体育大学,2006.

[54] 中国足球三天进账3.16亿逼近去年3.7亿赞助额[EB/OL].(2014-02-21)[2015-03-27].http://sports.people.com.cn/n/2014/0221/c22176-24429559.html.

[55] 钟文.关于体育改革向纵深推进的思考之一:敞开心胸办体育[N].人民日报,2014-01-06(15).

[56] 卢文云.我国竞技体育服务产品的有效供给研究[D].北京:北京体育大学,2006.

[57] 陆文军.北京奥运会创电视收视史新纪录:全球观众达47亿人[N].渤海早报,2008-09-06(9).

[58] 新华社.中共中央关于全面深化改革若干重大问题的决定[EB/OL].(2013-11-15)[2013-12-13].http://politic.people.com.cn/n/2013/1115/c1001-23559207.html.

[59] 刘鹏.全国体育发展战略研讨会上的致辞[R].体育工作情况,2013.

[60] 政治司.体育事业发展"十二五"规划[EB/OL].(2011-04-01)[2012-04-23].http://www.sport.gov.cn/n16/n1077/n1467/n1843577/1843747.html.

[61] 党的十二届三中全会和经济体制改革的全面展开[EB/OL].(2009-10-19)[2015-03-01].http://www.gov.cn/test/2009-10/19/content_1443077.html.

[62] 江泽民在中国共产党第十四次全国代表大会上的报告[EB/OL].(2008-07-04)[2011-02-01].http://www.gov.cn/test/2008-07/04/content_1035850.html.

[63] 胡锦涛在中国共产党第十八次全国代表大会上的报告[EB/OL].(2012-11-17)[2014-05-06].http//news.xinhuanet.com/18cpcnc/2012-11/17/c_113711665.html.

[64] 中共中央关于全面深化改革若干重大问题的决定(2013年11月12日中国共产党第十八届中央委员会第三次全体会议通过)[EB/OL].(2013-11-17)[2014-06-09].http://news.xinhuanet.com/politics/2013-11/15/c_118164235.html.

[65] 国务院办公厅.李克强主持召开国务院常务会议研究推进政府向社会力量购买公共服务[EB/OL].(2013-07-31)[2014-12-12].http://www.gov.cn/ldhd/2013-07/31/content_2458851.html.

[66] 王善迈.市场经济中的政府与市场[M].北京:北京师范大学出版社,2001.

[67] 张金桥.我国自发性体育社会组织的合法性及其发展中的政府职责[J].天津体育学院学报,2013,28(3):213-218.

[68] 张金桥,鲁文华,雷敏.西安城市业余体育赛事发展问题研究[J].中国体育科技,2011,47(3):126-136.

[69] 积极稳妥推进市场化改革[EB/OL].(2013-11-16)[2013-12-01].http://news.sina.com.cn/0/2013-11-16/142028728171.shtml.

[70] 张金桥,李丽,张鲲.我国竞技体育公共体育产品供给主体多元化研究[J].沈阳体育学院学报,2015,34(1):1-8.

[71] 张金桥,王健.我国公共体育设施供给实践的内在逻辑[J].北京体育大学学报,2013,36(8):6-11.

[72] 王名,刘国翰,何建宇.中国社团改革:从政府选择到社会选择[M].北京:社会科学文献出版社,2001.

[73] 郑晓燕.中国公共服务供给主体多元化发展研究[M].上海:上海人民出版社,2012.

[74] 国务院办公厅.国务院办公厅关于政府向社会力量购买服务的指导意见[EB/OL].(2013-09-30)[2014-10-23].http://www.gov.cn/zwgk/2013-09/30/content-2498186.htm.

[75] 李克强.推进购买公共服务大有深意[EB/OL].(2013-08-02)[2014-06-07].http://news.xinhuanetcom/politics/2013-08/02/c_116781540.htm.

[76] 戴俭慧,高斌.政府购买体育公共服务的行为分析[J].体育学刊,2013(2):35-38.

[77] 李辉.文化产业发展对体育的几点启示[J].体育文化导刊,2006(10):3-4.

[78] 王伯超.构建我国体育公共服务体系的理论思考[J].广州体育学院学报,2009,29(1):1-4.

[79] 戴健,郑家鲲.我国公共体育服务体系研究述评[J].上海体育学院学报,2013,37(1):1-8.

[80] 刘伟.改革开放以来我国体育可持续发展状况研究[J].成都体育学院

学报,2007,33(6):40-44.

[81] 俞琳,曹可强.国外体育公共服务供给的发展趋势及启示[J].体育学刊,2011,18(3):41-43.

[82] 徐雅莉.政府公共体育服务组织结构研究[J].贵州体育科技,2014,117(4):13-16.

[83] 罗超毅.论体育强国建设背景下全民健身与竞技体育的和谐发展[J].北京体育大学学报,2013,36(2):1-4.

[84] 赵成霞,张金桥,张鲲.我国竞技体育公共服务产品的需求多样化研究[J].四川体育科学,2015,34(1):17-25.

[85] 涂娅菲.竞技体育的社会发展及其评价[J].体育与科学,2006,27(5):87-89.

[86] 单清华,王小宁,刘莹.社会转型期体育文化的失范与矫治[J].体育与科学,2014,35(3):97-100.

[87] 李井平.政府体育公共服务职能定位及优化策略[J].体育与科学,2011,32(3):69-72.

[88] MBA智库百科.公共服务[EB/OL].(2011-04-25)[2014-06-12].http://wiki.mbalib.com/wiki/公共服务.

[89] 2002年政府工作报告[EB/OL].(2002-03-05)[2014-03-16].http://www.china.com.cn/policytxt/2008-03/19/content_13030355_8html.

[90] 国家体育总局政法司.中共中央国务院关于进一步加强和改进新时期体育工作的意见[EB/OL].(2002-07-22)[2015-10-23].http://www.sport.gov.cn/n16/n1092/n16849/127397.html.

[91] 袁旦.《美国体育管理理论与实践》评介[J].体育文化导刊,2003(1):68-70.

[92] 卢元镇.体育社会学[M].北京:高等教育出版社,2006.

[93] 任娇娇,吕伟,张如甲.预防青少年犯罪的新思维:以体育运动为视角[J].武汉体育学院学报,2014,48(11):45-49.

[94] 国家体育总局经济司.国家体育总局2013年部门决算[EB/OL].(2013-04-19)[2014-05-25].http://www.sport.gov.cn/n16/n1077/n1852105/5526142_2.html.

[95] 国家体育总局经济司.国家体育总局2014年部门预算[EB/OL].(2013-06-14)[2015-09-24].http://sportsgov.cn/n16/n1077/n1077/nl852105/5264772_6.html.

[96] 卢元镇.以时代精神考量中国竞技体育体制改革[J].体育与科学,2013,34(1):19-20.

[97] 鲍明晓,李元伟.转变我国竞技体育发展方式的对策研究[J].北京体育大学学报,2014,37(1):9-24.

[98] 张凤彪.基于结构方程模型的竞技体育公共支出绩效评价研究:25个省、自治区、直辖市的实证分析[J].体育科学,2015,35(2):31-40.

[99] 丁轩,王新新.利益集团理论:从政治学到经济学——利益集团理论述评[J].国外社会科学,2008(2):63-68.

[100] 奥尔森.集体行动的逻辑[M].陈郁,郭宇峰,李崇新,译.上海:上海人民出版社.1995.

[101] 奥斯特罗姆,王宇峰.集体行动与社会规范的演进[J].经济社会体制比较,2012(5):1-13.

[102] 稠州银行男篮送篮球下乡,与乡村篮球队过招[EB/OL].(2014-04-29)[2015-06-28].http://zity.zjol.com.cn/system/2014/04/30/020000209.shtml.

[103] 李永波:若草根计划延续,业余选手有望进国家队[EB/OL].(2014-04-08)[2015-06-15].http://sports.cntv.cn/2014/04/08/ARTI1396916355170495.shtml.

[104] 李松玉.制度权威研究:制度规范与社会秩序[M].北京:社会科学文献出版社,2005.

[105] 弗雷德里克森,宋敏.明诺布鲁克:反思与观察[J].行政论坛,2010,17(1):89-91.

[106] 宋敏.新公共行政学研究[D].济南:山东大学,2010.

[107] 丹哈特R,丹哈特J,刘俊生,等.新公共服务:服务而非掌舵[J].中国行政管理.2002(10):38-44.

[108] 陈国权,张岚.从政府供给到公共需求:公共服务的导向问题研究[J].人民论坛,2010(2):32-33.

[109] 国家体育总局经济司.关于加强大型体育场馆运营管理改革创新,提高公共服务水平的意见[EB/OL].(2013-11-04)[2014-11-03].http://www.sport.gov.cn/n16/n33208/n33.

[110] 国家体育总局财政部.关于推进大型体育场馆免费低收费开放的通知[EB/OL].(2014-01-28)[2015-03-27].http://jkw.mof.gov.cn/zhengwuxinxi/zhengcefabu/201401/t20140128_1040378.html.

[111] 胡小明.体育发展新理念:"分享运动"的人文价值观与青少儿体育

发展路径[J].体育学刊,2011,18(1):8-13.

[112] 胡小明.分享运动:体育事业可持续发展的路径[J].体育科学,2010,30(11):3-8.

[113] 刘鹏.从体育大国向体育强国迈进:深入学习贯彻习近平同志关于体育工作的重要论述[N].人民日报,2014-3-31.

[114] 吴春梅,翟军亮.公共价值管理理论中的政府职能创新与启示[J].行政论坛,2014(1):13-17.

[115] 何艳玲.公共价值管理:一个新的公共行政学范式[J].政治学研究,2009(6):62-68.

[116] 麦格雷戈.企业中的人[J].中国人才,2002(10):27-30.

[117] 佳宜.优秀运动员深入基层服务百姓[N].中国体育报,2014-04-22(04).

[118] 陈新荣,贾海红.常州公布政府购买公共体育服务22项目[N].中国体育报,2014-04-24.

[119] 陈新荣,马奔.政府购买公共体育服务:江苏常州签下全国"首单"[N].扬子晚报,2014-07-11.

[120] 尹文嘉.公共价值管理理论及其民主意蕴[J].学术论坛,2009(10):65-68.

[121] 尹文嘉.公共价值管理:西方公共管理发展的新动向[J].天府新论,2009(6):91-95.

[122] 朱昌俊.谨防购买公共服务成为腐败的温床[EB/OL].(2014-07-04)[2015-08-09].http://www.cssn.cn/jjx/jjx_gd/201407/t20140704_1241294.shtml..

[123] 李建国.体育强国的基础:体育公共服务体系建设[J].体育科研,2009,30(4):15-18.

[124] 杨文礼,高艳敏,刘玉.体育公共服务体系基本理论框架构建与分析[J].沈阳体育学院学报,2012,31(6):25-29

[125] 周西宽.体育基本理论教程[M].北京:人民体育出版社,2004.

[126] 刘亮.我国体育公共服务的概念溯源与再认识[J].体育学刊,2011,18(3):34-40.

[127] 冯契.哲学大辞典[M].上海:上海辞书出版社,2007.

[128] 姜熙.全面建成小康社会视角下完善我国体育公共服务法律体系的思考[J].体育科研,2013,34(1):23-26.

[129] 刘鹏.加快体育公共服务体系建设不断深化职业体育改革[EB/OL].

(2013 - 12 - 11)[2014 - 02 - 12]. http://news.xinhuanet.com/sports/2013 - 12/11/c_125842324.htm.

[135] 王才兴.体育公共服务国际比较及启示[J].体育科研,2008,29(2):27 - 31.

[131] 王先亮,房雪琴.全民健身公共服务理念探究[J].吉林体育学院学报,2013,29(3):32 - 34.

[132] 窦少华.中美竞技体育管理体制的比较研究[D].武汉:武汉体育学院,2013.

[133] 刘明生,李建国.新公共服务理论视角下体育公共服务体系的建设[J].体育科研,2010,31(4):54 - 56.

[134] 卢文云.论竞技体育服务产品的市场供给[J].体育学刊,2008,15(1):46 - 50.

[135] 卢文云.我国奥运争光类竞技体育服务产品的有效供给研究[J].体育科学,2006,26(12):77 - 84.

[136] 李玲,沈洪钧,薛俊.谨防我国竞技体育文化的迷失[J].惠州学院学报(自然科学版),2010,30(6):104 - 109.

[137] 卢映川,万鹏飞.创新公共服务的组织与管理[M].北京:人民出版社,2007.

[138] 白晋湘.从全能政府到有限政府:市场经济条件下政府体育职能转变的思考[J].体育科学,2006,26(5):7-11.

[139] 李伟.我国基本公共服务均等化研究[M].北京:经济科学出版社,2010.

[140] 张宏成.健身原理方法[M].苏州大学出版社,2003.

[141] 卢林春.浅谈公共图书馆在公共文化服务中的地位与作用[J].服务工作创新与探讨,2010(1):213 - 215.

[142] 闫平.试论公共文化服务体系建设[J].理论学刊,2007(12):112 - 116.

[143] 巫指南.社区公共文化服务[M].北京:北京师范大学出版社,2012.

[144] 苏建明.公共服务型政府的内涵、职能以及对策研究[J].科学决策,2009(5):1 - 9.

[145] 代小玉,张鲲.竞技体育资源向体育公共服务转化过程中的分类及路径研究[J].湖北体育科技,2014,33(10):865 - 868.

[146] 张永报,申克印.我国高校体育公共服务的理论依据与内涵解析[J].武汉体育学院学报,2011,45(11):82 - 86.

[147] 刘庆山.我国体育公共服务体系研究评述[J].上海体育学院学报,2008,23(3):24-26.

[148] 王朝军,孟小辉,姚刚.我国体育公共事业经济评价探析:对定位、方法及计量误区的研究[J].首都体育学院学报,2009,21(6):680-682.

[149] 樊炳有.体育公共服务运行机制探讨[J].体育与科学,2010,31(2):25-32.

[150] 学校体育大辞典编委会编.学校体育大辞典[M].武汉:武汉工业大学出版社,1994.

[151] 贾书申,刘涛,卢刚.浅析竞技体育的功能[J].首都体育学院学报,2004,16(1):4-6.

[152] 颜天民.竞技体育的价值研究[J].体育科学,2000,26(1):26-28.

[153] 郝勤.当代中国专业竞技体制的特征与评价[J].体育科学,1999,19(3):29-32.

[154] 孙岩,马襄城.我国业余体育训练的历史发展及现状分析[J].体育学刊,2003,10(3):111-114.

[155] 张林,徐昌豹.现代职业体育俱乐部的本质与特征[J].上海体育学院学报,2001,25(3):1-6.

[156] 胡利军.社会转型期中国职业体育发展研究[D].北京:北京体育大学,2008.

[157] 谭建湘.从足球改革看我国竞技体育职业化的发展[J].广州体育学院学报,1998,18(4):1-7.

[158] 韩小威,尹栾玉.基本公共服务概念辨析[J].江汉论坛,2010(9):42-44.

[159] 国家体育总局体育信息中心.第五次全国体育场地普查数据公报[EB/OL].(2012-04-23)[2014-06-12].http://www.sports.gov.enltycdpelyedPctz.htm.

[160] 潘雪梅,樊炳有.我国体育公共服务的发展理念及目标[J].上海体育学院学报,2010(3):10-14.

[161] 冯文雅.习近平首次系统阐述新常态[N].新华每日电讯,2014-11-10(08).

[162] 肖林鹏.竞技体育本质及发展逻辑[J].体育学刊,2004,11(6):1-3.

[163] 李传兵.竞技体育本质的多重解读与概念重塑[J].体育科学研究,

2013,17(2):22-28.
[164] 张占斌.中国经济新常态的趋势性特征及政策取向[J].国家行政学院学报,2015(1):15-20.
[165] 路云亭.竞技的本质[J].天津体育学院学报,2007,22(6):461-464.
[166] 周爱光.对竞技运动概念的再认识[J].中国体育科技,1999,35(6):5-10.
[167] 鲁长芬,陈琦.从当代体育价值观的转变透视体育本质[J].体育文化导刊,2006(6):26-28.
[168] 肖林鹏,李宗浩,裴立新.社会转型期竞技体育资源实施优化配置之必要性探讨[J].西安体育学院,2002,19(2):1-3.
[169] 张恩,李龙.我国现代竞技体育文化的特征[J].体育学刊,2010,17(8):30-32.
[170] 衣俭英.论科学发展观视域下竞技体育文化的发展方向[D].长春:吉林大学,2003.
[171] 田麦久.试论我国竞技体育的科学发展与国际责任[J].武汉体育学院学报,2006,40(12):1-3.
[172] 石磊,宋二斌,石淑梅.竞技体育"金牌战略"的功能[J].社会科学论坛,2006(10):118-120.
[173] 新华网.北京奥运会节目收视率让人"吓一跳"[EB/OL](2008-08-20)[2014-5-29].http://news.xinhua net.com.cn.
[174] 列维特,都伯纳.魔鬼经济学[M].刘祥亚,译.广东:广东经济出版社,2006.
[175] 肖林鹏.中国竞技体育资源调控与可持续发展[D].北京:北京体育大学,2003.
[176] 徐松威.休闲时代传统武术大众化发展战略研究[D].武汉:武汉体育学院,2011.
[177] 刘顿,高慧林.马斯洛需求理论对我国竞技体育人才培养的启示[J].南京体育学院学报(自然科学版),2012,11(6):78-80.
[178] 闫平.服务型政府的公共性特征与公共文化服务体系建设[J].理论学刊,2008(12):90-93.
[179] 马斯洛.动机与人格(第三版)[M].许金声,等译.北京:中国人民大学出版社,2007.
[180] 张旭.略谈马斯洛的需要理论[J].安徽大学学报,1994(2):78-82.
[181] 黄小敏,黄安民.2010年广州亚运会对广州市旅游基础设施的影响

研究[J].襄樊学院学报,2011,32(4):50-55.
[182] 八大工程打造新广州新亚运[EB/OL].(2009-02-26)[2010-12-03].http://www.gz2010.cn/09/0304/10/531874VMOO78000U.html.
[183] 陈在上.流动人口犯罪原因与特征浅析[J].铁道警官高等专科学校学报,2012,22(4):85-88.
[184] 王洋.埃及球迷骚乱震惊世界[N].北京日报,2012-2-3(07).
[185] 杨弢,姜付高.中西方体育文化比较[M].北京:社会科学文献出版社,2008.
[186] 郭叶.也谈运动会被"点名"[J].体育学刊,2012(1):11-12.
[187] 陈书睿.优秀运动员社会责任的法学分析.天津体育学院学报,2011.26(1):54-57.
[188] 赖云华,崔国文.轮中西体育文化差异[J].体育文化导刊,2009(5):52-55.
[189] 鲍明晓.中国职业体育评述[M].北京:人民体育出版社,2010.
[190] 王加新.体育明星价值的社会学审视[J].体育文化导刊,2006(7):53-55.
[191] 冯国有.体育公共服务均等化及其财政政策选择[J].上海体育学院学报,2007,31(6):26-31.
[192] 孔德国.体育明星及其消费文化功能研究[J].体育文化导刊,2007(11):43-45.
[193] 李益群,李静.政府与体育的公共政策研究[J].北京体育大学学报,2003,26(2):151-153.
[194] 陈颖川,吉建秋.大学体育公共服务体系平台的构建[J].中国体育科技,2002,38(11):48-50.
[195] 王芹,吴瑛.高校体育公共服务研究[J].上海体育学院学报,2010,34(3):19-22.
[196] 李军鹏.公共服务型政府[M].北京:北京大学出版社,2004.
[197]《体育词典》编辑委员会编.体育词典[M].上海:上海辞书出版社,1984.
[198] 中华战略文化论坛丛书编委会.社会主义核心价值观与中华战略文化[M].北京:时事出版社,2010.
[199] 谢亚龙.奥林匹克研究[M].北京:北京体育大学出版社,1994.
[200] 陶倩,梁海飞.体育对塑造民族精神的作用[J].上海体育学院学报,

2007,31(5):1-5.
[201] 刘志华.改革开放以来奥运格局发展态势研究[J].体育科技文献通报,2009,17(12):26-28.
[202] 张鲲,张西平,史兵.我国体育两大战略发展关系[J].体育文化导刊,2001(6):4-6.
[203] 胡庆山,王健,刘蕾.中国梦视野下的农村体育公共服务建设[J].成都体育学院学报,2013,39(12):26-29.
[204] 何建文.体育人口理论研究评述[J].北京体育大学学报,2006,29(12):1617-1619.
[205] 黄勇,邹克宁.中国竞技体育多元功能分析与评价[J].武汉体育学院学报,2001,35(1):23-27.
[206] 姜忠生.休闲娱乐体育与竞技体育的市场化之路[J].广州体育学院学报,2012,32(5):68-71.
[207] 邰峰,何艳华.哲学视野下的竞技体育本质解读[J].北京体育大学学报,2011,34(9):120-123.
[208] 宋娜梅,罗彦平,郑丽.体育公共服务绩效评价:指标体系构建与评分计算方法[J].体育与科学,2012,33(5):30-34.

后　记

本书在研究和撰写过程中得到了陕西师范大学体育学院的马连鹏副教授、陈丽霞副教授、张金桥副教授、部分研究生，以及长安大学体育系的康冬老师、西安理工大学体育部的姚婧老师的支持和帮助，他们主要参与了资料搜集、文献整理及其子课题研究等工作，特别是康冬老师全程参与了本书的研究和撰写工作；研究中还咨询访谈了国内许多专家学者；在本书的出版过程中得到了陕西师范大学及其出版社的大力支持；在此对他们的帮助一并表示感谢！同时，课题组参阅了大量的文献，在此特作说明，并向文献的作者表示感谢！

张鲲
2016 年 11 月于陕西师范大学